夜郎国研究：

以榕江古州为夜郎古都的考证

方煜东　方冶文　著

吉林文史出版社
JILIN WENSHI CHUBANSHE

图书在版编目（CIP）数据

夜郎国研究：以榕江古州为夜郎古都的考证 / 方煜
东，方冶文著． -- 长春：吉林文史出版社，2023.8
ISBN 978-7-5472-9587-8

Ⅰ．①夜… Ⅱ．①方… ②方… Ⅲ．①夜郎（历史地名
）－民族文化－文化史－研究 Ⅳ．①K928.6

中国国家版本馆 CIP 数据核字（2023）第 140592 号

夜郎国研究：以榕江古州为夜郎古都的考证
YELANGGUO YANJIU:YI RONGJIANG GUZHOU WEI YELANG GUDU DE KAOZHENG

作　　者：方煜东　方冶文
责任编辑：钟　杉
封面设计：四川悟阅文化传播有限公司
出版发行：吉林文史出版社
地　　址：长春市福祉大路 5788 号　　邮编：130117
网　　址：www.jlws.com.cn
印　　刷：三河市华东印刷有限公司
开　　本：145mm×210mm　1/32
印　　张：8.5
字　　数：262 千字
版　　次：2024 年 1 月第 1 版　2024 年 1 月第 1 次印刷
书　　号：ISBN 978-7-5472-9587-8
定　　价：69.00 元

印装错误可与印刷厂联系退换。

序

贵州著名学者、贵州省文史研究馆原馆长　顾久

夜郎之于贵州，是一段绕不开的史实。但早期著名史家无法赴夜郎实地考察，所记只能算是只言片语的传说。后世学者，不具备全面就地踏勘的条件，主要依据一鳞半爪的前人书面记录来推测，其研究成果也难以作为定论。这一切，使得至今古夜郎仍然是谜一样的存在。

这本《夜郎国研究：以榕江古州为夜郎古都的考证》的主要作者方煜东先生，是一位水利工作者，也有一定学术背景，既是应用经济学的博士后、正高级经济师，又是国家级档案专家（储备专家）、档案专业系列的研究馆员等。另一位作者方冶文，则是香港中文大学的历史学研究生、文学硕士。

我从方煜东《三北地区：近现代宁波帮航运业的摇篮》《湘黔边考察记》《走读中国》等著述看，认为其业余兴趣在于历史文化，长于钻研古籍与史料考据。方煜东作为明代大儒王阳明的同乡，注重知行合一，他曾对西南地区的主要江河水利现状进行过实地考察，由此我相信他对贵州的水道具有超越前人的科学知识。据此两者，我以为这是一本力作。

从书稿看，作者采用的方法是以文献考证为依据，以古今水利水运为实证。两者互用，最终认定：都江即《史记》所载毗邻夜郎国、舟楫可直通南越国都（今广州市）的牂牁江。

作者还努力寻觅史论的源头，认为把都江看成牂牁江，早先记载于清乾隆《贵州通志》《清史稿》，至雍正以后成为主流观点。而到清咸丰《安顺府志》与民国《贵州通志》以后，才又转而以北盘江为牂牁江、以安顺为夜郎国等。

作者还追溯以北盘江为牂牁江的误解根源：古人认为南盘江与右江相通，牂牁江下游所通的西江也被称为牂牁江，后上溯而将右江流域也称为牂牁江，再上溯将南盘江也称为牂牁江。前面说过，这个结论兴起于清咸丰与民国之际。

作者还考察历史遗存来证实自己的观点：从目前的夜郎遗存以来，晋设夜郎郡及唐代所设三个夜郎县都在贵州东部一带，明代夜郎题刻

也多在贵州东部的凤冈、石阡一带，可见晋唐等时代的政府认为夜郎不在西而在东。此外，有文献和实物支撑的夜郎王庙及竹王祠、三王庙等也主要在贵州东部、以东地区及都江流域，贵州西部的夜郎文化遗存极少，可见百姓也认为夜郎在东不在西。

在水道的记载与实情，以及相关历史遗存的基础上，作者否定了夜郎在贵州西部盘江流域的陈说，提出自己新说：都江流域的中心是榕江县城古州一带，因而推定古州一带为夜郎国的中心。依据在于：一是古州为都江水运的中心和水陆转运的枢纽，上溯至三都，滩急水浅，稍大一点的货船上不去，与《史记》"窃闻夜郎所有精兵，可得十余万，浮船牂牁江，出其不意，此制越一奇也"等记载并不相符；二是古州唐初置州，历史悠久，而得名或与夜郎国古都有关；三是古州一带土地开阔，有车江大坝俗称万亩良田，是古代重要粮仓，与《史记》所载"皆魋结，耕田，有邑聚"吻合；四是古州章鲁寨是侗语标准音的发源地，而侗族与夜郎国主体民族有重要关联，而口口相传的古歌中，古州章鲁寨还是"郎夜"传说的发祥地和该传说主人公郎夜（侗语郎夜即汉语夜郎）的故里；五是古州以下的都江段，宋代以前又称"王江"，或许与夜郎王都有渊源关系。

读毕书稿，我首先感佩于作者不遗余力，穷尽式地搜集有关文献，认真梳理繁杂的史料。这一点，读者可从书中行文及书后的参考资料中自身体会。其次，研究水道，当代有很多可以让前人羡慕不已的科技条件，比如航拍一项，就肯定比古人披荆斩棘、翻山越岭、寻访耆老等得出的结论要可靠。作者作为水利工作者，其夜郎主要在都江流域的结论具有说服力。当然，由此推论夜郎的主体在黔东南的榕江，似还需要更多的出土文物、更多的文化遗存、更多的民族社会调查资料来支撑。

但是，如果说古夜郎仍然还是一个谜，那么在众多猜谜者的谜底中，本书算是有理有据的一个吧？

是为序。

2023 年 9 月 16 日

目 录

第一章　贵州现当代夜郎国研究现状及困境

一、贵州现当代夜郎国研究综述

关于夜郎研究，学术主体主要在贵州省境内。自明代建省起贵州政学主流就已对以夜郎国所临的牂牁江进行过探讨，有蒙江说、盘江说、乌江说、都江说等，至民国时期，当时出版的《贵州通志》不仅提出北盘江、红水河为牂牁江，更把夜郎国中心定位在安顺一带，且直接在舆图中进行了标识。

贵州真正展开夜郎研究是在中华人民共和国成立后。肇始于古代贵州史的研究，其中就提及秦汉时期的夜郎史迹，如 1958 年贵阳师范学院历史系搜集整理了一批贵州史的资料，就包括对夜郎文献的研究。在此前后，贵州省图书馆也收集了一批贵州地方文献，包括相关夜郎历史资料。1970 年 7 月，由于考古中发现了一些夜郎时期的文物，贵州省博物馆约请省内各高校、原科研部门及文物、考古工作者在安顺举办考古训练班。侯哲安教授在训练班上介绍了他多年收集整理夜郎文献的情况。

1976 年，宋世坤在《贵阳师院学报》第 3 期发表了《试论西汉时期夜郎的社会变革》一文，论述了夜郎的社会性质：汉武帝通好西南夷，在夜郎地区设置郡县，导致其由奴隶制向封建制转化。宋世坤成为开启贵州夜郎国研究的领军人物。此后，贵州夜郎研究呈现井喷之势，1977 年的《贵阳师院学报》第 2 期发表了杨庭硕、谭佛佑的《简话夜郎》，进一步论述了夜郎的社会性质。同年 9 月 1 日，《光明日报》对上述两文的观点做了述评。1977 年第 4 期的《贵阳师院学报》还发表了王燕玉的《夜郎沿革考》，论述了夜郎的概况、疆域、汉夜郎的兴衰，以及夜郎国灭亡后历代在夜郎故地或在有其影响的地区设置夜郎郡、县的历史源流。

1978 年 8 月，贵州省哲学社会科学研究所联合有关单位在贵阳召开古夜郎问题讨论会。会议收到论文 20 余篇。并于次年出版《夜郎考》论文集。1979 年 8 月，刚组建不久的贵州省社会科学院联合有关单位主持召开了第二次夜郎学术讨论会。会议收到论文 30 余篇，后于1981 年 1 月出版了《夜郎考》论文集二。1981—1982 年间，又有不少省内外学者撰写研究夜郎问题的新作 10 余篇，后被编辑为《夜郎考》论文集三，于 1983 年 2 月出版。在此以后，屡有一些学者关于夜郎研究的论文及著作等成果出现，研究深度、广度和领域也不断拓展。如四川、云南两省史学界名流徐中舒、方国瑜等人亦加入贵州夜郎研究，掀起了夜郎研究的新热潮。

贵州夜郎研究的第二次高峰是 1999 年前后，当年 11 月，在贵州省政协文史委、省文化厅等单位组织下，举办了夜郎学术研讨会，省内外学者共提交了 60 多篇论文，国内主流媒体予以报道，产生了广泛的影响。会后论文集《夜郎研究——'99 夜郎学术研讨会论文集》出版。

在《夜郎研究——'99 夜郎学术研讨会论文集》中，提到以贵州西部为主的许多文章，主要包括贵州安顺、威宁、赫章、兴义、兴仁、普安、六枝、广顺、贞丰、望谟及云南宣威等地。文集中除重点提出以安顺市为夜郎国中心的理论外，认为六盘水市六枝特区为夜郎中心的文章也较多。

2000 年，《贵州民族研究》第 1 期集中刊发了熊宗仁《贵州夜郎研究五十年》、侯绍庄《正确使用文献资料，把夜郎研究逐步引向深入》、史继忠《文献与考古结合是探讨夜郎问题的根本途径》、宋世坤《夜郎考古综论》、翁家烈《夜郎研究三题》五篇总结性和指导性文章[1]。说明以上五人及其论文为贵州夜郎研究之主要代表。

2005 年 6 月，复旦大学历史系博士夏增民撰写《2000 年以来夜郎研究述评及进一步研究展望》，对新世纪初以来的贵州夜郎研究进行小结。文章指出：进入 21 世纪以来，夜郎研究却渐入低潮，无论是在论文数量、质量及研究范围上，都没有太大的进展；研究人员层次也呈现参差不齐的状况。可以说，夜郎研究在新世纪处于徘徊不前的状态。

这一时期发表的主要文章有：林建曾《"夜郎学"的研究路径以及古夜郎与黔西北的关系》(《贵州社会科学》2003 年第 9 期)、翁家烈《从可乐考古探索古夜郎及其族属》(《贵州民族研究》2003 第 3 期)、蒙礼云《夜郎与夜郎文化辨析》(《黔西南民族师专学报》2000 年第 2

---

[1] 王德埙.近二十年夜郎研究之探讨[J].贵州民族学院学报：哲学社会科学版，2012（3）：14.

期)、徐学书《庄王王滇、王夜郎考辨》(《中华文化论坛》2000年第4期)、杨文金《夜郎王"多同"后裔族属考》(《贵州文史天地》2001年第3期)、浚泉《新晃乃夜郎古县考》(《民族论坛》2003年第3期)、王义全《夜郎研究述评及新主张——夜郎中心黔南说》(《黔南民族师范学院学报》2003年第1期)、黄海云《牂牁江考》(《黑龙江农垦师专学报》2003年第4期)、曹波《夜郎研究的途径之一——势在必行的贵州古人类遗骸DNA研究》(《贵州文史丛刊》2003年第1期)、林建曾《"夜郎学"的研究路径以及古夜郎与黔西北的关系》(《贵州社会科学》2003年第9期),等等。

其中王义全《夜郎研究述评及新主张——夜郎中心黔南说》提出夜郎中心位于今黔南州一带,认为蒙江为牂牁江,并以长顺县广顺镇和以竹王城遗址所在地福泉市杨老寨为夜郎国前期和后期的中心。

而浚泉的《新晃乃夜郎古县考》则主要对唐代巫州夜郎县做出研究,他认为该县曾设置于湖南新晃侗族自治县境内,同时通过其境内诸多竹遗迹、女子椎结发型等的研究,最后得出结论新晃乃古夜郎之地。

黄透松在《关于古夜郎国都的探讨》中也赞成夜郎国都在新晃侗族自治县周边一带的观点,他认为"对于且兰县的地理位置,……也就是说有一个前且兰和后且兰(即头兰)之分的意思,笔者以为故且兰小国地点,应该是在今湖南省新晃自治县境,而不是其他地方"。"汉代的头兰应该是今贵州省凯里市境"。并提出与湖南省新晃自治县相邻的贵州岑巩县境内的中木召遗址为古夜郎国都遗存。2017年,又有景戈石在《贵州政协报》撰文《春秋夜郎国都与岑巩木召古城》,提及贵州岑巩县为古夜郎国都。

在有关学术文章的支撑下,湖南省新晃侗族自治县开始极力构建夜郎品牌,2010年前后,该县提出将投资50亿元开发建设夜郎古国旅游项目。此举引发贵州方面的强烈反对。2010年10月22日,《贵州日报》发表了《贵州专家:夜郎文化的腹地在贵州,湖南是楚国》的专题文章,报道了王鸿儒、史继忠、熊方仁等贵州专家的观点,否认夜郎国在湖南境内。

不久,贵州省桐梓县拟将境内的高铁站命名为夜郎站,也遭到了湖南新晃侗族自治县的强烈反对。最后桐梓县将该站定名为桐梓北站。

2010 年前后，贵州省遵义市及桐梓县关于夜郎文化研究也有诸多成果，如王德埙先后撰写《夜郎、夜郎文化及其古乐舞复原之我见》发表于《贵州民族学院学报（哲学社会科学版）》2005 年第 1 期、《夜郎竹王、竹图腾与芦笙文化本质特征研究》发表于《贵州大学学报（艺术版）》2006 年第 2 期、《唐蒙自符关入夜郎考》发表于《贵州大学学报（社科版）》2007 年第 6 期、《凤冈县何坝乡"夜郎古甸"摩崖"见田李将军"考释》发表于《贵阳市委党校学报》2011 年第 4 期、《温水考——郑珍夜郎研究之再研究》载于《遵义纪念莫友芝诞生 200 周年学术研讨会论文汇编》2011 年 6 月，他们提出桐梓县及遵义市境内为夜郎故地，或直接认为是夜郎中心。王德埙认为，夜郎国首府在黔北，一是汉朝唐蒙出使夜郎，是从今天的四川合江进入夜郎国；二是黔北特别是桐梓县境内拥有大量夜郎遗址。

王德埙还撰写了《近二十年夜郎研究之探讨》，发表于《贵州民族学院学报（哲学社会科学版）》2012 年第 3 期，该文的主题还是在于探讨夜郎国的中心在黔北及大娄山地区等。与此同时，何连于 2010 年 11 月完成了《竹国夜郎》著作（在网易社区贵州版发布），也提出夜郎中心在遵义的大娄山地区，并认为是鳖人创立了夜郎国，夜郎国起源于鳖邑一带。

早在 1999 年前后，禹明先撰《贵州夜郎史研究中需要深入探讨的几个问题》，文中提到"关于牂牁江笔者赞同乌江说"。亦指出遵义一带为夜郎中心。

2012 年以后，位于贵州东北部铜仁市的思南县提出夜郎国都在思南的观点，有田维华在中国文史出版社出版专著《夜郎国都在思南——乌江就是牂牁江》（2014 年 8 月版）为支撑。这个说法成为此后一段时间内贵州夜郎文化研究的又一种重要观点。

田维华是夜郎国思南说的主要推手，他还撰写了《牂牁并夜郎国都及宋元置贵州政权在古代思南考》，发表于《贵州大学学报（社科版）》2014 年第 3 期；《浅谈夜郎国都思南、思邛"象形数牌"的历史文化之源》，发表于思南县政府网；《汉武帝在思南置牂牁郡探考——置思南牂牁郡并授夜郎王印领十七县（一）》，发表于《中共铜仁市委党校学报》2014 年 2 期及《夜郎国都临牂牁江暨古代思南城考》系列，发表于 2014 年《贵州民族报》上。

但同一时期，仍有一些贵州、广西等地的学者提出北盘江及红水河为牂牁江，夜郎国在贵州西部等论点。

二、以贵州西部为重心的主流学术方向

关于夜郎国中心及牂牁江等研究，学者们的研究领域较广，至今有湖南西部的新晃说，贵州东部岑巩说、石阡说、思南说，贵州北部的桐梓说、正安说，贵州中部的贵阳说、清镇说，贵州南部的独山说、惠水说，贵州西北部的赫章说、威宁说，贵州西部的安顺说、关岭说、六枝说，黔西南州的兴义说、兴仁说、贞丰说、望谟说，还有云南东部的曲靖说、宣威说、沾益说等。

由于受成书于 1948 年的民国《贵州通志》关于夜郎国中心在安顺至兴义之间的地图定位及学术观点的影响，中华人民共和国成立后及改革开放以后贵州主流学术界对夜郎国的研究主要放在北盘江流域及南盘江流域，后又拓展至整个贵州西部地区及云南东部、广西西北部一带等。

贵州近代及现当代夜郎国的研究还受云南学术界的影响。由于明代之前贵州西部一带属云南，因此云南古代史志中也常将牂牁郡、夜郎国等列入其中，明清时期的一些云南史志也借此抢占"夜郎文化品牌"，如道光年间的《云南通志》就将汉夜郎县列入云南境内。另外，古代云南史志也常常将汉牂牁郡十七县的大部分都纳入云南境内，导致贵州现当代夜郎国研究偏向贵州西部地区。从而形成夜郎国在贵州西部的强势地位和定向思维，并长期影响贵州省内外学术界。

如贵州史学会会长、著名史学家侯绍庄称："临近夜郎的牂牁江，似乎只有盘江比较适合了。"又称豚水应该就是今天的北盘江，也就是古代的牂牁江[①]。

贵州省文史研究馆副馆长、《贵州通史》副总编史继忠在《文献与考古结合是探讨夜郎问题的根本途径》中称："从贵州汉墓的分析来看，贵阳以东未见踪迹，而贵阳以西则相当普遍，说明当时的牂牁郡的郡治未必在贵阳以东地区。结合水道及南夷道的情况，判定夜郎族

---

① 熊宗仁 . 夜郎研究选粹：学人见证 [M]. 贵阳：贵州人民出版社，2010：64.

群及西汉牂牁郡在南北盘江流域是有理由成立的。这就是说，贵州西部及滇东一带，很可能是夜郎故地。"史继忠还提出，普安一带可能是夜郎中心①。

夏增民在《2000年以来夜郎研究述评及进一步研究展望》中也称："在夜郎的境域问题上，翁家烈认为，古代牂牁江即今北盘江下游河段；夜郎中心区有兴起与强盛不同时期的层次之分，今之威宁、赫章乃西汉犍为郡之汉阳县，赫章又是汉阳都尉所在地，原皆为夜郎国辖区。蒙礼云则认为，夜郎并不是现代意义上的国家政权，其政治中心应在今兴仁境内。"

总的来说，关于夜郎国的地域范围，贵州主流的学术意见有三：一是夜郎不仅有汉代犍为、牂牁、武陵三郡之地，而且有时还越出这三郡之外；二是认为战国时夜郎的范围约相当于今贵州西部和西北部、云南东部和东北部、四川南部和广西西北部，今四川东山、彭山、眉山、夹江也是古夜郎地；而西汉时的夜郎国境则包括犍为郡属县五个、牂牁郡属县八个和益州郡属县一个；三是认为古夜郎极盛时的疆域，不仅有今贵州全省，疆域北至今川南和滇东北，南抵今广西田林、南丹，东至湖南新晃，西至云南曲靖、陆良，即含汉牂牁全境及武陵、犍为两郡的一部分。一郡说也有三种见解：一是夜郎之地仅为牂牁郡一县，但南夷地区有数十部落与之毗连且族属相同，又以夜郎为首，故这一地区也可称为夜郎地区，汉时设为含17县的牂牁郡；二是夜郎联盟的地域东起今黄平一带，西北至今毕节，西至今云南罗平、路南、弥勒及华宁以东，北有今遵义，东南包括都柳江上游，西南经右江上游过云南文山州而达红河州东南，即汉牂牁全境；三是夜郎相当于今黔西南、黔西北、滇东北、滇东南和桂北一带，也在汉牂牁郡内②。

可知，主流学术界主要还是倾向于夜郎中心在贵州西部一带。

贵州省史学会会长、贵州省社会科学院历史研究所所长熊宗仁于1999年在《贵州研究夜郎五十年述评》中称：

---

① '99夜郎学术研讨会论文集编辑委员会.夜郎研究[C].贵阳：贵州民族出版社，2000：204—205.

② '99夜郎学术研讨会论文集编辑委员会.夜郎研究[C].贵阳：贵州民族出版社，2000：24—25.

研究者认为，要探讨夜郎的政治中心或王室所在地，首先必须确定夜郎的中心方位，即在夜郎中起核心作用的部分。综合各家所言，夜郎中心有且兰部说和夜郎部说两种。前者认为古牂柯郡的首府在故且兰县，它自然是继之而起的夜郎这一部落联盟的中心。且兰君是夜郎中最大的王，其领地在今贵州麻江、福泉、黄平一带。后者认为夜郎的中心就是联盟中的夜郎部，但具体又有六种不同的认识：一是今黔西南州及六盘水一带；二是今云南宣威、沾益一带；三是今黔西南州的望谟、贞丰一带；四是今黔西北、滇东北一带；五是今贵州赫章可乐；六是今黔中的安顺、六枝一带。尽管对夜郎政治中心地理范围的认识分歧很大，但大多数论者认为它在今贵州西南或西北部。①

因此，对于夜郎国主体民族的研究，贵州主流学术界也认为，以聚居于黔西北一带的彝族，南、北盘江流域的布依族，及先民为夷濮的仡佬族为夜郎遗民。如贵州省民族研究所所长、史学家翁家烈在《夜郎研究三题》中就以今北盘江下游河段为牂柯江为论据，认为夜郎的主体民族是仡佬族先民濮人，与现今贵州的仡佬族等有渊源关系。

又如，1989年10月27日至29日，在贵州省彝学会第二次学术讨论会上，参会者研讨了夜郎与彝族先民的关系，认为夜郎的主体民族是今彝族的先民。在此前后，从1982年至1990年八年间，贵州汉彝学者合作，翻译、整理彝族古籍手抄本的工作，在国内学术界引起了反响。先后由贵州人民出版社和贵州民族出版社出版的几本史诗叙事诗和《彝族诗文论》《论彝诗体例》《论彝族诗歌》等书，虽是彝族古代的文艺作品和文艺理论，但由此引导人们更密切关注彝族先民与夜郎的关系。

1998年，《贵州文史丛刊》第1期发表了中央民族大学民语系李锦芳、阿炳合作的《"夜郎"语源语义考》，文章从地名语言和竹图腾来研究夜郎，认为"夜"是夜郎主体民族的自称，而"夜郎"即是"以竹为图腾的'夜'（越）人"。"夜郎"的"夜"即布依族的"依"。而"郎"即壮侗语的"竹笋"记音，进一步佐证了夜郎的主体民族为贵州的布依族。同年，《史志林》第3期中刊载了云南林华的《云南昭

---

① '99夜郎学术研讨会论文集编辑委员会. 夜郎研究 [C]. 贵阳：贵州民族出版社，2000：28—29.

通地区与古夜郎国》一文，林华认为夜郎国即黑彝国。今天的云南省昭通地区、曲靖地区部分、贵州的毕节（六盘水地区及黔西南州、安顺地区的部分县市）当属夜郎国的疆域。

1998年8月，贵州民族学院王子尧、刘金才主编的《夜郎史传》由四川民族出版社出版，全书共39万字，系根据家传秘本的彝族手抄本古文献，以对译、注音、音译的方式整理和研究。全书内容分三卷，第一卷：夜郎史传，叙述彝族文献中记载的夜郎史事；第二卷：夜郎在可乐，则记述了夜郎的中心在今贵州赫章可乐；第三卷记述了夜郎属于彝族先民武部族的历史。这是利用少数民族文献研究夜郎的第一部著作，对此前主要依据汉语文献和考古资料论证夜郎中心在赫章一带、夜郎的主体民族为今彝族先民的论点提供了更有力的支撑①。

最近十年以来，仍有不少学者、学生受上述专家教授等影响，撰写、发表或出版了一些关于贵州西部地区为夜郎国中心的论文及著作。

三、在此学术路径下的贵州夜郎国考古困境

贵州的夜郎研究是学术与考古相互影响的结果。从收集、征集一些古代青铜器开始，早期主要集中于贵州中西部地区的贵阳、清镇、赫章、盘州市等县市。1977—1978年在赫章可乐发掘战国时期遗址1处、战国晚期墓葬168座，从而揭开了夜郎考古的序幕；1978—1979年在威宁中水发掘同一时期墓葬58座；1980年，在普安青山发掘遗址1处；上述考古出土了一批贵州夜郎时期的青铜器等文物。1975—1987年，在兴仁县交乐和兴义县万屯也发掘有25座汉墓，出土了大量珍贵文物，但其年代为两汉之际至东汉晚期。

20世纪80年代以来，贵州又在调查中发现大量战国秦汉时期遗存，但主要都在贵州中西部地区。因此，贵州考古专家宋世坤在《夜郎考古综论》中称：

目前贵州境内已发现夜郎青铜文化的遗址、墓葬和遗物的地区有兴义、安龙、兴仁、普安、盘县（今盘州市）、赫章、威宁、清镇、贵阳等市县，其中，发现这一时期文物较多的地区是兴义、普安、安龙、

---

① '99夜郎学术研讨会论文集编辑委员会. 夜郎研究 [C]. 贵阳：贵州民族出版社，2000：21—24.

赫章与威宁等县市。据此，我们初步认为：贵州古夜郎地区青铜文化的分布范围，至少东到贵阳，西抵盘县，南达兴义、安龙，北迄威宁、赫章一带。如果根据文献记载及史学者的考证意见，夜郎地区的青铜文化分布范围可能还要大得多，其东部可到黄平、镇远一线，西部至今云南曲靖、东川、镇雄等地，南部抵广西百色地区，北部包括桐梓、赤水及四川宜宾南部的个别县境。由于这些地区目前尚未发现贵州古夜郎地区青铜文化的遗址、墓葬与遗物，所以，暂不列入这种文化的分布范围，待有新的考古资料发现后再讨论①。

事实上，贵州东南部地区也曾出土有夜郎时期的青铜器等文物，如1989年在锦屏底三江镇亮江河床6米深处发现青铜器等共10余件器物，包括青铜兵器剑、矛、钺和青铜镞及五铢钱。收录于《'99夜郎学术研讨会论文集》中李飞的《贵州夜郎时期青铜兵器综述》一文对亮江流域青铜兵器也多有提及，并且定年代在战国中期，为诸贵州夜郎时期青铜剑中年代最早。

2000年以后，在黔东南州清水江流域还曾多次出土战国至西汉时期墓葬及青铜器等文物，其中青铜器200多件。贵州博物馆程学忠在《天柱出水青铜器探源》中称："鉴于对上述文物进行器物学比较，将天柱所出青铜兵器的年代划归在战国—西汉之际当无大误，而他们的文化属性，……可基本界属这一时期贵州古夜郎文化范畴的器物风格。"又称："天柱县出水青铜器的发掘，为揭开该地的古代史谜，冲破贵州东南部无早期（汉之前）文物、遗址或墓葬的思想桎梏，从而翻开贵州考古新的一页。"②

1995年9月，贵州省政府为了加强夜郎考古工作，成立了贵州省文物考古研究所，同时成立了由副省长任组长的贵州省夜郎考古领导小组，制订了《贵州夜郎考古安排意见》。1996年12月，贵州省夜郎考古领导小组办公室邀请四川大学、云南省考古研究所、云南曲靖地区文管会、广西文物工作队以及省内考古、历史、民族等学科的专家、学者对工作重点区域进行了分析筛选，对长远规划和短期目标进行了

① '99夜郎学术研讨会论文集编辑委员会.夜郎研究 [C].贵阳：贵州民族出版社，2000：35—36.
② 程学忠.天柱出水青铜器探源 [J].贵州文史丛刊，2006（3）：96.

安排。由于贵州省内外主流学术界认为贵州西部为夜郎国中心，因此贵州夜郎考古的重心仍以西部为主，其中尤以南盘江与北盘江之间的黔西南州为核心区。

1996 年冬，有人发现在贞丰县鲁容乡皎贯村民中有手镯、铜铃等青铜器在流传，便追踪了解，得知这些文物出土地点在望谟县石屯镇巧散村。通过私人征集，在该处共获得青铜器 66 件。经省博物馆鉴定，这批文批为汉代青铜器。后追踪调查，该批文物为窖藏，集中存放于一土坛内。今土坛已无踪迹，出土地点亦无进一步发掘价值。本次出土品种繁多，有角钟、手镯、铜铃、青铜鸟等的汉代青铜文物，且出土地点在南盘江畔，有人认为是夜郎政治中心的望谟县境，其价值尚待进一步研究①。

2000 年前后，贵州西部考古最大的成绩是黔西北地区发现的夜郎时期最具代表性的丧葬形式——套头葬遗存，地址在赫章可乐。迄今为止，除了贵州赫章可乐外，别的地方还未见有报道。近年，据说在柬埔寨也曾发现有少量案例。套头葬，就是用铜釜（鼓）或铁釜套在死者的头部，个别的还同时在死者的足部也套一件铜（或铁）釜（或洗）。故发掘报告将这种奇特的葬式命名为套头葬。到目前为止，在可乐所发掘的乙类墓（具有强烈地方少数民族文化因素的墓葬）中，共发现套头葬 25 座，其中 20 世纪 70 年代发掘 20 座，2000 年发掘 5座。此外还发现其他一些特殊葬式墓葬 6 座，其中用铜洗垫头 1 座，用铜洗盖面 2 座，用铜戈插于头侧地面 3 座。即，在可乐业已发掘的276 座乙类墓葬中，采用特殊葬式的墓葬共计 31 座。套头葬始于战国中晚期，至西汉晚期消失。一直以来，有关采用这种特殊葬式的意义和采用这些特殊葬式的墓主人的身份问题是学界讨论的焦点。赫章可乐套头葬遗存曾荣获 2001 年度"全国十大考古新发现"，并被国务院公布为全国重点文物保护单位，入选国家考古遗址公园创建项目。

有些人提出赫章可乐为夜郎王都，就是源自此考古成就。但许多专家都认为，采取套头葬这些特殊葬式并非当时流行于当地该人群中的一种具有普遍文化意义上的葬俗，如叶成勇先生在其博士论文《黔

---

① '99 夜郎学术研讨会论文集编辑委员会. 夜郎研究 [C]. 贵阳：贵州民族出版社，2000：22～23.

西滇东地区战国秦汉时期的考古遗存研究》一文中曾称："套头葬虽然有特色，但并不是最流行的葬俗，相反，用木棺做葬具则是最主要的方式。被学术界看重的可乐套头葬也并不是上层社会的专利品，最多只是一种可供自由选择的随葬习俗而已，尚未形成稳定的规范。"如果说套头葬是一种葬俗，同时与财富有较强的关联，那么一些处于社会下层的人，势必会制作出类似的陶质器型用以替代上述几种器型，类似的明器则会大量被生产，同时被应用于墓葬之中并采用类似的特殊的葬式，但在可乐发掘的所有墓葬中未曾有此现象出现。同时，就套头葬分布的地域来看，目前还仅在可乐这个小地方有发现，其分布地域极小，这也似乎说明其文化象征意义并不强烈，尚不能构成一种稳定的葬俗文化。因此就更不可能与夜郎王族有关。

贵州西部考古的主要方向是寻找夜郎古国，虽然也取得了一些成绩，但所发现的主要还是大量战国及秦汉时期滇文化或巴蜀文化的遗存。

如在黔西南州的兴仁市，就发现了大量有巴蜀文化特征的汉代遗存。贵州省兴仁市文管所李奇华引贵州省考古所的《贵州兴仁交乐汉墓发掘报告》称："交乐汉墓群，位于兴仁县城西南20千米处。这里地势开阔，土地肥沃，气候温和，为山间坝子，四周为坡丘地。坝子中有六条小溪分别从石头寨水库、猫石头水库、烂潭、老屯、冬瓜寨、老八寨交汇于田原之中，自西向东绵延十余千米。汉墓主要分布于交乐村的祭山坡、关山、松林坡、黄泥堡以及长箐村的鲍家屯、云南寨、龙树脚、五里岗土丘或台地上。"1975年，贵州省博物馆在松林坡发掘了5座汉墓，1987年，公安机关破获龙树脚汉墓被盗案，省、州、县各级文物工作者为了抢救文物，发掘了13座汉墓，两次发掘获得了大量珍贵的文物。

交乐汉墓群据称是目前贵州所发掘的汉墓中最大的一座，被有关人士称为"全国少见，贵州仅有的汉墓葬"。墓穴发现盗洞，室内原陪葬器物基本被盗空，在北室道内发现残损铜车马一具，前室出土青铜陶器若干件，耳室内发现"巴郡守丞"鎏金铜印一枚。交乐汉墓中出土的文物，均具有较高的研究价值。出土的国家一级文物就有数十件之多，其中铜车马、连枝灯、抚琴俑、灰白陶摇钱树座等最具代表性。

李奇华的《交乐汉墓出土文物与夜郎的关系》亦载："交乐6号

汉墓出土的铜车马，是我省出土的车马中最大的一套。车马均为青铜器。马通高116厘米，长85厘米。马系分段铸造后组装套合而成，分头、耳、颈、身、腿等共11个部件，……此车马与甘肃省武威县雷台山汉墓出土的斧车极其相似，但规模比之要大得多。除此之外，还在其他墓葬中发现过两套，但只余下残缺的马蹄、车轮和驾车铜俑等部件。""6号墓出土的抚琴陶俑，高34厘米。为空心立塑，左肩及头巾略残，俑双膝并拢跪坐于地，头戴平头巾帻，凤眼蚕眉，隆鼻大嘴，唇留短须，嘴角微翘，面露微笑做倾听状；身穿宽袖长袍，内衣为圆领衫，上身向右面前倾，身前双膝上置一古琴，琴长35厘米……""连枝灯是交乐出土文物中的精品之一。青铜铸造，通高117.2厘米，灯座为两条盘曲的龙组合成一圆盘，四条龙腿向外着地为灯的四脚，座高19.2厘米，座径34厘米，朝内的四条龙脚上铸一玄武，直径为7—10厘米，玄武背上跪着一赤足灯奴，平头大眼，高鼻大口，下颌前翘，双唇微闭，胸部发达，双乳突出，腰系宽带，带垂拖于胯下，双臂弯曲，手掌支放在膝盖上。灯奴体态刚健，似杂技中头顶巨型竹竿表演者。在玄武与灯奴之间，铸有两条小龙从灯奴左右顺灯杆盘旋而上，龙头向上，张口露齿。灯杆共由七个部件组合而成，主干三件，枝条四件，主干为上、中、下三段，中下段造型一致，每段铸造二条龙盘绕，上段为锥形，一龙盘旋，龙头上伸，张口伸舌，怒目圆睁。灯中条从中下段主干上龙曰蔓出，……上踞坐乐人、朱雀、鹦鹉。朱雀展翅在乐人身后舞蹈，乐人平额、隆鼻、大眼、头戴锥形高帽，或蹲坐或跪坐于枝条上，双手合十，吹箫、说唱形式不一，乐人脸型及着装类似古代波斯或阿拉伯人。灯盏为圆盘形、平底直壁、底部正中有1厘米长锥形柱，与灯上伸出的枝条形成卯榫，盏底边沿有三只蹄形足，呈等边三角形。连枝灯为我国考古发掘出土文物中罕见，其设计精巧结构紧密，做工细致，精美生动，实为我省乃至我国文物精品。""灰白陶摇钱树座，座通高33厘米，底宽为不规则椭圆形（27厘米×24.5厘米）。座上部塑一俯卧的雄性羊牺，羊身呈半圆弧状，羊头低垂于下，羊角向内卷曲达一周半，下颌贴于座身下部，四蹄向内相对折曲于羊腹之下，后腿分开胯骑于座上，羊背中部座中最高点，塑一狮头蛇尾长角兽，腿部生两翼，张开巨口，露出两排尖利牙具、口腔中空洞为摇钱树插孔。……座身下部四围刻画了高浮雕的鹿、鹤、羚、猴、玄武。……整座雕塑，造型生动，结构严谨，浑然一体，表现出高超的工艺水平。"①

以上文物精品，与巴蜀地区同一时期所发掘的文物基本相同，说明当时贵州西部地区受巴蜀文化强势影响。

交乐汉墓发掘最大的收获，是出土了一枚汉代"巴郡守丞"印章。由于这与贵州主流学术界及考古界以贵州西部为夜郎国中心的主体方向不大吻合，因此贵州很少进行宣传和提及。

关于这枚印章，李奇华在《交乐汉墓出土文物与夜郎的关系》中也曾分析：

兴仁 M14 出土的"巴郡守丞"印，说明墓主人身份是当时巴郡的官吏。《华阳国志·巴志》载：巴郡"其地东主鱼腹，西至僰道，北接汉中，南极黔、涪"。当时的巴郡最南边在四川和贵州北部，两地相离千里，兴仁 M14 墓主人不可能从巴郡运到此地来埋葬。据汉代官制，守丞即郡守之副，地位次于郡守。依此推论"巴郡守丞"葬于此地有两种可能。一是交乐可能是当时郡治所在地，"巴郡守丞"是从巴郡奉调至此，死后葬于交乐。二是墓主人系当地人，在巴郡为官，辞官后返回故里，死后葬于此地。这两种情况，第一种可能性要大得多②。

这说明今贵州西部一带历史上可能是巴郡的领地，而今贵州兴仁一带也可能是巴郡南部的郡丞衙门所在地，因此不可能是夜郎国的中心区。

云南省沾益县（今为曲靖市沾益区）文物管理所的刘中华在研究中也发现贵州西部与云南东部存在文化关联。其在所撰的《从滇与滇文化的比较谈夜郎及其文化》中称："现有关专家、学者通过大量研究已基本认同滇国之东北'劳浸、靡莫'之部，当指今云南省曲靖地区大部，昭通地区一部。""1978 年 12 月至 1982 年 12 月，云南省考古工作队先后 6 次对今曲靖市麒麟区珠街八塔台古墓群进行大规模发掘。八塔台系指八个相傍而又互相独立大小不同的圆形土堆。6 次发掘总

---

① '99 夜郎学术研讨会论文集编辑委员会.夜郎研究 [C].贵阳：贵州民族出版社，2000：150—153.
② '99 夜郎学术研讨会论文集编辑委员会.夜郎研究 [C].贵阳：贵州民族出版社，2000：153.

计发掘了一个半土堆，发掘面积约876平方米，共发现火葬墓304座，长方形竖穴土坑墓340余座，整个墓地延续时间从春秋中晚期至明代，时间长，叠压、打破关系复杂，为云南省罕见。墓中所出的多数器物，风格与云南晋宁石寨山和江川李家山等地古墓中所出者相同，属滇文化系列，但其中一些，如陶鼎等类中原地区常见器物，则与滇文化存在差异。""云贵两省出土器物相近，或相同之类者甚多，尚待进一步比较和研究。史载'劳浸、靡莫'之部属于夜郎以西，近年来出土的个别器物有别于滇文化系列，接近贵州西部几处墓地出土器物，应当有着某种联系。因而应当引起注意、交流和比较。"①

在研究过程中，已经有越来越多的学者认识到考古学方面贵州西部与滇文化之间的同质性，并认为今贵州西部一带为滇文化圈及古滇国区域。如贵州省文物考古研究所李飞在《贵州夜郎时期青铜兵器综述》中称："（贵州西部地区出土的）多数青铜兵器受到了周邻的滇文化、巴蜀文化，特别是前者的深刻影响。""有研究者认为，它们具有某些滇西铜剑的特征。""这型剑目前贵州发现3件，李家山出土14件，另外晋宁石寨山亦有出土，应是滇文化的典型器物。"②

贵州省博物馆张伟琴在《"西南夷"地区曲刃铜兵器研究》中也称："滇文化中常见的一种曲刃剑，在全国罕见。"这种"西南夷地区曲刃铜兵器，分布于川西、洱海、滇池及盘江流域等地，时代大约在春秋—西汉晚期。""滇池地区青铜文化中的曲刃兵器中一字格曲刃剑和曲刃矛分别与夜郎一字格剑和滇西曲刃矛互有相似因素。"③通过"西南夷"地区曲刃铜兵器的研究也可知今贵州西部盘江流域所谓的"夜郎文化"其实是以滇池地区为中心的滇文化同类内容之一。

云南省曲靖市文物管理所李保伦在《从考古材料看古夜郎与滇东北地区的青铜文化》一文中通过对遗址及墓葬的考古比较，也称两地"出土器物的种类、形制大多相同"。并指出："从以上简略的分析比较

---

① '99夜郎学术研讨会论文集编辑委员会. 夜郎研究[C]. 贵阳：贵州民族出版社，2000：237—238.

② '99夜郎学术研讨会论文集编辑委员会. 夜郎研究[C]. 贵阳：贵州民族出版社，2000：81—83.

③ '99夜郎学术研讨会论文集编辑委员会. 夜郎研究[C]. 贵阳：贵州民族出版社，2000：106.

中可以看出，滇东北地区和贵州毕节、六盘水、黔西南地区的青铜文化，有着一些共同性。"①

贵州学者禹明先在《贵州夜郎史研究中需要深入探讨的几个问题》中更是提出古滇国疆域到达北盘江西岸。文章称："近年，云、贵两省考古发现表明，以'滇文化'为特点的文化带不仅遍及云南省中部、东部以及东北部地区，且已跨越今滇、黔两省边界，直抵贵州西部的北盘江西岸。""'滇文化'系统的文物出土面东面以北盘江的西岸和横江流域为终止点，由此可见古滇国疆域东面即以这两条河流为界限。"②

贵州夜郎考古以贵州西部为主攻方向，虽发现了战国秦汉时期的一些遗址，但并没有发现夜郎主体文化遗存，如都城、王墓等，宋世坤在《夜郎考古综论》中亦称："战国秦汉时期的夜郎，在我国西南地区是一个经济发展水平较高，拥有雄厚军事力量和政治实力的国家。不过，由于目前这一文化的遗址、墓葬和遗物发现较少，已经发现的遗址、墓葬也不是典型的夜郎遗存，尤其是夜郎的都邑遗址和王室、臣属墓地尚未发现。"③"目前虽然夜郎考古调查取得了一定成果，但进展较慢，尚无重大突破，没有引起各方面的重视。"④

贵州省博物馆研究员唐文元也称："1996 年以来，考古研究所全力投入夜郎普查工作，至今已在黔西南州境内开展了多次大型调查活动。目的是力图找到夜郎民族的墓葬群或生活居住的遗址，至今尚未有新的突破。"⑤

考古专家梁太鹤在《贵州夜郎考古观察》中也称：从那时至今，十多年时间过去了，"夜郎文化"命名的条件是否已经具备了呢？这十

① '99 夜郎学术研讨会论文集编辑委员会. 夜郎研究 [C]. 贵阳：贵州民族出版社，2000：148.
② '99 夜郎学术研讨会论文集编辑委员会. 夜郎研究 [C]. 贵阳：贵州民族出版社，2000：218.
③ '99 夜郎学术研讨会论文集编辑委员会. 夜郎研究 [C]. 贵阳：贵州民族出版社，2000：42.
④ '99 夜郎学术研讨会论文集编辑委员会. 夜郎研究 [C]. 贵阳：贵州民族出版社，2000：43.
⑤ '99 夜郎学术研讨会论文集编辑委员会. 夜郎研究 [C]. 贵阳：贵州民族出版社，2000：48.

多年来，贵州夜郎考古取得了一些进展，新发现了一些遗址和遗物，在赫章可乐和普安铜鼓山进行了再次发掘，有不少重要遗存出土，但是，有关夜郎的典型遗址和墓葬的发掘点并没有增加。而且，对已有不同考古遗存之间文化因素的联系性和差异性认识的深化使我们看到，要在这当中做出结论性判断，田野工作量还须大量增加。即是说，只有大量田野考古资料出土后，我们才能确定它们之间所存在的是同一种考古文化的地区差异还是不同文化的区别。因此，过去所认为尚不成熟的条件，现在并未得到突破性改善。……因此，现在从考古学上确立"夜郎文化"的命名，显然为时尚早[①]。

由于考古方面的困境，在 2010 年前后，以贵州西部为重心的夜郎国学术研究也面临着省内其他区域的强烈冲击。随着遵义桐梓说、铜仁思南说等的不断崛起，安顺说、六枝说、兴义说、赫章可乐说等影响不断减弱，因此，当 2010 年湖南新晃要在境内重建夜郎古国时，贵州西部地区没有一个县市提出强烈反对，这说明这些县市自身的夜郎文化较为薄弱，无论是学术方面或是考古方面支撑力不足。

---

① 熊宗仁. 夜郎研究选粹：学人见证 [M]. 贵阳：贵州人民出版社，2010：104—105.

第二章　民国《贵州通志》对牂牁江的论证及分歧

贵州现在认为安顺及南北盘江为夜郎国及牂牁江的观点主要出自民国时期的《贵州通志》。在民国《贵州通志》之前的历代贵州通志并没有认为贵州西部是夜郎国的观点。

一、民国《贵州通志》对盘江为牂牁江的论证及依据

民国《贵州通志》是 1919 年由贵州知名士绅任可澄、陈衡山等倡议所纂。当时他们成立续修贵州通志局，由任可澄任主纂，名义上为续修，实际上准备另起炉灶。续修贵州通志局成立后，广泛收集各类有关贵州的材料和史迹等。当时《清史稿》也在修编，由于时任清史馆馆长的赵尔巽曾任石阡和贵阳知府，与贵州有渊源，于是续修贵州通志局联系到他，得到了他的帮助。续修贵州通志局派人到北京，收集了清史馆中有关贵阳的官书奏报四十册。1940 年，日寇进犯江南，浙江图书馆所藏文澜阁《四库全书》迁至贵阳地母洞，得此之便，修志局又派人去地母洞，专从《四库全书》的集部中摘抄有关贵州史料，也摘抄了一大部分。此外，修志局还发通知到各县，征集有关文献资料等。可以说编写民国《贵州通志》是贵州建省以来的一次规模化、系统化的征集史料和修纂活动，民国《贵州通志》也是明清至民国时期贵州历部通志中资料最详尽、规模最宏伟的一部志书。但该志也存在若干缺陷，就是"该志的编纂者对贵州的史料点滴必收，巨细皆考，难免失之庞杂"[1]。当然也容易将一些错误的史料也吸纳进来，还存在抄录过程中的有些语词遗漏、读句不当等问题。造成"《前事志》的错漏衍高达千分之二三"[2]。

任可澄先生是一位贵州籍的辛亥革命元勋，又几度担任云贵地区要职，由他主持编纂工作具有组织领导方面的优势，但由于他的学术

---

① 何祖岳.民国《贵州通志·前事志》校后浅议 [J].贵州文史丛刊，1995（2）.

② 何祖岳.民国《贵州通志·前事志》校后浅议 [J].贵州文史丛刊，1995（2）.

水平有限也造成本次编纂工作在专业化方面存在某些缺陷。如贵州矿藏丰富，且民国时期已有广泛勘察，但在民国《贵州通志》中缺载。对贵州辛亥革命这段历史没有进行一定程度的记载，等等。

但总的来说，共一百七十一卷、近八百万字的民国《贵州通志》，仍不失为一部内容翔实、资料丰富的优秀志书。

该志共列4人为总修纂，其中：刘显世，贵州兴义人，曾任贵州省督军兼省长，继唐继尧之后治理贵州，1927年去世；谷正伦，贵州安顺人，1948年任贵州省主席兼保安司令；任可澄，字志清，贵州安顺人，历任贵州黔东观察使、贵州教育总长、贵州省省长、云南巡按使，并担任《贵州通志》总纂、贵州文献征辑馆馆长，1945年病逝于贵阳；杨恩元，字覃生，贵州安顺人，光绪十一年（1885年）进士，官礼部主事，民国时先后任《贵州通志》分纂、总纂，贵州文献征辑馆副馆长，文献委员会副主任等职，在任可澄去世后主持总纂，但主要完成收尾工作。

民国《贵州通志》修纂过程极其艰难，前后经历三十年，最终于1948年全部刊印完毕。

民国《贵州通志》中提出以盘江为牂牁江及夜郎国中心在安顺、兴义的观点，并有四条依据予以举证。

一是以东汉应劭注《汉书地理志》称犍为郡是故夜郎国，引唐张守节《史记正义》曰"今泸州南协州、曲州本夜郎国"。又引道光《大定府志》"夜郎盖东有今遵义，中自大定，西连曲靖，而西北包东川、昭通，南跨安顺、兴义而止乎泗城，故曰夜郎最大"。又从夜郎国临牂牁江而推出论证"牂牁江乃今兴义泗城之界"，故称"是今兴义、泗城为汉夜郎县也"，今兴义泗城间红水江为牂牁江①。

二是以《史记》庄蹻道且兰伐夜郎来考证，称且兰为今平越、都匀、石阡一带地，故夜郎更在且兰西境，并引用道光《贵阳府志》称贵阳府东北境之开州修文尚属且兰，足见当时夜郎必在今贵阳以西安顺、兴义境，是夜郎所临之牂牁江必非贵州东部诸水也，而其中心

---

① 刘显世，等.贵州通志：前事志二[M].铅印本.贵阳：贵阳文通书局，1948：38.

定在安顺①。

三是引《史记》唐蒙使夜郎后开僰道指牂牁江道来考证，"郦道元（《水经注》作者）曰：'唐蒙凿石开通以通南中迄于建宁二千余里。'建宁治今曲靖为两盘江上源，其治道之迹亦约略可指，故邹汉勋曰：'自僰道指牂牁江则自今叙州经永宁、毕节、水城、郎岱而放乎盘江也。'""故僰道所指之牂牁江必今盘江也。"②

四是以《汉书》汉成帝时夜郎与句町、漏卧三国相攻事来考证，引用道光年间（1821—1850年）遵义举人郑珍及《云南通志》等关于句町、漏卧两国境在今云南东南、广西西北，与贵州兴义、安顺接界的论点，"句町漏卧与夜郎相攻，可知当时夜郎国邑必在今安顺、兴义，不能远在贵州东南，则牂牁江之为今盘江又可决也"③。

民国《贵州通志》对盘江为牂牁江的考证依据主要受道光年间（1821—1850年）所编的《遵义府志》《大定府志》《安顺府志》等影响，其中《遵义府志》成书最早，为遵义郑珍、独山莫友芝撰纂，后二志成书于道光二十九年（1849年）前后，都聘湖南人邹汉勋纂。我们知道，古代地方史志常常引入一些古代史料中"捕风捉影"的资料，以提升区域的文化自信，彰显区域人文之鼎盛及历史渊源之深厚。

此外，其所引用的依据还包括明万历贵州提学使郑旻《牂牁江解》、清顺治云南按察使许缵曾《滇行纪程》、道光举人陈澧《水经注西南诸水考》、汪士铎《水经注图》等。郑旻、许缵曾都是外籍官员，这些文章仅是他们途经这一带时所提出的观点，是没有考证的。而其他一些依据资料，主要受清初顾祖禹《读史方舆纪要》中郁江（包括今西江广西段）为牂牁江的记载。

二、民国《贵州通志》的论证依据支撑力明显不足

民国《贵州通志》中对盘江（包括北盘江、南盘江与红水河）为牂牁江的观点和认证存在明显不足。不仅指其所引用为依据的资料都

---

① 刘显世，等.贵州通志：前事志二 [M].铅印本.贵阳：贵阳文通书局，1948：38.
② 刘显世，等.贵州通志 [M].铅印本.贵阳：贵阳书局，1948：38—39.
③ 刘显世，等.贵州通志 [M].铅印本.贵阳：贵阳书局，1948：39.

是非主流文献，而且其论证观点的支撑力也明显不足。以下对其四大观点予以驳复：

其一，以犍为郡为古夜郎国，主要指其初置时郡治鳖县一带在古夜郎国，而其所领十二县之地则大部分都在巴蜀之地，是在置郡时从巴郡、蜀郡及广汉郡划置过来的。犍为郡治一带也应是夜郎国的边缘之地，其核心地域不可能划归汉朝所有，而后来成立的牂柯郡才是其较靠近中心的地区。明代礼部尚书周洪谟（四川叙州）作《六县非夜郎故地辨》称："旧志谓叙州所辖庆、长、高、珙、筠、连及嘉定所辖县为夜郎故地，盖谓诸县在汉犍为郡所领汉阳、朱提、南安之境，而惑于汉以夜郎旁小邑置犍为郡之说，故乃云然。以予观之，殆不然也。……（唐蒙）见夜郎侯多同，谕以威德，约为置吏，夜郎旁小邑贪汉缯帛，以为汉道险远，终不能有也，乃且听蒙约，还，乃以为犍为郡，而历代郡志皆谓蒟酱出长宁，以蒟酱论之，则长宁诸县当时为蜀，而不为夜郎明矣。所谓夜郎旁小邑贪汉缯帛乃以为犍为郡者，则犍为邻汉阳江阳朱提等县，皆夜郎旁小邑，故曰西南夷君长数十，数夜郎最大，是夜郎旁小邑各自为君长，非夜郎属国也。若以夜郎属国，则当时夜郎尚未臣汉，安得裂地以置郡邑哉，况其间尚阻且兰，汉发且兰兵以伐越，且兰逆命杀汉使及犍为太守。夫且兰桀骜如此，则夜郎属国之不臣汉者亦审矣。夜郎始倚南越，及南越破，且兰诛，然后入朝则夜郎臣汉，乃在置犍为郡邑之后也，即是而观，则夜郎旁小邑非夜郎属国，而叙嘉所领诸县在汉阳江阳朱提南安之境者，皆非夜郎故地也。"[1] 民国《贵州通志》引东汉应劭注《汉书地理志》称，犍为郡是故夜郎国及唐张守节《史记正义》以"今泸州南协州、曲州本夜郎国"来引征，今贵州西部及云南东北一带曾为犍为郡和夜郎国地，由此确定夜郎国在贵州西部的盘江流域安顺、兴义一带，这个证据显然是没有说服力的。

其二，民国《贵州通志》引郑珍纂道光《遵义府志》提及且兰在平越、都匀、石阡一带，并以《史记》载楚庄蹻率军溯沅水至且兰弃船登陆击伐夜郎，可知且兰与夜郎相邻且较近。且兰今大多以沅江上

---

① 周洪谟.六县非夜郎故地辨[M]// 遵义市地方志编纂委员会.遵义府志：卷四十四艺文三.遵义：巴蜀书社，2013：41—43.

游的福泉（即平越）、麻江、都匀一带为核心区，而石阡（不在沅水流域，为乌江水系）则非是，从牂牁江船通番禺而知，夜郎国中心主要在贵州南部地区，因此肯定不在西部，在贵州南部、西南部、东南部都是有可能的，在安顺则必不可能。又安顺、兴义一带与沅江上游较远，而牂牁江当与牂牁郡治且兰相近，故都江更符合这一地理特征，都江的源头就在都匀一带。其既称牂牁江，则必在牂牁郡境内，而必不在犍为郡境内。

其三，民国《贵州通志》提出唐蒙开夜郎后，汉朝发巴蜀卒治道，僰道指牂牁江，并引郦道元《水经注》称即是从僰道至建宁（今曲靖）的五尺道①。五尺道为秦时所筑，但部分学者引郦道元之文称其为汉时增修，还从建宁筑至牂牁江。邹汉勋《大定府志》则认为汉时所开筑的五尺道是自今叙州经永宁、毕节、水城、郎岱一线道路。首先，此两道不同，且较为临近。这一带秦时既已开有五尺道，汉朝不可能再在此东侧一带再重复开一条新路，其所开的必是要为占领今整个贵州省地域的行军道，即从僰道斜穿今贵州东南方向至都江流域一带的驿道，这才有价值，实现投资与产出成正比。《华阳国志·卷三：蜀志》亦载："武帝初欲开南中，令蜀通僰、青衣道。建元中，僰道令通之，费功无成，百姓愁怨，司马相如讽谕之。使者唐蒙将南入，以道不通，执令，将斩之，……蒙乃斩石通阁道。故世为谚曰：'思都邮，斩令头'云。后蒙为都尉，治南夷道。"牂牁郡为平南夷后所设，故南夷道即牂牁道。

其四，民国《贵州通志》中提及夜郎、句町、漏卧三国相攻，称句町、漏卧在今云南东南、广西西北一带，此学术界亦多有争论，今贵州考古界就不认可此观点。云南著名史学家方国瑜提出今兴义、安龙为漏卧侯国故地，道光《云南通志》则称"漏卧当在今安顺府镇宁县等处。"而晚清著名学者汪士铎《汉志释地》称今兴义是古句町，方国瑜引道光《云南通志》则称"句町为今之贵州独山州、荔波县等

---

① 从蜀南僰道（今四川宜宾）、朱提（今云南昭通）到滇国（今滇池一带），由于道路宽仅五尺，故史称"五尺道"。秦时开筑，据传当时从僰道（今四川宜宾）沿经今盐津、大关、昭通、宣威至建宁（曲靖）。

处"①。就算兴义、安顺一带为古夜郎国地，当时夜郎国为西南第一大国，领土广阔，其相攻之地与国都之间也没有什么关联，因此此论断也是不成熟的。

可知，民国《贵州通志》以盘江为牂牁江的论证及观点都是不充分的，明显证据不足。并且主要引用道光《遵义府志》《大定府志》、咸丰《安顺府志》《兴义府志》等地方史志作为论证的证据，缺乏说服力。

以北盘江（及南盘江）为牂牁江之论盛于道光年间（1821—1850年），先是郑珍在道光《遵义府志》中提出"《水经》温水出牂牁夜郎县。验温水，即今北盘江""则今贵州安顺府地，即汉夜郎县也"。不久，湖南隆回人邹汉勋，于道光后期赴贵州，先后受聘修纂贵阳、大定、兴义、安顺诸府志。邹汉勋则以唐张守节《史记正义》"今泸州南协州、曲州本夜郎国"为依据提出贵州西部地区为夜郎国地，并引《读史方舆纪要》等史料在以上府志中广泛传播南北盘江及红水河为牂牁江的观点，于是夜郎国在贵州西部一带成为一种重要学说，并被当地此后所修的各州县志积极接受，并不断发扬光大并代代相承。

当然在此有一点需要肯定，郑珍在道光《遵义府志》提出汉夜郎县在安顺地时，正好是道光《云南通志》提出汉夜郎县在云南境内的沾益州之际，面对夜郎国被云南抢占的局面，郑珍应该是综合诸多因素才提出了汉夜郎县在安顺府的观点②。而在郑珍之前，许多史料只提牂牁江原型河流，并未提出过夜郎国中心或汉夜郎县的具体方位。因此，郑珍关于汉夜郎县在安顺的观点可能并不一定正确，但其初衷应该得到肯定。而任可澄为家乡安顺争取夜郎文化品牌的热心也值得赞赏。

三、民国《贵州通志》有关观点存在较大分歧和地方利益考量

民国《贵州通志》中关于牂牁江亦记载有多种说法，并列举有蒙

---

① 方国瑜.汉牂牁郡地理考释 [M]// 熊宗仁.夜郎研究选粹：学人见证.贵阳：贵州人民出版社，2010：58—60.

② 一是与蒙江近，安顺位于蒙江干流格凸河的源头上方，蒙江是古代牂牁江的主要原型之一，其下游亦注入红水河；又一是安顺与云南近，可平衡云南所提出的汉夜郎县在其境的观点。

江、都江、乌江、西洋江 ① 等为古牂牁江之说，其中都江说是较有说服力且提出最早的。其他诸说都在明清时期，而都江说则在唐代。

民国《贵州通志》载曰："以都江为牂牁江者唐人已有是说，柳子厚（柳宗元，时任柳州刺史）诗'牂牁水向郡前流'是也，魏濬（明福建人，曾任湖广抚巡）《西事珥》云牂牁江既与龙、融二江会过柳州。"吴振棫（清钱塘人，曾任云贵总督）《黔语》、爱必达（清满洲人，曾任云贵总督）《黔南识略》都称都江为牂牁江，即古豚也 ②。

可知以都江为牂牁江说早在唐代已有提及，民国《贵州通志》还记载有著名史地学者、江南才子、乾隆年间（1736—1796 年）出任贵州学政的洪亮吉通过对比《史记》《汉书》《水经注》等记载所提出的以都江为牂牁江之论断：

盖今南盘江即古温水也，今都江即古遁水也，……汉牂牁郡及且兰县治当在今清平都江之间，正临都江之上，武帝元鼎五年伐南越发夜郎兵下牂牁江其下江之处亦当在今独山州三角屯左近也。……田雯《黔书》以乌江为牂牁江，则一言以折之，曰今乌江不能通番禺，明郑昊又以北盘江为牂牁江，则又可即《汉书》《水经注》折之，道元云遁水东径牂牁郡且兰县谓之牂牁水，水广数里，县临江上。按今北盘江在永宁安南之间，非汉牂牁郡及且兰县治所，其误一也；今北盘江广数十步，两岸皆高山峻岭，无从展拓，与《水经注》水广数里及县临江上之说又相背谬，其误二也；北盘江今尚不通舟楫（《图经》：至广西泗城界始略通船），而《汉书》武帝时伐南越发夜郎兵下牂牁江同会番禺，必非此水，其误三也。至北盘江今尚有瘴气，而都江则无，亦与道元、刘昭之说 ③ 相合 ④。

民国《贵州通志》认为柳宗元和魏濬之说"绝少参证"，而对"可

---

① 西洋江，是都江上游右江的河源段驮娘江的支流。元代名昔洋江，明代称西洋江。明清时称渌轱河。发源于云南省广南县西北部者兔乡岩溶山区，流经广南县、富宁县后进入广西西林县，注入驮娘江。

② 刘显世，等.贵州通志：前事志二 [M].铅印本.贵阳：贵阳书局，1948：34.

③ 刘昭《郡国志》注牂牁郡宛温县下引《南中志》：县北三百里有盘江，广数百步，深十余丈，此江有毒气。

④ 刘显世，等.贵州通志：前事志二 [M].铅印本.贵阳：贵阳书局，1948：34—35.

参证"吴振棫、爱必达并云的"黔中诸水蒙盘不通舟楫，虽都江可通航"，则用简单的一句"此其误皆同洪氏"而否定之。

当代学者黄透松在《关于古夜郎国都的探讨》中曾提道："洪亮吉对豚水、牂牁江和谈稿县做过详考，全文在这里不再重复录入，而其结论云：'今都江即古豚水也。''汉牂牁郡及且兰县治当在今清平都江之间，正临都江之上……豚水故名二，曰豚水，亦曰牂牁江。'对于洪氏豚水考，批驳者仅仅因为要把夜郎国都定于安顺，就全盘否定洪氏之研考心血，实在是一个'混乱莫辨，尤为舛误'的可悲批驳。"①

其文中所称的"批驳者"指的就是民国《贵州通志》的主纂任可澄。

任可澄因为是安顺人，又受咸丰《安顺府志》《兴义府志》等影响，极力推崇北盘江及盘江流域一带为夜郎国中心的说法，故坚决反对非盘江流域的牂牁江之说，甚至还要否定牂牁郡在沅江上游之说②。

因此，民国《贵州通志》最后总称："由以上之说可得结论如下：曰牂牁江者，南北盘江之总称，其流域盖为古代牂牁国，国以江名，抑江以国名。"

民国时期编纂通志时，主纂任可澄以盘江为牂牁江的观点也遭到另一位编纂人员万大章的反对，万大章坚持都江说。

万大章（1887—1979 年），字仿韩，别号明尹楼主，独山县人，曾任贵州省教育厅科长、麻江县县长等职。1931 年毛光翔主政贵州时，曾筹集专款修志，礼聘万大章加入通志续修。1936 年，贵州通志局改设为贵州文献征辑馆，省政府仍聘任可澄为馆长，万大章等任名誉采访，后改任编审兼采访。万大章在通志续修工作中，主要担任《舆地志》《建置志》的纂辑。1947 年，文献征辑馆改组为贵州文献委员会，聘杨恩元为主任委员，聘万大章等人为委员。

万大章曾作《汉牂牁江考》，反对以盘江为牂牁江，持都江说。其文称：

---

① '99 夜郎学术研讨会论文集编辑委员会．夜郎研究 [M]．贵阳：贵州民族出版社，2000：345—346．

② 如丁兼《后汉书西南夷传考证》称"汉且兰县必在今兴义府地无疑"。王先谦《汉书补注》则提出"故且兰当兼有郎岱、永宁、安顺、镇宁之地"。

一、唐蒙于元光五年通南夷既置犍为郡，即发巴蜀卒治道，自僰道指牂牁江，《遵义府志》谓此道殆即由四川宜宾出贵州毕节经安顺、贞丰等县而达盘江之路，盖汉僰道县治即今宜宾县治也，然《史记》文不言南指，安知其不向东南经赤水、遵义、平越、都匀等县而达都江乎。

二、唐蒙治道自僰道始允矣，然《史记》不又云乎，秦时常頞略通五尺道，此又汉武以前之故迹也。《括地志》称五尺道在郎州，此旧说当可信。唐郎州旋又称播州。五尺道应即今遵义县大道。古人建设固不能无因也，故谓唐蒙发卒自僰道东指取合江赤水以达遵义之道，于古迹尤有凭藉。

三、唐蒙上书明言制越向取长沙豫章水道，多绝难行，今改取牂牁江，如为盘江，则瘴疠难行，不如长沙豫章远甚，都江不唯无瘴，且万里悬师必仍与长沙豫章切取联络，盘江远阻，又不若都江之声气可通也。都江经汉镡成县，接近今之桂林，《淮南子》称秦使尉屠睢发卒塞镡成之岭。前辑《都匀志》已引及之，《清一统志》称桂林府兴安县西南四十里有秦城，即《桂海虞衡志》所称塞镡成时所筑，遗址尚存者也。又有汉城在临桂县东北，旧志相传汉军伐南越时筑，遗址尚有，亦足为秦汉用兵多取古道及互取联络之证。

四、夜郎国在汉夜郎县治，……然浮船制越，必为别取都江，则犹有可证。夜郎侯多同及旁小邑听唐蒙约始置犍为郡，治今遵义左近之鳖县，后南越反，发南夷兵击，且兰君恐远行，老弱被虏，则汉兵南顺，其为由今遵义之犍为指今平越之且兰，形势甚明。史迁（即司马迁《史记》）称因犍为发兵，因字已可见矣，及头兰受诛，置牂牁郡，即治且兰，亦以且兰故治在今平越左近，居秦五尺道与今都江之间，足以隔越汉兵，妨碍其前进，故即以郡守临治之，罢西南夷置南夷两县一都尉，稍令犍为自葆就。《索隐》称即令其自保守而渐修其郡县，是汉廷建制。由渐而入，不于夜郎方面出师，显有远交近攻之意。传末称夜郎、滇独受王印，最尊宠，亦此意也。

五、唐武德四年于义熙郡义熙县析置临牂一县，谓县地临牂牁江也，义熙县在今广西融县西南，逼临都江，唐初名析置之县，必有所本，不待柳子厚等私人歌咏始指都江为牂牁矣。……若弛义发兵，且兰独反，则浮牂牁必在都江一路，形势已甚显然。……定盘江为军行之牂牁江，殆不免于迷误，若夫发巴蜀卒治道，自僰道指牂牁江，似亦即指都江，盖治道以利军行，未有出兵都江而治道他指者也，私意所及不觉其辞之费，亦籍明推测所在，或为天下之公言耳 ①。

万大章最后一句似有所指，即指任可澄以盘江为牂牁江的观点颇有偏重家乡的私心之意，而自己则是"为天下之公言耳"，即完全出自公心。

当然万大章为都江发源地独山县人，其坚持都江说或当亦有略许私心。这一点他自己也是认同的，曾称："余上年辑《都匀志》，争都江为牂牁，诚不能无文断乡里之私。"②

这说明无论为公或为私，至民国时期，省志改由邑人主纂，肯定存在借此为家乡扬名得利的私心，夜郎中心说已成为省内各地有些许出处就想要争抢的蛋糕，主观意识似乎超越了客观现实。

以都江为牂牁江之说在清代乾隆之后成为主流说法，此后的许多贵州主政者也都持此说法。但 1912 年以后，由于夜郎文化的巨大品牌价值，造成贵州省内各地对此品牌形成强大的竞争态势，因此，贵州各地区对夜郎中心地展开激烈争夺。

我们注意到，明清时期的诸多论牂牁江者说，大多是旅居贵州的外省官员或外地学者提出的，因此，基本上不带有地方功利色彩，总体上也是客观的。但民国《贵州通志》则不同，它是由地方集团所把持编纂的，因此，明显带有扬名地方的浓厚功利色彩。

如民国《贵州通志》的编纂主要署名人员为刘显世、谷正伦、任可澄、杨恩元，其中刘显世是兴义人，谷正伦、任可澄、杨恩元都是安顺人，因此，在民国《贵州通志》所制的历代建置沿革图（周代）中，将夜郎国标注于安顺与兴义之间（安顺西部），并将南北盘江合流后的红水河标识为牂牁江。

并在该志的《舆地志》中称："牂牁江在今泗城府、兴义之界，是今泗城、兴义为汉夜郎县地。"又依据"《安顺府志》春秋时有牂牁国，六国时有夜郎国，今安顺盖居二国之交"提出北盘江为古遁水（即牂

---

① 胡蔚羽. 三合县志略 [M]. 铅印本. 成都：巴蜀书社，1940：94—96.
② 胡蔚羽. 三合县志略 [M]. 铅印本. 成都：巴蜀书社，1940：93.

牁江）①。

民国《贵州通志》是一部内容详尽、字数宏伟的巨作，刘显世、谷正伦仅是挂名的牵头人，实际主持者是任可澄。任何澄是举人出身，曾是革命家，历任大汉贵州军政府枢密院副院长、广州军政府内政部长、贵州代省长、省长、云贵监察区监察使等职。民国《贵州通志》的修纂其实是断断续续的，任可澄于 1919 年回黔主持续修《贵州通志》，不久又从政，至 1934 年，应王家烈之邀回黔主持续修《贵州通志》，两年后又从政任职，1942 年再度返回贵州续修通志。

因此，民国《贵州通志》虽然篇幅巨大，但质量不高。其所参考的许多资料有许多是如《安顺府志》《大定府志》等的地方史料，并以此作为判断夜郎国及牂牁江的证据，说服力是明显不够的。

何祖岳在《民国〈贵州通志·前事志〉校后浅议》中也称：

民国《贵州通志》于 1919 年由贵州知名士绅任可澄、陈衡山等倡议修纂，当时成立续修贵州通志局，由任可澄任主纂。……我在点校《前事志》以前，通读过该志，曾为该志若干美中不足之处感到困惑，先后请教于当时参加修志的李独清、陈恒安两位先生，承他们一一作答……关于古代贵州舆地的考证，至今史学界仍有争议。如鬼方究在何处？以前的学者认为在荆楚地方，近代学者王国维力主在陕西，志清先生（即任可澄）根据殷高宗"伐鬼方次于荆"的记载，认为在荆近地，即贵州，但有人认为证据不足。又如牂牁江，志清先生认为是盘江，同事万仿韩坚持为都柳江，难做定论，两说并存②。

但实际上民国《贵州通志》并没有将盘江说和都江说并存，而是千方百计地否认都江说，想方设法地认定盘江说的正确性。

民国《贵州通志》中虽然也列举了都江、蒙江等为古牂牁江之说，但实际上是都予以否定的。该书力主盘江为牂牁江之说，并标识且论证安顺西部一带为夜郎国之中心。于是编史撰志而成为谋取家乡名利之私器。

此举对现当代贵州夜郎国研究的影响很大。

① 刘显世，等.贵州通志：舆地志 [M].铅印本.贵阳：贵阳书局，1948：45.
② 何祖岳.民国《贵州通志·前事志》校后浅议 [J].贵州文史丛刊，1995（2）.

　　本来按照清代以来的学术方向，大多数人认为夜郎国中心是在贵州东南部的都柳江一带，如果民国《贵州通志》主纂者不带个人情感及地域主观意见，则都柳江说可能是最符合历史史实的。但是由于受时任贵州区域集团及派系观点等左右，都柳江说被否定，北盘江说及盘江说遂成为主流，从而开启了中华人民共和国成立以后贵州全省以西部为中心寻找夜郎国的学术研究和考古进程。

第三章　盘江为牂牁江说的源头追溯

一、以盘江为牂牁江之说出自北宋陶弼诗

民国《贵州通志》载，盘江为牂牁江之说的源头在清咸丰年间（1851—1861 年）的《兴义府志》。

此部《兴义府志》是清道光末年兴义府知府张锳纂修，聘"湘中三杰"之一邹汉勋、江南生员朱逢甲协修。编纂始于道光二十一年（1841 年），迄于咸丰三年（1853 年），印刷于咸丰四年（1854 年），全书七十四卷，有纪、志、传、表、录、图诸体。时限上起秦汉，下迄清道光末年；所记地域除黔西南州所辖县（市）外，还包括六盘水市所辖之盘县（今盘州市）、六枝。内容有自然地理、建制沿革、政治、军事、经济、文化、教育、民族、人物、风俗、方言、物产及历代大事要事。全书共 250 万字。

该志云："南盘江即古牂牁江也，今又名红水江，伏读《御批通鉴辑览》注云：牂牁江即今贵州之盘江，夜郎即今南笼府诸地。古牂牁江即今南盘江也。"①

这说明以南盘江为牂牁江之说出自清乾隆年间（1736—1796 年）的《御批通鉴辑览》。

《御批通鉴辑览》简称《通鉴辑览》，该书乃乾隆三十二年（1767 年）奉敕撰，主要排辑历朝事迹，起自黄帝，讫于明代。全书共一百十六卷。本人查找后发现，本书在《卷十五：汉世宗孝武皇帝》中有"元光五年（公元前 130 年）通南夷置犍为郡"等故事，并提及"道西北牂牁江"，在牂牁江下注曰："一作牂柯，即古郁水，其上流为今贵州之盘江，径广西南宁府为左江，至浔州府合右江，即黔江，亦导源贵州，入广东境为西江，下番禺入海。"又在所提及的夜郎条下注曰："今贵州以西南笼府诸地古为夜郎国，汉置县，唐始移县于珍州，

---

① 张锳 . 兴义府志：卷十二：河渠志 [M]. 刻排本 . 贵阳：贵阳文通书局，1914：1.

今遵义县桐梓县也。"[1]

从《通鉴辑览》原文中可知，此书并未言明贵州之盘江为牂柯江，只说古郁水为牂柯江，且此水是径广西南宁府的左江。而以盘江为左江的上游。但盘江水并不通流经南宁府，也不通左江。因此，要么是《通鉴辑览》记载有误，要么此盘江是另一条同名的江。

文中提到"贵州以西南笼府诸地古为夜郎国"，南笼府即今兴义，但并没有提及安顺府一带为古夜郎国。安顺不在兴义以西。上文也没提及北盘江为牂柯江。而北盘江为牂柯江之说乃清道光遵义举人郑珍在《牂柯十六县问答》所提出。其源头亦当从《通鉴辑览》注释中所引发，或从《读史方舆纪要》发挥而来。

《通鉴辑览》之文，应该是从明末清初地理学家顾祖禹所作《读史方舆纪要》引用而来。

《读史方舆纪要》是一部关于古代历史地理及兵要地志的巨作，全书共一百三十卷，简称《方舆纪要》。作者是常州府无锡县人，于明亡后隐居不仕。该书历时三十年，约在康熙三十一年（1692年）成书，广泛引证前人史料，着重考订古今郡县变迁，详列山川险要战守利害，是研究中国军事史、历史地理的重要文献。

该书《卷一百二十：贵州一》中提及盘江，其文曰：

盘江，在贵州境者为北盘江，出四川乌撒府[2]西百五十里。东南流至乌撒南九十五里，谓之可渡河。又东南为七星关河，折而南经云南沾益州界，入贵州境。经安南卫东，又南经永宁州西境、普安州东境，盘回曲折于山箐间，荫翳蒙密，夏秋多瘴。流经慕悦长官司东南，而南盘江流合焉。又东南入广西泗城州境，而谓之左江。陶弼云：左江即盘江，盘江即牂柯江也。汉武帝时，唐蒙欲浮船牂柯以制越，武帝遂使驰义侯发夜郎兵，下牂柯江会番禺。诸葛武侯南征，亦至盘江。

---

[1] 御批历代通鉴辑览：卷十五 [M]. 上海：上海通元书局，1903（光绪二十九年）：21.

[2] 乌撒府即今贵州威宁县及周边一带，该地隶属常变。至元十三年（1276年），置乌撒路，后升为乌撒乌蒙宣慰司，属云南行省。元顺帝时改属四川行省。洪武十四年（1381年）降明，设乌撒土知府，隶云南布政使司，不久改隶于四川布政司。同时又设乌撒卫，隶贵州都司。清康熙五年（1666年），改四川乌撒土府为威宁州，隶贵州。

此贵州西南境之大川也。今详见川渎异同 ①。

　　上文的重点是"陶弼云：左江即盘江，盘江即牂牁江也。"

　　由此可知盘江为牂牁江是从左江即盘江引申而来。又引申至贵州的北盘江。但"左江即盘江"事实上并不成立。顾祖禹未到过贵州，其资料当亦是引用而来。其所引用的是天顺五年成书的《大明一统志》② 的资料。

　　据《大明一统志·卷八十五·南宁府山川》载："大江，在府城西南，左右二江合流于此，左江源出广源州，右江源出峨利州，至合江镇合为一江流，入横州，号为郁江。《舆地广记》云郁江即夜郎豚水也。宋陶弼左江诗云：昔年观地志，此水出牂牁。"

　　从《大明一统志》资料可知，该左江源出广源州。广源州唐置，曾是邕州下辖的一个羁縻州，治所在今越南高平市广渊县。

　　左江是西江水系上游郁江的最大支流，古代称斤南水、斤员水，发源于越南，上游在越南境内称奇穷河（又叫黎溪），于凭祥市边境平而关进入中国境内后称平而河，流至广西龙州县城有支流水口河汇入，以下称左江。又向东流至南宁市合江镇与右江合，古代以过横县后才称为郁江。

　　从今天的地理来看，发源于越南的左江与今贵州的盘江没有任何交集，明显是两条不同的河流。因此，顾祖禹《读史方舆纪要》以左江为盘江，又以盘江为牂牁江的说法是完全错误的，他混淆了左江和盘江的关系，误以盘江为左江上游，这也是古代儒生们闭门读书不注重实地考察的通病。

二、陶弼诗与明代形成的大左江和大右江之说

　　实际上在明代确有以今百色地区的右江为大左江等说法。

　　比顾祖禹生活的时期稍前的明代著名旅行家徐霞客是一位知行合一的地理学家，他是顾祖禹的同乡，常州府江阴县人，曾于明万历后

① 顾祖瑀. 读史方舆纪要 [M]. 北京：中华书局，2005：5241.

② 《大明一统志》又称《明一统志》，为吏部尚书兼华盖殿大学士李贤、吏部尚书兼文渊阁大学士彭时等奉敕修撰，是明代官修地理总志。书中所述古事，错误较多。

期起游历考察山川地理，后形成《徐霞客游记》。在原稿基础上，经友人王忠纫手校、季梦良续成的稿本，成书于崇祯十五年（1642 年）。

徐霞客于崇祯十年（1637 年）前后曾到达广西及云贵地区旅行，也曾对盘江有深入考察，写有《盘江考》一文。

其修正了《明一统志》中关于南盘江、北盘江的部分错误，但也有一些考证不到位的地方。他指出："至《明一统志》最误处，又谓南北二盘，分流千里，会于合江镇。盖惟南宁府西左右江合流处为合江镇，是直以太平府左江为南盘，田州右江反为北盘矣。"①

徐霞客在此指出了古代以左江为南盘江，以右江为北盘江的基础性错误。

但他认为，发源于云南沾益州（今曲靖市沾益区）的南盘江经曲靖、陆凉、阿弥、师宗、罗平而进入广西旧安隆至泗城之八蜡、者香（蔗香），于是下田州为右江，而北盘江从嵩明州发源而经马龙、寻甸等地后进入贵州，从普安、安南及广西泗城等地后出迁江、来宾，在武宣合柳江。

从今天的地理环境来看，徐霞客的这个观点存在许多错误，首先南盘江与右江没有贯通，以南盘江为右江上游，这是不正确的；其次北盘江发源也在云南沾益州（今沾益区），而非嵩明州，因此，上游许多流经地也错了；最后南北盘江相会在蔗香（今望谟县蔗香村双江口），而非在武宣县。

这也说明南北盘江地理环境之复杂，徐霞客在考察时问了很多"土人"，但有些当地人也不知道这些河道的走向和联系，这说明主要是当时这些河道不通航所致。

本人看了以上资料后，大体有些端倪，古代以盘江为左江可能始于明代。

盘江流经明初所设之安南卫（今贵州晴隆县），而左江发源于安南国（今越南），其国明代曾两度并入中国，后设为安南都统使司等（明世宗嘉靖十八年至明亡，即 1539—1644 年皆为明廷所属），而安南卫全称安南卫指挥使司，故或以此而混淆附会。

---

① 徐弘祖.徐霞客游记 [M].上海：上海古籍出版社，1997：1125.

如明嘉靖年间（1522—1566 年）状元江西吉安府人罗洪先（字念菴）在所作地理地图《广舆图》中，就称流经乌撒七星关、安南卫的北盘江即牂牁江。当是从"盘江为左江，左江为牂牁江"演绎而来。

徐霞客在考察盘江源头之前，曾先到达位于广西南宁城西的左江、右江合流处，他在《粤西游日记》中也曾提及左江、右江与南北盘江等情况，并做了简要的分析和判断，其文曰：

左江自交趾广源州东来，经龙州，又东六十里，合明江南来之水，又东径崇善县，合通利江及逻、陇、教北来之水，绕太平府（今广西壮族自治区崇左市）城东、南、西三面，是名丽江，又东流至此。右江自云南富州（今云南省富宁县，明属广南府，邻广西界）东来，经上林峒，又东合利州南下之水，又东经田州南、奉议州北，又东南历上林、果化、隆安诸州县至此（即合江镇）。

又按《一统志》："右江出峨利州。"查"峨利"，皆无其地，惟贵州黎峨里在平越府，有峨荆山，乃牂牁所经，下为大融、柳州之右江者，与此无涉。至利州有阪丽水，其流虽下田州，然无"峨荆"之名，不识《明一统志》所指的于何地。又按《路志》曰："丽江为左，盘江为右。"此指南盘之发临安者。若北盘之经普安州，下都泥，亦出于来宾，合柳州之右江，与此无涉。此古左、右二江之分也。二水合至横州，又名郁江。而庆远之龙江，自贵州都匀、独山来；融县之潭江，自平越、黎平来；迁江之都泥，自普安七星关来[①]。三水经武宣，是名黔江。二江俱会于浔。于是又以郁江为左，黔江为右者。而今已左、右二江道因之、彼此互称，不免因而纰缪矣[②]。

从以上资料，可知徐霞客前段对左右两江的记载基本上是到位的，左江发源于交趾，又称丽江；而广南、富宁一带即今右江上游。

右江发源于云南省广南县，上游称驮娘江，流经广西西林县、田林县合西洋江（发源于广南县，流经富宁县），又流经云南富宁县剥隘镇后进入广西百色市百色镇与澄碧河汇合称右江，又向东流经广西田阳、田东、平果、隆安等县，在南宁合江镇宋村与左江汇合始称郁江。

但徐霞客在引用《明一统志》资料时又论证可能存在大左江和大

---

① 可知古代以今乌江上游的七星关水为北盘江上游。
② 徐弘祖.徐霞客游记 [M].上海：上海古籍出版社，1997：452—453.

右江，并以郁江为大左江，以黔江为大右江。

徐霞客认为，大右江主干发源于今贵州东部都匀、独山一带，并以《明一统志》记载"右江出峨利州"首先考证历史上并无峨利州，而只有今沅水上游的平越府（今福泉市）有峨莉山，乃牂牁江所经之处，其下方发源于都匀、独山一带的都柳江（即潭江，龙江为其支流①）为"柳州之右江"主干。而北盘江则为大右江的支流，仅在武宣注入，汇为黔江。

他又指出，郁江为大左江，并以主干发源于云南临安府的南盘江为郁江干流右江的源头。这是他根据元代《临安路志》所考证的。

此临安乃云南之临安，元至元十年（1273年）前后置设临安路（路治在今建水），下辖建水、石屏、嶍峨、宁州等州，明洪武十五年（1382年）改为临安府。

南盘江最西面有一条较长的支流被称为曲江，发源于云南江川县（今玉溪市江川区）西北部，向西南流经玉溪市区、峨山县城，又向东经通海县高大乡、建水县曲江镇，在华宁县盘溪镇方那村注入南盘江，全长约200千米。其流经区域大部分为元明时期的临安路府辖境。即上文"此指南盘之发临安者"。

说明在元代，云南当地也有南盘江发源于临安路曲江的说法。这可能也是《明一统志》记载"右江出峨利州"的来源之一。此峨利州当指峨州、利州两州，峨州指的是云南临安府所属之嶍峨州（今云南省峨山彝族自治县），而利州指的是广西泗城府所辖之利州（今右江上游一带）。

南盘江在流经云南与广西交界处时，南岸有一条清水江汇入。此清水江发源于云南丘北县，向北流经广南县，在西林县注入南盘江。清水江和右江源头比较接近，因此，在明代及之前大部分资料可能都认为此两河相通，故将南盘江也作为是右江的上游之一。这样，就又引申出以右江为干流的郁江亦与南盘江有关。

---

① 古代以龙江上游为独山江，又将独山州（今独山县）上游延伸至沅江干流清水江的北源麻哈江，此江流经峨莉山。《徐霞客游记》中也提到："南盘自富州径田州，至南宁合江镇合丽江，是为右江。北盘自普安经忻城，至庆远合龙江，是为乌泥江。下为黔江，经柳、象至浔州合郁。"

徐霞客《盘江考》也称："今以余所身历综校之，南盘自沾益州炎方驿南下，经交水、曲靖，南过桥头，由越州、陆凉、路南，南抵阿弥州境北，合曲江、泸江，始东转，渐北合弥勒巴甸江，是为额罗江。又东北经大柏坞、小柏坞，又北经广西府东八十里永安渡，又东北过师宗州东七十里黑如渡，又东北过罗平州东南巴旦寨，合江底水，经巴泽、巴吉，合黄草坝水，东南抵霸楼，合者坪水，始下旧安隆，出白隘，为右江。""是南盘出南宁，北盘出象州，相去不下千里；而南宁合江镇，乃南盘与交趾丽江合，非北盘与南盘合也。其两盘江相合处，直至浔州府黔、郁二江会流时始合，但此地南北盘已各隐名为郁江、黔江矣。则谓南盘、北盘即为南宁左、右江之误。"①

故《通鉴辑览》中以盘江为郁江上游（即大左江）、黔江为大右江的出处，可能与《徐霞客游记》有关。

此亦即《通鉴辑览》在牂牁江下注之文"一作牂牁，即古郁水，其上流为今贵州之盘江，径广西南宁府为左江，至浔州府合右江，即黔江，亦导源贵州，入广东境为西江，下番禺入海"之出处。

这说明在明代之前，由于南宁府以西的桂滇边一带及以北的桂黔边地区长期处于羁縻制度下的少数民族自治管理体制，且这一带山高路陡，地理环境恶劣，因此汉人较少进入这些区域，并对当地的山川地理缺乏详尽的了解而没有正确描述，因此徐霞客关于大左江、大右江等观点，可能也是当时许多朝廷官员及学者的想法。

三、大左江大右江说可追溯于郦道元《水经注》"郁水"

《明一统志》中提及的"宋陶弼左江诗云：昔年观地志，此水出牂牁"也有后人的误会。该诗所写的其实是今右江流域的那霸泉。

陶弼是北宋时期永州人，庆历年间（1041—1048 年）曾两度出任邕州（即今广西壮族自治区南宁市一带）知州，其能文能武，有"左诗书，右孙吴"之誉。并有著作《邕州小集》等。"昔年观地志，此水出牂牁"出自其诗《那霸泉之一》，全诗为："昔年观地志，此水出牂牁。断岸深无底，平流暗起波。感恩来客少，射影短狐多。未老诸蛮

---

① 徐弘祖. 徐霞客游记 [M]. 上海：上海古籍出版社，1997：1126.

在，楼船空再过。"

又曾作《那霸泉之二》诗曰："路下牂牁水石闲，三分才过二分山。年光欲尽家犹远，岚气虽疏鬓已斑。宾从谈笑机独进，儿曹音信喜生还。南风一夜吹乡梦，数刻飞过五岭间。"

可知两诗中写牂牁水都与那霸泉有关。

那霸泉据说在原田州（今田东县）西 25 千米处。

清康熙年间（1662—1722 年）编纂的《古今图书集成》引《泗城府志》载："那霸泉，在（田）州城西五十里，四时不竭。"又载："右江，在（田）州城东南，源出云南富州，历上林洞至本州流入南宁府界。宋陶弼诗：昔年观地志，此水出牂牁。……"① 说明那霸泉是在右江流域，而非在左江流域。

《明一统志》提及"此为宋陶弼左江诗"，说明不是受《徐霞客游记》的影响，因为《明一统志》成书早于《徐霞客游记》，徐霞客当是受了《明一统志》的影响。

《明一统志》将陶弼（右江流域）那霸泉诗称为左江诗，可能是受北宋欧阳忞《舆地广记》之影响。

欧阳忞《舆地广记》载："郁水，水即夜郎豚水也，与温水合，又与欢水合，亦名骆越水，自蛮境七源州源出。"②

欧阳忞是北宋地理学家，吉州庐陵（江西吉安）人，自幼留意地理之学，政和年间（1111—1118 年）撰《舆地广记》，全书共三十八卷，重在叙述各路、府、州、军、县建置沿革，地理山川等。

此宣化县（今南宁市一带）郁水当指今右江和左江合流后的郁水，但其"自蛮境七源州源出"则直指干流是今左江。

后人在将上述二文整合在一起时，也将以右江为干流的郁江称为左江。

可知在宋之后至明代时期，左江、右江可能都可引申而称之为郁江，因此，引发后人将陶弼的右江那霸泉诗记载为左江诗。

---

① 陈梦雷.泗城府山川考 [M]// 古今图书集成：职方典：第一千四百五十一卷：泗城府部汇考一：第 175 册.北京：中华书局，1934：31.
② 欧阳忞.舆地广记：卷三十六：广南西路上：下宣化县 [M].刊本.金陵：金陵书局，1880（清光绪六年）：3.

此即《明一统志》中将郁江上游的右江也当以为郁江，又在陶弼在右江流域的诗称之为左江诗的由来。

此处以左江、右江皆代之为郁江。故以牂牁水引申为左江或右江。

《舆地广记》云："郁江即夜郎豚水也。"陶弼亦以郁江而为牂牁水的源头。此再向上溯源，都可至北魏郦道元《水经注》中关于郁水的记载。

《水经注》是我国古代地理名著，其内容包括了自然地理和人文地理的各个方面。全书共四十卷，相对全面而系统地介绍了水道所流经地区的自然地理和经济地理等诸方面内容，是中国第一部水文地理专著。该书作者郦道元，南北朝时期北魏范阳郡（今河北省涿州市）人，历任御史中尉、北中郎将、冀州长史、青州刺史、鲁阳太守、东荆州刺史、河南尹等，封永宁伯。郦道元由于喜欢考察山川地理，就以给《水经》[1]作注的形式大量补充各水道流经地的历史地理及人文名胜知识，从而形成这一著作。

但由于他是北朝人，对南朝地区缺乏了解，因此，在对南方水系记述方面存在记录简单、张冠李戴等现象。还有受当时时代和条件的限制，他不可能到边疆地区和西南地方进行实地调查，故这方面错误也就更多一些。另外，有些地方的引书也可信不尽等。

《水经注》中关于郁水的记载放之于《温水篇》之中。摘其文曰：

温水出牂牁夜郎县，县故夜郎侯国也，唐蒙开以为县，王莽名曰同亭矣。温水自县西北流，径谈稿，与迷水合。（迷）水西出益州郡之铜濑县谈虏山，东径谈稿县，右注温水。温水又西径昆泽县南，又径味县，县故滇国都也。诸葛亮讨平南中，刘禅建兴三年，分益州郡，置建宁郡于此。水侧皆是高山，山水之间，悉是木耳夷居，语言不同，嗜欲亦异，虽曰山居，土差平和而无瘴毒。温水又西南径滇池城，

---

[1]《水经》是中国古代第一部专记河流的专著。其作者历来说法不一，一说晋郭璞撰，一说东汉桑钦撰，又说郭璞曾注桑钦撰的《水经》。当代郦学家陈桥驿认为，即使汉桑钦撰有《水经》，晋郭璞为其作注确有其事，但这部《水经》早已失传。相传今本郦道元所注的《水经》是另外一部，为无名氏所作，其成书年代，诸家说法不一，全祖望认为是东汉初，戴震认为是三国时期，诸说尚难确认，不过《水经》大体应为东汉之际的著作。本人认为，《水经》渊源应可追溯至《汉书·地理志》。

池在县西，周三百许里，上源深广，下流浅狭，似如倒流，故曰滇池也。……有滇州，元封二年立益州郡，治滇池城。刘禅建宁郡也。

温水又西会大泽，与叶榆仆水合。温水又东南，径牂柯之毋单县。建兴中，刘禅割属建宁郡。桥水注之。水上承俞元之南池。县治龙池洲，周四十七里。一名河水，与邪龙分浦，后立河阳郡，治河阳县，县在河源洲上，又有云平县，并在洲中。桥水东流至毋单县，注于温。

温水又东南，径兴古郡之毋掇县东。王莽更名有掇也。与南桥水合。水出县之桥山，东流，梁水注之。梁水上承河水于俞元县而东南径兴古之胜休县，王莽更名胜掇县。梁水又东径毋掇县，左注桥水。桥水又东，注于温。

温水又东南，径律高县南，刘禅建兴三年，分牂柯置兴古郡，治温县。《晋书地道记》治此。

温水又东南，径梁水郡南，温水上合梁水，故自下通得梁水之称，是以刘禅分兴古之监南，置郡于染本县也。

温水东南径镡封县北，又径来惟县东，而仆水右出焉。又东至郁林广郁县，为郁水。秦桂林郡也。汉武帝元鼎六年，更名郁林郡……

温水又东径增食县，有文象水注之，其水导源牂柯句町县。应劭曰：故句町国也。王莽以为从化。文象水、蒙水与卢惟水、来细水、伐水，并自县东，历广郁至增食县，注于郁水也。

又东至领方县，东与斤南水合。县有朱涯水，出临尘县，东北流，浪水注之。水源上承牂柯水，东径增食县而下注朱涯水。朱涯水又东北径临尘县，王莽之监尘也。县有斤南水、侵离水，并径临尘，东入领方县，流注郁水。

东北入于郁。

郁水即夜郎豚水也。汉武帝时，有竹王兴于豚水，……帝封三子为侯，及死，配父庙，今竹王三郎祠，其神也。

豚水东北流，径谈稿县，东径牂柯郡且兰县，谓之牂柯水。水广数里，县临江上，……元鼎五年，武帝伐南越，发夜郎精兵，下牂柯江，同会番禺是也。

牂柯水又东南径毋敛县西，毋敛水出焉。又东，骊水出焉。又径郁林广郁县为郁水。

又东北径领方县北，又东径布山县北，郁林郡治也。……又径中留县南，与温水合，又东入阿林县，潭水注之。（潭）水出武陵郡镡成县玉山，东流径郁林郡潭中县，周水自西南来注之。潭水又东南流，与刚水合。（刚）水西出牂柯毋敛县，王莽之有敛也，东至潭中入潭。潭水又径中留县东，阿林县西，右入郁水。……郁水东径阿林县，又东径猛陵县，泿水注之。又东径苍梧广信县，漓水注之。郁水又东，封水注之。……郁水又东径高要县，牢水注之。……郁水南径广州南海郡西。①

从上文可知，郁水是温水的下游。

温水发源于夜郎国，即汉之夜郎县。当今许多学者认为《水经注》所载之温水即今南盘江或北盘江，又用此来论证夜郎国在贵州西部及云南东部一带。

又由于郁水既出现于领方县又出现于广郁县，关于此两县，当代主流学术界考证领方县位于今南宁市东北、广郁县位于今桂平市西北一带，于是学术界逐渐形成以郁江为主要原型的大左江、大右江等概念。

---

① 郦道元.水经注全译：卷三十六：温水 [M].陈桥驿等，译注.贵阳：贵州人民出版社，2008：887—889.

第四章 对《水经注》温水的河流原型考察和分析

一、对《水经注》温水原型的假设与分析

《水经注》中的关于温水水系走向有关的原文或可溯至《水经》。

《水经》所载温水非常简单，仅称："温水，出牂牁夜郎县，又东至郁林广郁县，为郁水，又东至领方县东与斤南水合，东北入于郁。"①

因此，《水经注》中关于温水水系走向的记载主要是郦道元所参考及收集其他史料分析得出的，其关于此水的记载应该是比较荒谬的。

从我们今天的地理环境来考察《水经注》中温水的原型，则此所谓的温水在今中国的山川地理中是不存在的，或者说是没有这样一条能够完整对照的河流。其发源于夜郎县，向西北流，经谈稿县，又向西流经昆泽县南，之后向西流经味县，《水经注》称味县为古滇国国都。温水向西南流经滇池城，即今昆明东南侧一带，又向西会大泽，与叶榆仆水合，应该已到今昆明以西地域。然后温水向东南流，流经原属牂牁郡的毋单县，后为建宁郡属县。再后，温水向东南流经兴古郡律高县南，又向东南流经梁水郡治南。最后温水向东南经镡封县北、来惟县东，又东至郁林郡广郁县，再东经增食县、领方县，向东北注入郁水。

以上所称之温水，其实是整合了西南地区的众多水系，其原型包括红水河上游及其支流曹渡河、蒙江、北盘江及南盘江、滇池及其相关水系、洱海及其相关水系、元江（即红河上游）、左江、右江、邕江、郁江、都江、融江、龙江、柳江、黔江、浔江等。

可以说，郦道元是以注《水经》的名义把整个西南水系都说了个遍，还把它们都贯通了。说明他并没有实地考察，应该是通过收集文献资料，对一些相近的水系进行了整合。

当然，他的基本资料来源应该是两汉、蜀汉、两晋及南北朝时期所编制的水系信息史料，因为汉武帝在开辟了西南疆域以后，设置了

---

① 郦道元. 水经注全译 [M]. 陈桥驿等，译注. 贵阳：贵州人民出版社，2008：887—888.

郡县，朝廷必然需要地方官员对当地的山川地理、矿产资源、人文状况等信息进行收集，这也是国家的重要信息情报。但当时由于交通不便，对有些山川地理的调查肯定是不全面的，因此，只能是个概况。收集的应该是一些较大水系及重要河流的资料。

总的来说，郦道元整合的主要是西南地区的珠江水系，温水—郁水的主干指的当是西江。但其中也纳入了一些不属于珠江水系的河流及湖泊。

在《水经注》关于温水的记载中，我们可以找到一些重要河流的原型，以及当时的地理关系。如下：

温水的源头，被放在了夜郎县，此处温水的源头不在夜郎县的核心地，而是在其西部边缘区域。

温水的上游，《水经注》记载河水是向西北及向北流的，而现实中西南地区并没有向西北及向北流的较有名的河流。因此，可以采取假设的方法。

假设温水源头指的是红水河上游的支流曹渡河，这是西南地区唯一一支较大规模的向西主要是向西南方向流经的河流，当然局部也有向西北流经。曹渡河是红水河北岸支流，发源于贵州省东南部都匀市摆忙乡，上游为西北流向，至打铁折向西南而转东南流，至贵定县尧上折西北复转西南流，至平塘县掌布河口折南流，经卡腊至落由伏流一段，出露后由西南转南流，至平岩下折西南流复转东南流，汇入六桐河后至摆告南流，至八腊上大湾注入红水河。其中在罗甸县平岩至河口八腊段为黔桂界河，河对岸为广西天峨县。河流总长171.6千米。

在古代，许多人对红水河的实际走向并不了解，因此，古籍中也较少有其记载。但是盘江则从三国时期就已有记载，并有许多学者都认为盘江的下游是左江与右江合流后的郁江，因此，当时的人可能认为今贵州南部的曹渡河、蒙江等也是盘江的另一源头（即东源）。

在明代之前，因为当地长期陷入少数民族自治及当地自然环境的险恶和封闭，也因为今广西天峨县以下南丹县等地的红水河中游地区并不通航，所以大多数汉人官员及学者并不知道有红水河这条河流存在。历史上这一段河流曾被称为都泥江及乌泥河，明王士性《广志绎》中则将蒙江称为都泥江的源头。

由于古代地理学家并不知道有红水河或认为今红水河在今广西天

峨、南丹以南地区是贯通的，故认为在今广西天峨、南丹之间的红水河段可能是一条向西北流经的独立河流。而今红水河下游，则由于此河与其上方的龙江河较近，历史上曾被列为宜州诸水，如南宋地理名著《岭外代答》所撰"广西水经"就未载红水河，而列为宜州之水，又将盘江（大盘水）称为右江上游。

这样我们就找到了温水的源头，其原型为今红水河上游段，郦道元误认为其是独立河流，且发源于今广西的南丹县、东兰县一带，或认为它是发源于今贵州都匀市西部的曹渡河，是盘江的支流，因此是向西北流经的，经谈稿县，与迷水合。

"迷水西出益州郡之铜濑县谈虏山，东径谈稿县，右注温水。"[①]

"迷水源头益州郡之铜濑县"一般认为在今云南省曲靖市马龙区及周边一带，而迷水的原型我们假设是北盘江，北盘江发源于云南省曲靖市原沾益县乌蒙山脉马雄山西北麓，向东北流经宣威市，至双坝河口上折东南流，至红岩河口折东北流，至都格岔河口注入拖长江，进入贵州省境为滇黔界河，至可渡河口两岸均进入贵州省境，向西北流至龙场又折东北流，至乌都河口折东流，至月亮河口折东南流，经盘江镇、白层，至望谟河口折向西南而转东南，再转向东北至望谟县蔗香村双江口注入红水河左岸，全长449千米。

温水"又西径昆泽县南"，该段原型假设是南盘江，即今贵州册亨县向西至云南泸西县段。

温水"又径味县，县故滇国都也"[②]。这里温水又向西流经味县是不存在的，此"径"当是"接近"，在此郦道元又"跳跃"到南盘江的源头段来写了。

或者我们假设北盘江为温水上游，则以发源于今贵州独山县的曹渡河支流平舟河为温水源头，"其西北流，通蒙江，又溯蒙江而向西北，接入北盘江"，古代认为此两河也是相通的。又古代以乌江上游的七星关河为北盘江上游，故今北盘江上游可渡河则成为支流，故此迷

---

① 郦道元. 水经注全译 [M]. 陈桥驿等，译注. 贵阳：贵州人民出版社，2008：887.

② 郦道元. 水经注全译 [M]. 陈桥驿等，译注. 贵阳：贵州人民出版社，2008：887.

水或指可渡河。从可渡河向西即至味县，即到了南盘江的源头及上游。

古代确实曾认为，北盘江上游为七星关河，下游入云南沾益州界。

此《明史》有载："毕节卫守御七星关后千户所，卫西。洪武二十一年置，属乌撒卫。永乐中来属。有七星关河，亦曰可渡河，源出四川乌撒府，即北盘江上游，七星关在其上，下游入云南沾益州界。"①

这说明古代也以乌江上游的七星关河为北盘江上游，认为其分为两支，一支向东南流，即为北盘江，一支流向西南，可能连通南盘江。

味县为西汉元封二年（前109年）置，属益州郡，治所在今云南曲靖市区西北750米的三岔村。三国蜀建兴三年（225年）废益州郡设建宁郡。味县为建宁郡治。郦道元称味县为古滇国国都。这是主张夜郎国中心在贵州西部及云南东部的专家学者们最不愿意见到并极力回避的一段文字。

南盘江发源于云南省曲靖市乌蒙山余脉马雄山东麓，此山不高。在云南省境内，南盘江向西南流经曲靖、陆良、宜良，水势不大。至开远后向东北流，经弥勒、泸西等县市，于罗平县境汇合黄泥河后流出云南省境，至贵州蔗香与北盘江汇合。全长914千米。

"温水又西南径滇池城，池在县西，周三百许里，上源深广，下流浅狭，似如倒流，故曰滇池也"②。

这里温水原型还是南盘江上游段，其从曲靖沾益区北部发源，向西南流经滇池城东侧。此滇池城或在今呈贡、宜良、澄江一带。滇池在滇池城之西，但滇池不属于南盘江水系，其为金沙江支流普渡河上游螳螂川的源头。

接着，《水经注》又称"温水又西会大泽，与叶榆仆水合"③。这里又向西将温水划分到了大理洱海地区，南盘江与洱海叶榆仆水也不通。此大泽指的是叶榆泽，即今洱海，而叶榆水指西洱河，为澜沧江支流漾濞江的源头。

---

① 张廷玉.明史[M].北京：中华书局，1974：1216.
② 郦道元.水经注全译[M].陈桥驿等，译注.贵阳：贵州人民出版社，2008：887.
③ 郦道元.水经注全译[M].陈桥驿等，译注.贵阳：贵州人民出版社，2008：887.

仆水，即今云南南部之红河，其中游称元江，下游入越南境内经河内在红河口入海。汉至南朝称仆水。元江上游与洱海、漾濞江非常接近，故《水经注》以为洱海、漾濞江是元江源头。

因此，此大泽可能指的不是叶榆泽，而是抚仙湖。抚仙湖有支流曲江与元江支流小河底河在玉溪市一带非常接近。古代认为此两河是相通的。

接着，《水经注》又称"温水又东南，径牂牁之毋单县。""温水又东南，径兴古郡之毋掇县东。""温水又东南，径律高县南。""温水又东南，径梁水郡南，""温水东南径镡封县北，又径来惟县东，而仆水右出焉。"①

这里的温水又离开了元江流域穿越到了南盘江的西游支游曲江及泸江河一带。这些流域都在云南东南部一带。此两河都是南盘江的西侧支流，于是又回到南盘江流域。后又向东"穿越"到右江流域，向东而为郁水。"又东至郁林广郁县，为郁水"②。这里郁水的原型是南宁的邕江。

之后，《水经注》可能又"跳回"郁水上游（邕江）的两大干支流右江和左江。

"温水又东径增食县，有文象水注之，其水导源牂牁句町县。应劭曰：故句町国也。王莽以为从化。文象水、蒙水与卢惟水、来细水、伐水，并自县东，历广郁至增食县，注于郁水也"③。文中所涉及的可能是右江流域的水系，文象水现一般指右江干流驮娘江。

"又东至领方县，东与斤南水合。县有朱涯水，出临尘县，东北流，浪水注之。水源上承牂牁水，东径增食县而下注朱涯水。朱涯水又东北径临尘县，王莽之监尘也。县有斤南水、侵离水，并径临尘，

---

① 郦道元. 水经注全译 [M]. 陈桥驿等，译注. 贵阳：贵州人民出版社，2008：887.

② 郦道元. 水经注全译 [M]. 陈桥驿等，译注. 贵阳：贵州人民出版社，2008：887.

③ 郦道元. 水经注全译 [M]. 陈桥驿等，译注. 贵阳：贵州人民出版社，2008：887.

东入领方县，流注郁水"①。文中涉及的是左江流域的水系，斤南水一般指左江干流，但这里似延伸至郁江干流（今广西桂平市一带）。

由文象水、斤南水等水系组成的郁水上游（即今邕江）又向"东北入于郁"。

温水在郁林广郁县才称郁水，广郁县当在今横县及其西北一带。因为古代所称之郁江是从横县开始的，并且其以东直至梧州的西江干流都称郁江，其命名当以流经古郁林郡治而得名。

二、对《水经注》郁水源头豚水的假设与考察

《水经注》所称的郁水源头是夜郎豚水，其文称：

豚水东北流，径谈稿县，东径牂柯郡且兰县，谓之牂柯水。水广数里，县临江上，故且兰侯国也。一名头兰，牂柯郡治也。楚将庄蹻溯沅伐夜郎，椓牂柯系船，因名且兰为牂柯矣。……元鼎五年，武帝伐南越，发夜郎精兵，下牂柯江，同会番禺是也②。

此处郦道元在写豚水的时候又做了"跳跃"，把牂柯水"跨越"到且兰侯国去了。此处豚水的原型是都江，都江发源于贵州省独山县拉林乡附近的磨石湾，上游主要为东北流向，流经三都县。这说明谈稿县东境可能包括今独山县西部的一部分。

但实际上都江有两个主要源头，北源发源于今贵州都匀市东南，该地为汉且兰县南境。故《水经注》称豚水"东径牂柯郡且兰县，谓之牂柯水"。

牂柯郡治且兰县在沅江源头，大约在今麻江、福泉、凯里、都匀交界处一带。今三都县当是汉夜郎县与且兰县交界一带。

故都江过三都县后称之为牂柯水。夜郎国临牂柯水，古夜郎县即在三都县及以东一带。

"牂柯水又东南径毋敛县西，毋敛水出焉。又东，骥水出焉。又径

---

① 郦道元.水经注全译 [M].陈桥驿等，译注.贵阳：贵州人民出版社，2008：888.
② 郦道元.水经注全译 [M].陈桥驿等，译注.贵阳：贵州人民出版社，2008：888.

郁林广郁县为郁水"①。

这里，豚水又被"跳跃"或"穿越"为广西龙江河的源头，此毋敛县可能在今广西河池市及环江县一带，毋敛水的原型为龙江河，其源头为发源于贵州独山、三都月亮山南麓的水系（而都江为月亮山北麓水系）。龙江河向东南流经荔波、广西河池市、环江县、宜州市（现为河池市宜州区），至柳州市柳江区汇入融江（都江下游）而称柳江，全长390千米。

而骊水，可能指的是红水河下游段，《旧唐书·地理志》载："岭南道宣化州所治骊水，在县北，本牂牁河，俗呼郁林江，即骆越水也，亦名温水，古骆越地也。"②

可知，古代以为毋敛水（龙江河上游段）、骊水（红水河下游段）的上游都在牂牁郡夜郎县一带。并以为毋敛水下游即是骊水，而毋敛水的上游是都江源头。

接着牂牁水又向东北流经至领方县北（一般认为在今广西壮族自治区宾阳县一带），此原型当是红水河下游段，向东流经至布山县北即柳江与红水河汇合成黔江处。接着"又径中留县南，与温水合"③。中留县即今武宣县一带，与温水合，此温水当左右江合流之邕江。

由于《水经注》可能是郦道元抄录一些古籍分析写出的，因此，其所收录之水系肯定存在次序颠倒及重复等内容。

如接着《水经注》又提到，"牂牁水又东入阿林县，潭水注之"④。这里讲的当是今红水河与柳江相会，潭水即指今柳江。

《水经注》称"潭水出武陵郡镡成县玉山，东流径郁林郡潭中县"⑤。

这里潭水源头可能指的是都江下游段在贵州黎平县境内的支流，

---

① 郦道元.水经注全译[M].陈桥驿等，译注.贵阳：贵州人民出版社，2008：888.

② 旧唐书[M].北京：中华书局，1975：1737.

③ 郦道元.水经注全译[M].陈桥驿等，译注.贵阳：贵州人民出版社，2008：888.

④ 郦道元.水经注全译[M].陈桥驿等，译注.贵阳：贵州人民出版社，2008：888.

⑤ 郦道元.水经注全译[M].陈桥驿等，译注.贵阳：贵州人民出版社，2008：888.

古代称福禄江。古代以此为古州江上游，这样就把都江上游段切割给了豚水及毋敛水、骚水。

镡成县为汉高帝五年（公元前202年）置。晋安帝义熙六年（410年）省镡成县并入舞阳县。其县治大体位于今湖南洪江市东部一带①。潭水上游应处于镡成县南部一带。唐宋时期，这一带曾建潭阳郡及潭阳县。

武陵郡镡成县玉山可能指的是延伸至湖南西南部的湘中名山梅山（今称雪峰山）。

潭水的东源或上游重要支流还有流经于广西龙胜县、三江县的（小）浔江。

据民国《三江县志》记载："浔江，其源有二，一出于义宁县之滩头，一出于资源县之车田，至龙胜县城边会合，遂自东北来，自本县东北之福安乡沙宜村，经虎石门入境。""又西南流经古宜，南至丹洲镇注入溶江（即都江）。"该志还提到旧志称浔江自湖广城步县蓬洞发源。

此清雍正《广西通志·怀远县》载：

猫儿山，在县东，曲径迤逦，林木阴翳，西边水出板江，东边水出桐木，合流。

古坭山，在县北一百五十里，峰峦环抱，岚气凝聚。旧志浔江源出此。

广西龙胜县与湖南城步县、资源县交界一带是华南最高峰猫儿山的所在地，猫儿山是漓江、资江、浔江三条江的发源地，发源于此的河流有39条，其中流入漓江的有19条，汇入资江的有4条，汇入浔江的有16条。而猫儿山是五岭最西端的越城岭主峰。

故《水经注》称潭水出武陵郡镡成县的玉山，亦可能指的是越城岭主峰猫儿山。而浔江也可能是《水经注》中浪水的原型。

---

① 《水经注》载："沅水出牂柯且兰县，为旁沟水，又东至镡成县，为沅水。东过无阳县，无水出故且兰，南流至无阳故县。县对无水，因以氏县。无水又东南入沅，谓之无口。"（见郦道元《水经注·卷三十七：沅水》）可知郦道元也不以无水为沅水干流，因此沅水干流或为重安江，或为剑江河。又沅水（上流称清水江）在今湖南洪江市（原黔阳县）始称沅江，故镡成县治应在今湖南洪江市一带。

古州江又向东南流经郁林郡潭中县，潭水当由此得名。潭中县在今广西柳州市一带。"周水自西南来注之"。此周水即指流经汉定周县（今广西宜州一带）的龙江河。

"潭水又东南流，与刚水合"①。此刚水或即被切割了主源头（即红水河上游，而以毋敛水为其源头）的红水河。

"潭水又径中留县东，阿林县西，右入郁水"②。此郁水当是今（大）浔江。

于是"郁水东径阿林县，又东径猛陵县，浪水注之。又东径苍梧广信县，漓水注之。郁水又东，封水注之。……郁水又东径高要县，牢水注之。……郁水南径广州南海郡西"③。此处浪水原型不详，其上游或为小浔江，并向北延伸至今湖南会同、靖州一带，向南穿越至洛清江上游，又向东注入洛清江支流鹿寨河，再向东南穿越大瑶山而成为蒙江上游，于藤县西部注入浔江。而漓水即漓江，在广西梧州市注入浔江。浔江汇漓江后称西江，又向东至广州汇入珠江入海。

郦道元《水经注》中还记载有另几处有关夜郎国几处地理标志。主要有三处，都与江水（即长江）有关。

其一称：江水"又东南过犍为武阳县，青衣水、沫水从西南来，合而注之。县故大夜郎国，汉武帝建元六年，开置郡县"④。

这里是郦道元把西汉所置的犍为郡切换到了东汉以后的犍为郡治处。此犍为武阳县，当指今四川乐山市一带。西汉孝武建元六年（公元前135年）置犍为郡时，郡治设在鳖县，即今贵州金沙县至仁怀市一带。鳖县曾是犍为郡最早的郡治，这一带原是夜郎国地，汉武帝以唐蒙从巴符关入夜郎，说明此时鳖县北部一带已是巴郡属地，故犍为郡治鳖县为夜郎国边缘地带，而非核心区。但至郦道元注《水经》时，

① 郦道元.水经注全译[M].陈桥驿等，译注.贵阳：贵州人民出版社，2008：888.
② 郦道元.水经注全译[M].陈桥驿等，译注.贵阳：贵州人民出版社，2008：888.
③ 郦道元.水经注全译[M].陈桥驿等，译注.贵阳：贵州人民出版社，2008：888.
④ 郦道元.水经注全译[M].陈桥驿等，译注.贵阳：贵州人民出版社，2008：831.

犍为郡治已北迁至武阳县一带，即今四川乐山市区及眉山市彭山区一带，这里濒临古蜀国及蜀郡核心区，不可能是古夜郎国及"故大夜郎国"地。这是郦道元把犍为郡设置时从巴蜀及广汉郡辖置过来的大部分县都划归给了夜郎国，故称"故大夜郎国"。实际上这个"故大夜郎国"是不存在的。

《水经注》中还提及唐蒙使夜郎从巴符关入是从赤水河一带进入的。是为其二。

其三：江水"又东南过僰道县北，若水、淹水合从西来注之。又东，诸水北流注之。县本僰人居之。《地理风俗记》曰：僰人夷中最仁，有仁道，故字从人。《秦纪》所谓僰僮之富者也。其邑，高后六年城之。汉武帝感相如之言，使县令南通僰道，费功无成，唐蒙南入，斩之，乃凿石开阁，以通南中，迄于建宁，二千余里，山道广丈余，深三四尺，其鏧凿之迹犹存"①。

这里讲的是长江又经过了僰道县，僰道县一般认为是今四川宜宾市。上文还提及了唐蒙从僰道凿石开阁以通南中迄于建宁事。但此道乃秦时已经开辟的五尺道，特别是僰道县至建宁郡（今云南曲靖）段，已经是当时行经之大道。此秦五尺道在司马迁《史记·西南夷列传》有载："秦时，常頞略通五尺道，诸此国颇置吏焉。十余岁，秦灭。"②因此，不存在又重新凿石开阁建设事，此乃郦道元将秦五尺道移之于汉而书也。说明他对南方尤其是西南地区确实不了解。故清人陈澧在其著作《水经注西南诸水考》中称："郦道元身处北朝，其注《水经》，北方诸水，大致精确，而西南诸水，几乎无一不误。"

三、对《水经注》有关山川地理的框架性分析

从上文大体可知，谈稿县在夜郎县西北侧，故其东南侧为夜郎县，而其东北侧为且兰县。则夜郎县在且兰县的南侧及东南侧，而非许多人所认为的西侧。夜郎县的南侧是毋敛县，东侧和东北侧是镡成县，东南侧是潭中县，北侧和西北侧是且兰县。

---

① 郦道元. 水经注全译 [M]. 陈桥驿等，译注. 贵阳：贵州人民出版社，2008：832.
② 司马迁. 史记 [M]. 北京：中华书局，1963：2993.

谈稿县西侧，是昆泽县，昆泽县西北侧是味县，味县是古滇国国都，也是蜀汉建宁郡治所在地，一般认为味县在今云南东部的曲靖市一带，如以《水经注》此文而论，则古滇国以今云南曲靖市为中心，其境域可能含及今贵州西部六盘水、兴义一带。而其东北有劳淟、靡莫两同姓小国，大体位于今毕节及周边一带。昆泽县位于今南盘江北岸的临贵州的滇东一带，而谈稿县则在今贵州西部以可渡河北盘江汇流处为中心的周边地区。

而且兰国则在谈稿县之东，夜郎县则在谈稿县东南侧及且兰国南侧，夜郎县的南侧为毋敛县。

《水经注》的源头是东汉时期的《水经》。

《水经》中没提及牂牁江，但其载："温水，出牂牁夜郎县，又东至郁林广郁县，为郁水，又东至领方县东与斤南水合，东北入于郁。"①

通过《水经注》温水及《旧唐书·地理志》关于骕水（亦名温水）等记载，结合《水经》中的温水之文，我们可以大体了解唐代之前关于牂牁江的走向脉络：即牂牁江发源于夜郎县，向东南穿越至今龙江河上游，又向东南穿越至今红水河下游的这样一个水系，之后继续向东南穿越至邕江下游，与邕江相会而称之为郁江。

或者可以这样说：唐之前的牂牁江以今都江上游为源头，向东南流，在河池市一带接纳龙江河上游，继续向东南流，在忻城南接纳骕水，再向东南流，在横县一带与邕江相会而称为郁江。

因为在贵州三都和荔波之间，都江与龙江的上游非常接近，而在广西宜山县（今河池市宜州区）与忻城县之间有龙江河的南支流与红水河的北支流非常接近，又在原迁江县与横县之间有红水河南支流与郁江北支流非常接近。故《水经》称："温水，出牂牁夜郎县，又东至郁林广郁县，为郁水，又东至领方县东与斤南水合，东北入于郁。"②

此文中"出牂牁夜郎县"的温水指的是牂牁江，其原型当是今都

---

① 郦道元. 水经注全译 [M]. 陈桥驿等，译注. 贵阳：贵州人民出版社，2008：887—888.

② 郦道元. 水经注全译 [M]. 陈桥驿等，译注. 贵阳：贵州人民出版社，2008：887—888.

江;"又东至郁林广郁县"的郁水,其原型当指红水河下游;"又东至领方县东与斤南水合",此斤南水原型当是今左右江合并后的邕江下游,如是指左江或右江,则不能称是在领方县东合,领方县东约在今横县一带。

这样我们就知道实际上郁江的主要原型其实是牂牁江。今邕江段亦称之为郁江,其实是横县之东段延伸过去的。该段河流在历史上的名字为斤南水,唐在江北岸设邕州后该段才称邕江。

但现实中其实没有一条河流如《水经》中所称的温水或郁水。由于《史记》称牂牁江舟通番禺能与南越易货,又出牂牁夜郎县,故此江原型当指都江。

事实上,《水经》将都江也切成了两段,前段称温水,成了毋敛水和骊水的源头和上游。而后段局部则称为泿水。

《水经》载:"泿水,出武陵镡成县北界沅水谷,南至郁林潭中县,与邻水合,又东至苍梧猛陵县为郁溪,又东至高要县为大水,又东至南海番禺县西,分为二:其一南入于海,其一又东过县东,南入于海。"[1] 这里将都江在湘黔边交界处的北侧一条支流称为泿水的源头,其下游的原型则为柳江、浔江、西江等。

郦道元《水经注·卷三十六》又载存水,也是典型的"穿越",其文称:

存水出犍为郁邬县,王莽之屏邬也。益州大姓雍闿反,结垒于山,系马柳柱,柱生成林,今夷人名曰雍无梁林,梁,夷言马也。存水自县东南流,径牧靡县北,又东径且兰县北[2]而东南出也。东南至郁林定周县,为周水。存水又东,径牂牁郡之毋敛县北,而东南与毋敛水合,水首受牂牁水,东径毋敛县为毋敛水,又东注于存水。存水又东径郁林定周县,为周水,盖水变名也。又东北至潭中县,注于潭[3]。

这条所载存水应该结合了赤水河的源头,又穿越到了乌江的上游,

① 郦道元.水经注全译[M].陈桥驿等,译注.贵阳:贵州人民出版社,2008:923—924.
② 可知牧靡县在且兰县西侧或稍偏北一带。此牧靡县或由靡莫方国改置而来。而郁邬县又在牧靡县西北一带。
③ 郦道元.水经注全译[M].陈桥驿等,译注.贵阳:贵州人民出版社,2008:886—887.

然后在今瓮安一带把它穿越到沅水北源，再循沅水南源穿越至都江上游，后又穿越至龙江河上游，即称周水，定周县在今广西宜州一带。然后龙江河向东流，在柳州市西北（即古潭中县）注于柳江（即古潭水）。上文中关于"东南至郁林定周县，为周水"及"存水又东径郁林定周县，为周水"当为重复记载。

从《水经注》存水之文，我们大体也可以知道牧靡县（当为靡莫国改置）在且兰县之西稍偏北的位置。这与《史记》所载靡莫国在夜郎国之西的位置也是吻合的。

在郦道元《水经注》中，以夜郎豚水为郁江，又称之为牂牁水，说明最早的郁江指的是临夜郎国的牂牁水。但后来泛指为今西江干流浔江段（即所谓《史记》"道西北牂牁，牂牁江广数里，出番禺城下"之江广数里之处）及浔江支流郁江段（以广西横县为界）。后又延伸至邕江及其上游左江和右江。

这样，郁江就与牂牁水分离开了，而其以源头的夜郎豚水也就留给了牂牁水。以左江、右江及邕江为上游的郁江就与夜郎国没有任何关系了。

但是，古代许多文人可能对当地地理及水系不熟悉而没有切割，因此，在有关郁江的诗文中经常提及，于是给后世的研究者造成了很大的困惑。毕竟郦道元《水经注》是把整个西南地区的珠江水系都以温水及郁水的名义写了个遍，那么任何一条珠江水系的河都可以挂靠上去而称自己是郁水或郁水上游，都可以与夜郎国挂上钩。

所以，任何以郁水或郁水上游而自称为夜郎国及夜郎县的说法都是不确切的，这样导致越南国、古滇国或古昆明国都有可能是夜郎国，而只有夜郎豚水及牂牁水才真正与夜郎国有关。以郁江或其上游相关水系通过指代关系而形成的牂牁水也是不成立的，因为郦道元《水经注》"穿越"得太离谱了。而真正的牂牁水应该流经且兰县南侧一带。

通过以上分析，我们基本上可以得出若干结论：

一、以盘江为牂牁江的源头始于郦道元《水经注》。《水经注》记载牂牁江为郁江的上游，而盘江在明代之前被当作是邕江段郁江的上游左江或右江的上游，明代之后开始被确认为是红水河（乌泥河）段郁江的上游，因此，被指代成或误认为是牂牁江的原型。

二、郦道元《水经注》中记载古滇国的都城在味县，也是后来建宁郡的治所，其地在今云南东部临近贵州的曲靖市一带，按古代以水系划分疆域及势力范围的惯例，夜郎国就不太可能也在此南北盘江发源及上游地区，因此以盘江为牂牁江是没有说服力的。

三、《水经注》记载犍为郡武阳县即今四川乐山市为"故大夜郎国也"是捕风捉影之说，此说最早出自东汉应劭称犍为郡为夜郎国。而汉武帝时期最早设置在鳖县的犍为郡也仅仅是夜郎国的北部边境之地，因此，道光《大定府志》及咸丰《安顺府志》《兴义府志》等引唐张守节《史记正义》"今泸州南协州、曲州本夜郎国"[①]而称毕节、安顺、兴义为古夜郎国的说法也是没有说服力的，此唐协州、曲州在今云南盐津、昭通一带，当亦与古滇国或古僰国有关，而与夜郎国无关。

四、《水经注》关于"唐蒙从僰道凿石开阁以通南中迄于建宁事迹，乃是移秦迹为汉事"也是错误记载，古代史学界并不认可。而道光《遵义府志》《大定府志》及咸丰《安顺府志》以此为证据而提出的由四川宜宾出贵州毕节经安顺、贞丰等县而达盘江的僰道指牂牁江道，或称开凿以建宁郡而至北盘江之路，也是没有文献支撑及实证依据的。

---

① 司马迁. 史记 [M]. 北京：中华书局，1959：2991.

第五章　汉牂牁郡及所辖十七县古今地理考证

一、两汉时期的牂牁郡总体疆域范围

西南夷诸国在司马迁《史记》中第一次出现。西南夷诸国包括夜郎、滇国、邛都、徙筰、冉駹、白马、且兰、劳浸、靡莫等，都是当时西南夷较大国家。其他还包括嶲、昆明等部落，但没有形成常驻的君长制度。

上述西南夷主要大国，在汉武帝时期都一一被除国或架空而设置郡县。

司马迁《史记·卷一百一十六·西南夷列传》载：建元六年（公元前135年），汉武帝"拜唐蒙为郎中将使夜郎，约为置吏，使其子为令"。于是设置了犍为郡。此后，"蜀人司马相如亦言西夷邛、筰可置郡"。汉武帝就让司马相如"以郎中将前往，皆如南夷，为置一都尉十余县，属蜀"。不久后，西南夷反叛，当时朝廷为集中精力对付匈奴，"遂又罢西夷诸县及都尉，独置南夷夜郎两县一都尉，稍令犍为郡自葆就"①。

"及至南越反，上使驰义侯因犍为发南夷兵。且兰君恐远行，旁国虏其老弱，乃与其众反，杀使者及犍为太守。汉乃发巴蜀罪人尝击南越者八校尉击破之。会越已破，汉八校尉不下，即引兵还，行诛头兰。头兰，常隔滇道者也。已平头兰，遂平南夷为牂牁郡。夜郎侯始倚南越，南越已灭，会还诛反者，夜郎遂入朝。上以为夜郎王。南越破后，及汉诛且兰、邛君，并杀筰侯，冉駹皆振恐，请臣置吏。乃以邛都为越嶲郡，筰都为沈犁郡，冉駹为汶山郡，广汉西白马为武都郡。上使王然于以越破及诛南夷兵威风喻滇王入朝。滇王者，其众数万人，其旁东北有劳浸、靡莫，皆同姓相扶，未肯听。劳浸、靡莫数侵犯使者吏卒。元封二年，天子发巴蜀兵击灭劳浸、靡莫，以兵临滇。滇王始首善，以故弗诛。滇王离难西南夷，举国降，请置吏入朝。于是以为益州郡，赐滇王王印，复长其民。"②

---

① 司马迁. 史记 [M]. 北京：中华书局，1959：2995.
② 司马迁. 史记 [M]. 北京：中华书局，1959：2996—2997.

南越国是在元鼎六年（公元前 111 年）被攻灭的。同一时期，汉八校尉诛灭了且兰国，平定了南夷之乱，于是汉武帝在南夷县设置了牂牁郡。

从上文可知，西南夷实际分为西夷和南夷等，其中蜀郡、广汉郡以西的地区称西夷，巴郡以南的地区称南夷。如邛、笮即称西夷，厓駹、白马当亦称西夷。夜郎、且兰当是南夷。而滇国及其东北同姓相扶的劳浸、靡莫，可能既不属于南夷，也不称西夷，或就称西南夷。

西夷诸国于元鼎六年（公元前 111 年）在被汉武帝用兵斩杀邛君、笮侯后皆除国，朝廷在邛都设越嶲郡，笮都置沈犁郡，厓駹置汶山郡，白马置武都郡。而劳浸、靡莫两国，为元封二年（前 109 年）汉武帝发兵所灭，滇王遂也请降，由此汉武帝在这一带设益州郡，同时存滇国，但滇王已被架空。

再来看建元六年（公元前 135 年）所设的犍为郡，其所设时，仅设"南夷夜郎两县一都尉"，此南夷当是在南夷县所设置的牂牁郡治，后称为且兰县。但此夜郎县，后人认为是犍为郡的郡治。其实应该不是的，夜郎国既然临牂牁江，那就应该在珠江流域一带，必定在长江流域沅江水系的南侧，不可能在其北侧。

而当时犍为郡的治所，应该是鳖县。此《华阳国志·卷三：蜀志》有载："犍为郡，孝武建元六年置。时治鳖，县十二，汉户十万。鳖，故夜郎（一称犍为）地是也。鳖有犍山，见《保乾图》。"[1]

《华阳国志》又称："元光五年，（犍为）郡移治南广。太初四年，益州刺史任文城武阳。孝昭元年，郡治僰道，后遂徙武阳。"[2]

南广县在今云南镇雄、威信一带，僰道县即今四川宜宾一带，武阳县即今四川眉山至乐山一带。

鳖县原为大夜郎国地，在犍为郡移治后仍划归不久后新设立的牂牁郡。牂牁郡是以原且兰国为中心的夜郎联盟国地，但不是夜郎国的核心区，夜郎国的中心当在其更南侧的夜郎县，牂牁郡境基本上为原夜郎联盟国地。

---

① 常璩. 华阳国志校注 [M]. 刘琳，校注. 成都：巴蜀书社，1984：270.
② 常璩. 华阳国志校注 [M]. 刘琳，校注. 成都：巴蜀书社，1984：270.

《汉书·地理志》载：

犍为郡，武帝建元六年开，莽曰西顺，属益州。户十万九千四百一十九，口四十八万九千四百八十六。县十二：僰道，莽曰僰治；江阳；武阳，有铁官，莽曰戠成；南安，有盐官、铁官；资中；符，温水南至鳖入黚水，黚水亦南至鳖入江，莽曰符信；牛鞞；南广，汾关山，符黑水所出，北至僰道入江，有大涉水，北至符入江，过郡三，行八百四十里；汉阳，都尉治，山闟谷，汉水所出，东至鳖入延，莽曰新通；郁邬，莽曰屛邬；朱提，山出银；堂琅。

牂柯郡，武帝元鼎六年开，莽曰同亭，有柱蒲关，属益州。户二万四千二百一十九，口十五万三千三百六十。县十七：故且兰，沅水东南至益阳入江，过郡二，行二千五百三十里；镡封，温水东至广郁入郁，过郡二，行五百六十里；鳖，不狼山，鳖水所出，东入沅，过郡二，行七百三十里；漏卧；平夷；同并；谈指；宛温；毋敛，刚水东至潭中入潭，莽曰有敛；夜郎，豚水东至广郁，都尉治，莽曰同亭；毋单；漏江；西随，麋水西受徼外，东至麋泠入尚龙溪，过郡二，行千一百六里；都梦，壶水东南至麋泠入尚龙溪，过郡二，行千一百六十里；谈稿；进桑，南部都尉治，有关；句町，文象水东至增食入郁，又有卢唯水、来细水、伐水，莽曰从化[1]。

犍为郡所属十二县，这些县的古今地理位置，现在学术界基本达成共识：僰道（今四川宜宾一带）、江阳（今四川泸州一带）、武阳（今四川彭山一带）、南安（今四川乐山一带）、资中（今四川资阳一带）、符县（今四川合江一带）、牛鞞（今四川简阳一带）、南广（今四川珙县、兴文及云南镇雄、威信一带）、汉阳（今贵州赫章、威宁一带）、郁邬县（今云南宣威北部、威宁南部一带）、朱提（今云南昭通、鲁甸一带）、堂琅（今云南东川、会泽、巧家一带）。

犍为郡位于牂柯郡北侧及西北侧，由此可知牂柯郡（原大夜郎国）大体位于今四川泸州市及合江县、云南镇雄县及威信县以南，贵州威宁县、赫章县及云南宣威市以东一带。

牂柯郡所属十七县，分别是：故且兰、镡封、鳖、漏卧、平夷、

---

① 班固. 汉书 [M]. 北京：中华书局，1962：1599—1602.

同并、谈指、宛温、毋敛、夜郎、毋单、漏江、西随、都梦、谈稿、进桑、句町。

也有一些云贵地区的专家考证以上诸县的位置，但是因为对《水经注》有关水系的解读不同的因素，往往得出的结论有很大不同。近代以来一些专家将夜郎国中心定位在贵州西南部一带，也就将牂牁郡所属的一半左右的县考证到今云南境内。实际上，这是不可能的，因为古滇国投降后汉武帝在其地及周边也设置了益州郡及二十四个县，而滇国（益州郡）面积小于夜郎国（牂牁郡），本来所设县数量就大于夜郎国（牂牁郡），所以不可能夜郎国（牂牁郡）的县会较多地设到滇国（益州郡）去，但局部深入今云南境内是可能的。

《汉书·地理志》有载益州郡：

益州郡，武帝元封二年开，莽曰就新，属益州。户八万一千九百四十六，口五十八万四百六十三。县二十四：滇池，大泽在西，滇池泽在西北，有黑水祠；双柏；同劳；铜濑，谈虏山，迷水所出，东至谈稿入温；连然，有盐官；俞元，池在南，桥水所出，东至毋单入温，行千九百里，怀山出铜；收靡，南山腊谷，涂水所出，西北至越巂入绳，过郡二，行千二十里；榖昌；秦臧，牛兰山，即水所出，南至双柏入仆，行八百二十里；邪龙；味；昆泽；叶榆，叶榆泽在东，贪水首受青蛉，南至邪龙入仆，行五百里；律高，西石空山出锡，东南盘町山出银、铅；不韦；云南；嶲唐，周水首受徼外，又有类水，西南至不韦，行六百五十里；弄栋，东农山，毋血水出，北至三绛南入绳，行五百一十里；比苏；贲古，北采山出锡，西羊人出银、铅，南乌山出锡；毋棳，桥水首受桥山，东至中留入潭，过郡四，行三千一百二十里，莽曰有棳；胜休，河水东至毋棳入桥，莽曰胜僰；健伶；来唯，从陆山出铜，劳水出徼外，东至麋泠入南海，过郡三，行三千五百六十里[①]。

益州郡的二十四县，大体位于今云南省境内一带，其西部当时还未设永昌郡。

永昌郡所设始于东汉永平年间（58—75 年），当时哀牢国内附，

① 班固. 汉书 [M]. 北京：中华书局，1962：1601.

其地划为哀牢县、博南县，并且将原益州郡西部的六个县分离出来，合并为永昌郡，辖八县：不韦县、嶲唐县、比苏县、叶榆县、邪龙县、云南县、哀牢县及博南县。其中嶲唐县为郡治。不久永昌郡治由嶲唐县迁至不韦县。后又增加了南方的永寿县。

根据云南学术界的普遍认识，益州郡二十四县的古今地理对照为：滇池（今昆明市东南呈贡区一带）；连然（今安宁市一带）；谷昌（今昆明市东北一带）；秦臧（今禄丰市一带）；建伶（今昆明市西南晋宁区一带）；双柏（今易门县、双柏县一带）；同劳（今陆良县一带）；铜濑（今曲靖市马龙区一带）；俞元（今澄江市、玉溪市及江川区一带）；收靡（今嵩明县、寻甸县一带）；邪龙（今巍山县、漾濞县一带）；味县（今曲靖市一带）；昆泽（今宜良县一带）；叶榆（今大理市一带）；律高（今通海县一带）；不韦（今保山市东北一带）；云南（今祥云县一带）；高唐（约在今保山市一带）；弄栋（今姚安县一带）；比苏（今云龙县一带）；贲古（今蒙自市、个旧市一带）；母掇（今建水、开远一带，一说在今华宁县一带，一说在今贵州兴义市与广西隆林县一带）；胜休（今峨山县、石屏县一带）；来唯（今红河县、元阳县一带）。

由此可知，西汉时益州郡的西界大体位于今大理市及保山市一线。而东界可能在今滇黔边一带，如味县边界可能达到今贵州盘州一带。

故牂牁郡的西部边界大体包括今贵州毕节市区一带、六枝、晴隆、兴仁一线。

而牂牁郡与益州郡西南边界，则可能深入今云南罗平县、师宗县、泸西县、丘北县、广南县、富宁县一带，或还抵至今文山市一带。

汉武帝时所设的牂牁郡，处于巴郡、犍为郡、益州郡、郁林郡、武陵郡等五郡之中。

《汉书·地理志》也有载巴郡：

巴郡，秦置，属益州。户十五万八千六百四十三，口七十万八千一百四十八。县十一：江州；临江，莽曰监江；枳；阆中，彭道将池在南，彭道鱼池在西南；垫江；胸忍，容毋水所出，南入江，有橘官、盐官；安汉，是鱼池在南，莽曰安新；宕渠，符特山在西南，潜水西南入江，不曹水出东北徐谷，南入灊；鱼复；江关，都尉治，有橘官；

充国；涪陵，莽曰巴亭①。

巴郡为秦惠文王时所置，郡治江州县（今重庆市巴南区）。郡初辖江州、垫江、阆中、江阳、宕渠、符县六县，后陆续设置新县。西汉高祖五年（公元前202年）仍置巴郡，次年，江阳（今泸州市区）、符县（今合江县一带）改属广汉郡。汉武帝元封五年（公元前106年）置十三刺史部，巴郡置益州刺史部，郡治仍为江州县，辖江州（今重庆主城区一带）、临江（今忠县一带）、枳（今涪陵一带）、垫江（今合川一带）、阆中（今阆中一带）、朐忍（今云阳、万州一带）、安汉（今广安一带）、充国（今南充、西充一带）、宕渠（今达州、渠县一带）、鱼复（今奉节一带）、涪陵（今彭水一带）等十一县。

由此可知，夜郎国与巴郡相邻，两地基本上以今渝黔边为界。这是牂牁郡（原夜郎国）的北界及东北界部分。说明今贵州与重庆交界的桐梓县、正安县、道真县、沿河县等也都可能是原夜郎国地。

再考察牂牁郡（夜郎国）东界，即与武陵郡交界部分。

《汉书·地理志》亦载：

武陵郡，高帝置，莽曰建平，属荆州。户三万四千一百七十七，口十八万五千七百五十八。县十三：索，渐水东入沅；孱陵，莽曰孱陆；临沅，莽曰监元；沅陵，莽曰沅陆；镡成，康谷水南入海，玉山、潭水所出，东至阿林入郁，过郡二，行七百二十里；无阳，无水首受故且兰，南入沅，八百九十里；迁陵，莽曰迁陆；辰阳，三山谷，辰水所出，南入沅，七百五十里，莽曰会亭；酉阳；义陵，鄜梁山，序水所出，西入沅，莽曰建平；很山；零阳；充，酉原山，酉水所出，南至沅陵入沅，行千二百里，历山、澧水所出，东至下隽入沅，过郡二，行一千二百里②。

武陵郡的前身是秦黔中郡，秦昭王时伐楚，取巫郡及江南地为黔中郡。汉高祖时一度改称义陵郡，后称武陵郡。其十三县古今地理位置对应一般认为：索（今湖南常德市区及汉寿县一带）、孱陵（今湖北公安县一带）、临沅（今湖南桃源县一带）、沅陵（今沅陵县一带）、镡成（今洪江市一带）、无阳（今芷江县一带）、迁陵（今保靖县一带）、

---

① 班固. 汉书 [M]. 北京：中华书局，1962：1603.
② 班固. 汉书 [M]. 北京：中华书局，1962：1594.

辰阳（今辰溪、麻阳县一带）、酉阳（今永顺、龙山县一带）、义陵（今溆浦县一带）、佷山（今湖北长阳县一带）、零阳（今慈利县一带）、充（今张家界市一带）。

由此可知，武陵郡与牂牁郡的边界也大体在湘黔边交界一带。今湖南西南边隅一带的靖州、通道等县市可能也属牂牁郡（原夜郎国）境地。

牂牁郡的南侧相交的是郁林郡。

《汉书·地理志》也有载：

郁林郡，故秦桂林郡，属尉佗，武帝元鼎六年开，更名，有小溪川水七，并行三千一百一十里，莽曰郁平，属交州。户万二千四百一十五，口七万一千一百六十二。县十二：布山；安广；阿林；广郁，郁水首受夜郎豚水，东至四会入海，过郡四，行四千三十里；中留；桂林；潭中，莽曰中潭；临尘，朱涯水入领方，又有斤南水，又有侵离水，行七百里，莽曰监尘；定周，周水首受无敛，东入潭，行七百九十里；增食，骊水首受牂牁东界，入朱涯水，行五百七十里；领方，斤南水入郁，又有墙水，都尉治；雍鸡，有关①。

郁林郡是汉武帝元鼎六年（前111年）平定南越国后调整郡县设置的，改秦桂林郡为郁林郡，治布山县。郁林郡统辖布山、安广、阿林、广都、中留、桂林、潭中、临尘、定周、领方、增食、雍鸡等十二县。区域包括今南宁市全部，来宾市全部，贵港市全部，柳州市大部分，百色市大部分，崇左市大部分，玉林市北部，河池市东部和南部等地区。

郁林郡十二县古今地理大致为：布山县（今贵港市区原贵县一带）；安广县（今广西横县一带）；阿林县（今桂平市一带）；广郁县（今凌云县东南一带）；中留县（今广西武宣县一带）；桂林县（今桂林市区一带）；潭中县（今柳州市区一带）；临尘县（今崇左市区一带）；定周县（今河池市宜州区一带）；增食县（今田阳一带）；领方县（今宾阳县西南一带）；雍鸡县（今凭祥市、龙州县一带）。

---

① 班固. 汉书 [M]. 北京：中华书局，1962：1628.

这也是广西部分学界人员对照《水经注》及有关史志得出的考证意见。

由此可知牂牁郡与郁林郡的边界大约位于今广西北部一带。其中广西北部三江县、龙胜县、融安县，河池市及南丹县、天峨县、东兰县、凤山县，西北部的乐业县、田林县、隆林县、西林县等地区可能还属牂牁郡（原夜郎国）境。

从以上西汉时期的郡县设置及古今地理分析可知，汉夜郎国及稍后所设之牂牁郡之地域包括今贵州除西部及西北部几个县之外的全境，湖南西南部个别县，广西北部及西北部地区，云南东南部一带等。

二、近代以来关于汉牂牁郡及属县的有关考证

近代以来关于汉牂牁郡及属县最为系统的考证当属道光年间编修《遵义府志》的大儒郑珍，其为遵义人，郑珍先考证遵义府即为汉代的鳖县，后又对汉牂牁郡所属其余十六县古今地理考证，汇总成文章定名《牂牁十六县问答》，曰：

汉武置牂牁郡，鳖一县既闻其详矣，余县十六，今犹可指其地乎？曰：名号骤易，境土屡分，一郡一县，割成四五，四五之中，亟有离合。沈休文已言"寻校推求，未易精悉"也，况汉开边郡，自晋以后，渐非版图。唐时山洞，已不能的知某于汉为某地，所置州县，随立新名，沿革之迹，邈无影响。唐以后地理诸书及贵州者，非夜郎即且兰；及云南者，非建宁即兴古。其实皆凭虚揣拟，绝无确见，递相仿据，愈失本原矣。今必欲略见大概，亦可仿佛言之。

△故且兰：按《汉·地理志》，此县下沅水，东南至益阳入江。武陵郡"无阳"下，无水首受故且兰，南入沅。《水经》：沅水出牂牁郡且兰县，为旁沟水，东至镡城县，为沅水。注：无水出故且兰，南流至无阳故县，东南入沅。《后汉·西南夷传》：庄豪从沅水伐夜郎，军至且兰，椓船于岸而步战。据此诸文，可见且兰为沅水、无水所出。又可见其疆域必至今沅水上流可通舟楫之处，庄豪水军乃可达其地而椓船也。沅水即今贵州之镇洋江，源自镇远府黄平州，经旧黄平、施秉县、镇远县，又经思州府青溪县、玉屏县，入湖南晃州。无水即今都匀府之清江，源自都匀，经麻哈州、清平县，又经黄平、施秉、台拱、清江，入黎平府开泰县，又经镇远天柱县入湖南靖州，至黔阳县

入沅水。今之溯沅入黔者，舟可直抵镇远城下。庄豪时虽水道较险激，当可达清溪、玉屏间。然则今贵州镇远一府及贵阳府之龙里、贵定两县，平越州之瓮安、余庆两县，都匀府之麻哈州、清平县，石阡府之乌江以南境，皆且兰地也。自《元和志》以播州为且兰，后人因以遵义地当之，皆沿吉甫之误。

△无敛：按《汉志》，此县下刚水东至潭中，入潭。郁林郡"定周"下：水首受无敛，东入潭，行七百九十里。此水在无敛为刚水，即《水经注》之无敛水，流入定周县即为《水经》之周水。《班志》于两县下叙上下流，互相明足，非二水也。刚水即今贵州之独山江，源自独山城西二里筒丽寨，东南流，会都匀府王家司、八寨厅诸小水至三脚圌，名独山江，一名都江。经古州界，入广西天河县境，经思恩县、庆远府至柳城县城西，南合柳江。《水道提纲》谓源委九百余里，实柳江西源是也。今柳江即潭水，源出黎平府境。《汉·志》潭水出镡城玉山，则黎平、镡城地也。今柳城即潭中县地，独山江于柳城合柳江，与刚水至潭中入潭正合。定周当今庆远府地，其上游即都匀，则今贵州都匀一府，除清平、麻哈不在外，兼黎平之古州及广西接古州荔波地，皆无敛县地也。但《水经》存水，极有误处，郦氏所注，又复驳杂，不可不知。《水经》云：存水出犍为郁邬县，东南至郁林定周县，为周水；又东北至潭中县，注于潭。按：郁邬，今四川叙州府地。潭中，今广西柳州府地。由叙州东至柳州，中间赤水、乌江两大水皆自南趋北，叙州之水焉能绝出广西？《前汉·志》止言定周水首受无敛，不言出郁邬。其犍为郡"郁邬"下，亦不言有水。《水经》"出郁邬"句当作"存水出牂牁无敛县"。自《水经》有此误，道元强以诸书附合，云周水东至且兰县北，又东径无敛县北，东南与无敛水合，水首受牂牁水，东径无敛县，为无敛水，又东注于存水。其温水注云：潭水东径郁林郡潭中县，周水自西南来注之，又东南与刚水合；水西出牂牁、无敛，东至潭中入潭。是郦氏以无敛水为一水，入于周水，周水与刚水又别是两水。周水合潭以后，刚水始入潭。不知刚水、周水、无敛水止是一流，随地异称。班《志》首尾互足，与叙郁水、桥水一例。遂使经文一误，注文再误。而温水注又云：豚水径无敛县，无敛水出焉。是又以无敛水入温，愈辗辗难解矣。或曰：《前汉·志》夜郎豚水，何水也？曰：今北盘江也。曰：子以平越、镇远为且兰，以贵阳、都匀为无敛，今北盘江绝不经此等

处。如子言，则《水经注》豚水东径牂柯郡且兰县，又东径无敛县，何以言之？曰：此郦氏之驳文也。余以周水为独山江，出之独断，诚曰可疑，若沅、无二水之出镇远、平越，入湖南，则无可疑者。如且兰、无敛为盘江所经，其地必当贵州毕节以东、广西泗城以西，往北则滴澄河、南明河、都江河入粤入蜀，隔断南北，中间焉得沅、无二水发源如班《志》所云者？若必以郦《注》合班《志》，则自镇远南至安顺、兴义，皆是且兰、无敛地矣。两县如此辽阔，亦必无是理。须知郦氏叙豚水一段文字，其舛讹不止此。言地理止当准之《前汉·志》，以外则有合、不合，诚不可尽牵就耳。

△平夷：按《华阳国志》，平夷郡领平夷、鳖两县。《宋书·州郡志》同。可知平夷土壤必与鳖县相接，故王逊分此两县立一郡。其地，据《华阳志》云：平夷县有安乐水。安乐水即今赤水，至四川合江县入江。合江，汉符县地，则平夷必在赤水上流。又，《华阳志》朱提郡"南秦"下云：自僰道南广，有八亭道通平夷。此今由四川叙州出永宁、至贵州大定路也。自僰道南广道平夷，程止八亭，可见今贵州大定府毕节县、黔西、平远两州及贵阳府之开州、修文县，皆平夷县地。其大定、毕节、黔西之北境接四川永宁一带，则汉阳县南境地，不入平夷界内。平夷地据滇、蜀之要，故蜀汉降都督治平夷，总摄益州。至马忠，始徙治建宁味县。《方舆纪要》谓平夷废县在遵义县西北，极合。又以云南陆凉州为平夷、为鳖，则大误矣。

△夜郎：按《汉志》，此县下温水东至广郁郁林郡。"广郁"下称夜郎豚水、《水经》温水出牂柯夜郎县。验温水，即今北盘江，源出云南沾益州北境，曲折二百里入贵州界，曰可渡河。东流，伏大山，至威宁州东南百六十余里天生桥，复出流，入安顺府界，为盘江。经安顺郎岱厅西南至永宁州西境，东经慕役司东，合南盘江。古之溯源者，当自天生桥下入安顺境始，则今贵州安顺府地，即汉夜郎县也。按《宋书·州郡志》计宁州属郡去州治道里，云：牂柯郡治去州一千五百；夜郎郡治去州一千。时宁州刺史治建宁味县，味县当在今云南曲靖府境。夜郎太守治夜郎，较之牂柯太守治万寿，距州治近五百里，可见夜郎在牂柯之南。今自安顺府治至曲靖府，计里亦八百里而遥，视《宋书》远近略等，又可见夜郎县治在今府治左右，其县境北当至贵筑，今贵州安顺一府及贵阳府之长寨及定番、广顺二州、

贵筑一县，然则皆夜郎县地。

△谈桓：按《后汉·郡国志》《华阳国志》《晋·地理志》作谈指，《宋·州郡志》作谈柏，其地无可证证。今按《华阳志》叙牂柯郡云：晋元帝世，刺史王逊分夜郎以南为夜郎郡，领夜郎、谈指二县。此晋制也。《宋书》则云：夜郎太守王逊分牂柯、朱提、建宁、立领县四。此宋制也。今即所领四县考之，夜郎、谈柏，汉牂柯旧县。广谈，于《华阳志》属牂柯。《宋志》于广谈云：《太康地志》属牂柯。则此县为从牂柯诸县中分置无疑。惟谈乐长是江左新立一设长小邑，谓从朱提、建宁两郡分建，恐无是理。或即是从谈指分出，故仍得"谈"名。然则《宋书》所叙，不如常氏谓分夜郎以南为确。常氏谓分夜郎以南，夜郎外又止谈指一县，则谈指必又在安顺之南。可见今兴义府之兴义县、贞丰州及罗斛、册亨、捧鲊，以及广西西隆州，皆谈桓县地也。《后汉·志》"谈指"下引《南中志》云：有不津江，江有瘴气。不津当是北盘江异名。今自安南沙麓津以下，并岸狭中深，瘴疠蒸郁，舍此则夜郎左右别无有瘴之江。亦谈桓在兴义一确证。或曰：《水经注》叙温水，言西南径滇池之西北，于今北盘江不合，惟南盘江经云南府宜良县，在滇池为西北，似温水乃南盘江。子以北盘江为温水，借以证夜郎在安顺，毋乃误乎？曰：余尝谓班氏志地，简确而明；郦氏注水，烦乱而晦。所以然者，孟坚据最旧图籍，故绳墨今古，毫无差互；善长多杂采群书，以意贯串，故其于南方尤每每不合。立于今日，欲考数千年要荒郡县，非藉一二水道，绝不能寻其崖略。然牂柯之水为郦氏淆乱者略有数事，前言者不赘及，试为子晰陈之：今盘江有二源，《方舆纪要》谓纪载荒略，源流多误，考正最为详确。其在《汉·志》，称此江为郁水，郁林郡"广郁"下郁水是；称北盘江为温水，牂柯郡"镡封、夜郎"下温水东至广郁是；又称为豚水，"广郁"下郁水首受夜郎豚水是。前"夜郎"下不及豚，后"广郁"下不及温，则豚水即温水可知。称南盘江则为桥水，益州郡"俞元、毋掇"下桥水是。此读《汉·志》所当知者也。但《汉·志》桥水，向来无人识者，又不可不辨。今按"俞元"下：池在南，桥水所出，东至毋单，入温，行一千九百里。此自俞元发源，计至毋单合流处也。"毋掇"下：桥水首受桥山，东至中留，入潭，过郡四，行三千一百二十里。桥山当在俞元，桥水盖以山为号。"俞元"下言南池，"毋掇"下言桥山，于文互

足，非有两桥水也。过郡四，益州、牂柯、合浦、郁林也。中留，今广西浔州府地。行三千一百二十里，通所过四郡、自发源计至合潭处也。桥自入温，即同为郁水，至中留合潭入海。此不言入海者，叙郁水下明之。不及温水者，犹之叙郁水只及豚水、不及桥水也。所以必计至入潭者，以武陵郡"镡成"下言潭水至阿林（亦今浔府州地）。入郁，恐人不知桥水即郁之上流，故序桥水即以入潭明之，亦以见温、桥合流至合潭中间道里。班氏序水，不赘不遗，令读者自见，其简确所以非后人能及也。至桥水之为南盘江，班氏所指，与《纪要》叙自曲靖至师宗者不同。其言盘江支川，正班氏之桥水。今云南澂江府城南十里，有抚仙湖，周三百余里，即《汉·志》在俞元南之池也。尾间纳源自曲靖陆凉州，经宜良县之铁池河，东入路南州西南四十里，合源出临安府境、经澂江府新兴州嵩峨、河西、建水诸县之曲江，是为盘江。《水经注》所谓盘江出律高县南，李恢追朱褒至盘江，诸葛亮入南中，战于盘中，皆是此水。曲江，即《水经》温水注中之梁水。盘江又至阿迷州东北二十里三江口，合乐蒙河。河源出临安府石屏州东异龙湖，下流入府境，为泸江。至府东十五里石崖山下，合五水，伏流洞中，东出至阿迷州来会此，即《汉·志》益州郡"胜休"下东至毋掇入桥之河水，古一名漏江，漏江县所以名也。郦氏误以为榆水。盘江又东北经广西州弥勒县东南，又东北，经州西至师宗县西二十余里大河口，合巴盘江。巴盘江即《纪要》所叙之南盘江也。《纪要》叙南盘江，自师宗以上与班氏异，与郦氏所叙之温水自毋单以上正同，此又读《汉·志》所当知者也。至《水经》叙郁水，则止及温水一源，不及南盘江，其末言东北入于郁，必是"入于海"之误。上已言温至广郁为郁水，不应下言入于郁也。寻郦氏所注，直不知《汉·志》温水、豚水为北盘，桥水为南盘，而指南盘为温，北盘为豚；又不知本《经》"入于郁"为文误，遂以入郁之郁为夜郎豚水，云水径牂柯且兰县，谓之牂柯水。水广数里，县临江上，又径无敛，径郁林广郁，径领方，径布山，径中留县南与温水合。豚水之不径且兰、无敛，已如前说。今北盘江自泗城以上皆峭崖夹夹，焉得广数里之水？《汉·西南夷传》：牂柯江广百余步，足以行船。已就泗城以下说，至云江广数里，出番禺城下，自是指番禺江面。文意本明，善长牵连附合，悉成虚语矣。又计今南、北盘江合流后，几二千里，至浔州府，即中留地。已在本《经》所过广郁、领方之下，其地只有潭水会于南境，焉得豚、温始至此合流？又，郦氏亦不知《汉·志》非两桥水，云桥水上承俞元之南池，南桥水出毋掇之桥山，说已支离。又云桥水一名河水，显与《班志》河水至毋掇入桥违整，而又谓梁水上承河水，东径毋掇入南桥，南桥又东注于温。是一名河水之桥水，仍合南桥水在毋掇入温矣，不更与上云桥水东流毋单县注温者自相违整乎？至《汉志》"西随"下糜水，即《水经》叶榆河，于今日为澜沧江。其水源出吐蕃，下合洱海所会之样备江，流入交趾。《水经》所叙，则只以洱海为源。今洱海流入赵州，即经永昌府永平县东境。永平，汉不韦县地，则《水经》谓榆水过不韦，原不误。《注》反云不径不韦，舛矣。又云榆水径姑复县西，与淹水合。本《经》明言榆水入交趾，淹水入若。若水即今打冲河，为大江上源，与澜沧风马牛不相及，已决裂经文矣；乃下又谓榆水与濮水同注填泽，填泽即今滇池，今澜沧去滇池甚远，何曾有注入之迹？下又谓榆水自泽径同并，径漏江，至贲古与盘江合，是又以漏江、盘江杂入澜沧，更缪乱无纪矣。凡此诸注，悉同㦬语。惟牵缀前籍，言漏江盘江者混入注中，犹可藉推同并、漏江两县旧域。顾景范氏以其书掇拾旧闻，参稽前迹，足为考古之助，谓此类也。此读《水经注》所当知者也。知此，则昔人是非，判然明白，然后以水征地，以地证古，虽未见汉旧舆图，而能与亲见者其言不背，不犹愈于凭虚揣合哉？

△镡封：按《汉·志》此县下：温水东至广郁入郁，过郡二，行五百六十里。广郁，今广西浔州府之贵县、南宁府之横州皆其地。五百六十里，从镡封计至广郁也。以此里数按之，镡封当在今广西太平府、镇安府之间，其下流入南宁之隆安，即郁林郡增食县地。郦氏叙温水东南径镡封北、来唯东，即东径增食，知镡封盖去增食不远。余因悟班氏志地，为后人考地理计者至深至悉。郁水上两源至镡封方合为一，则入海道里即可从镡封起算，故必在镡封下备此一截里数，令读者参互自得。今试合所言郁水计之：从镡封至广郁五百六十里，以桥水自毋掇至中留三千一百二十里，除去至毋单入温千九百里，余一千二百二十里，又除去镡封至广郁五百六十里，余六百六十里，即广郁至中留里数。以广郁至四会入海四千三十里，除去六百六十里，余三千三百九十里，加五百六十里，即知从镡封至入

海凡三千九百五十里。班氏水道如此简奥，宜郦亭之不能尽识也。

△毋单：按《汉·志》益州郡"俞元"下：桥水东至毋单，入温。今南盘江，从云南广西州师宗县流入曲靖府罗平州东南境，至贵州永宁州慕役司东南，合北盘江，可见今云南曲靖府之罗平州、贵州兴义府之慕役司、普安州，皆毋单地。

△谈稿：按《汉·志》益州郡"同濑"下：谈虏山，迷水所出，东至谈稿入温。知谈稿为温水所经之地。又《水经注》叙豚水从东北径谈稿县发端，知谈稿更去温水导源处不远。今北盘江自天生桥伏出，经安顺流至安南县北境，有拖长江，源出普安州西南界之平夷所东北，曲流经州城北，又东经普安、安南二县北境来会。此水曲折行四百里，盖即古之迷水。然则今大定府之威宁州、兴义府之普安县、安南县，皆谈稿地也。

△同并、漏江：《云南旧志》"沾益州"下列同并城云：在城北。顾氏因之，非也。按今云南临安府境有泸江，盖即《汉·志》"胜休"下之河水，流入南盘江。已详前说。郦善长误以为即《水经》叶榆水，云榆水东北径滇池县南，又东，径同并县南，又东，径漏江县，伏流山下，复出蝮口，谓之漏江。又径贲古县北，东与盘江合。所谓蝮口，在今阿迷州境，盖泸江从府东十五里石崖山伏流，至此始出，世盖无有知为即郦《注》所云者矣。《华阳国志》：漏江县九十里有蝮口。即郦氏所本。可见今临安府之建水县、阿迷州，是漏江地。其县治，以常氏说推之，盖即在今建水左右。同并，如郦氏说，当去滇池不远，应在晋宁州、昆阳州之南、建水县之北，则河西县、嶍峨县等处是其地也。《晋志》《宋书》及《华阳志》俱无同并，其何时省并，不可考。

△西随、进桑：按，《汉·志》"西随"下：麋水西受徼外，东至麋泠，入尚龙溪。麋水，即叶榆河。《水经》叶榆河东南出益州界，入牂牁郡西随县北，为西随水。又东出进桑关，过交趾麋泠县北。《注》引马援言：从麋泠水道出进桑王国，至益州贲古县，转输通利。所谓麋泠水道，即今由交趾入云南海道也，上流即今澜沧江。贲古在临安府境。据马援上奏，可见进桑、西随北接临安。据《水经》所叙，又见西随在进桑上流。然则今云南沅江州新平县等处，皆西随地；普洱府镇元州等处，皆进桑地也。西随在《宋志》《华阳志》并属梁水郡。梁水郡地，今由澂江府南至缅猛、北至广西、镇安二府皆是。进桑于

牂牁郡为极南之境，故于此置南部都尉。其王国北接句町，南接交趾，地必辽阔。观《华阳志》《宋志》俱无进桑，可见晋成以后即为郡县所不到。《晋志》兴古郡有进桑者，从《太康地道》耳。

△都梦：按《汉·志》此县下：壶水，东南至麋泠，入尚龙溪。过郡二，行千一百六十里。其道里与麋水略同，故非小水。今云南南注之水，惟澜沧与潞江。而潞江直入南海，不经交趾麋泠。考《方舆纪要》：龙门江在交趾嘉兴州蒙县界，出云南临安府宁州。又有宣光江，在交趾宣化府北，源自云南临安府教化长官司，流入境，流七百余里以达宣化。又有三江，在交趾三江府西，洮江、沱江、宣光江合流之江也。按洮江即富良江上流，富良即澜沧江下流。宁州之水，流经教化司入交趾，至嘉兴州为龙门江，至宣化府为宣光江，至三江府合富良江。可见《汉·志》尚龙溪，即三江下流，宣光江即壶水下流也。然则今云南临安府宁州及纳楼、茶甸、落恐甸等处，为汉都梦地可知。都梦，《华阳志》"兴古郡"下作唐都，云故名都梦县。《宋志》西平郡"都阳令"下云：按《晋·起居注》：太康二年置兴古之都唐县，疑是。今按《晋志》兴古郡亦有唐都，与《华阳志》俱本《太康三年地道》，则"都阳"之即"都唐"无疑，休文殆未证之常氏书也。

△宛温：按《水经注》：刘禅建兴三年分牂牁，置兴古，治宛温县。《华阳国志》亦云郡治宛温。《晋书》兴古郡，首律高。《水经注》谓《晋书·地道记》治此，是太康以前治宛温，太康后则治律高也。今考《永昌郡传》云：兴古郡在建宁南八百里，经千里皆有瘴气，菽、谷、鸡、豚、鱼、酒不可食，食皆病害人。郡北三百里有盘江，广数百步，深十余丈，此江有毒瘴（《御览》卷七百九十一引）。其云盘江，《后汉·郡国志》"宛温"下引《南中志》作邕江，文相同。云在县北三百里，是《永昌郡传》之兴古就治在宛温言。考建宁郡治，盖在云南曲靖府境，宛温在其南八百里，当在今开化府境内，今盘江在开化北，亦与所言三百里远近略同。顾景范氏谓曲靖马龙州即律高亦佐县。沾益州皆宛温地。今验曲靖府属，绝无烟瘴，与《永昌郡传》不合。误矣。

△句町：《云南旧志》以临安府为古句町国，谓句町废县在通海县东北五里。今按《前汉·志》此县下：文象水东至增食入郁。又有卢唯水，来细水，伐水。增食，今广西南宁府地。云南临安之水皆入

南盘江，无至南宁境内入左江者。今南宁城西五十里合江镇有龙江来会于左江，其源出交趾界广源州，合七源州水，历龙州、思明州入太平府界，经府城，历左州、思同州陀陵县、罗阳县诸境，南入南宁界，一名丽江。文象水盖即此欤？然则今广西太平府，句町地也。《前汉·志》郁林郡"增食"下：骊水首受牂牁东界。不知当今何水。今验南宁府境诸水来自广东及出境内者，不论其自牂牁流入者，盘江之外，如崇善江、通利江、驮排江、丝瓮江、明江，并导源太平府境，合丽江入南宁。骊水必居其一。则牂牁东界，即指句町而言。刘昫谓骊水本牂牁江，俗呼郁林江，即骆越水，一名温水。非也。

△漏卧：汉成帝河平三年，夜郎、句町、漏卧举兵相攻，后人因拟漏卧盖介在夜郎、句町二邑间，《云南旧志》遂于曲靖府"罗平州"下列漏卧废县，谓在州南。今按：以三国相攻，遂定漏卧介在夜郎、句町，安知句町不介在夜郎、漏卧？其说固游移也。考兴古郡，刘禅时治宛温，晋治律高，《宋书》治漏卧，可见漏卧必与宛温、律高地壤相接。今云南之广南府及广西州，当是漏卧县地。罗平自是毋单，为桥水入温之境。

或曰：如子言，今贵州不尽牂牁郡地欤？曰：今之黎平府，除古州接都匀一带为无敛，皆武陵郡镡成县地，以潭水出玉山定之，潭水即源自黎平之柳江也。思州府，武陵郡无阳县地，以无水首受故且兰定之。铜仁府，武陵郡辰阳县地，以辰水出三山谷定之，辰水即今麻阳河至辰溪县对岸入沅者也。思南府除婺川属涪陵，则皆涪陵郡涪陵县地也。但以今地合之汉时，仅可准其大致。汉之一县，有不仅今之一府者；亦有今之一府，不仅汉之一县者。如镡成县在湖南、广西、贵州三省毗连之境，非今黎平，即足以尽之；无阳、辰阳两县，亦有在湖南地者，不仅思州铜仁也[1]。

从郑珍所作《牂牁十六县问答》考证可知，其"以贵州镇远一府及贵阳府之龙里、贵定两县，平越州之瓮安、余庆两县，都匀府之麻哈州、清平县，石阡府之乌江以南境，为且兰县地；以贵州都匀一府，除清平、麻哈不在外，兼黎平之古州及广西接古州荔波地，为无敛县

---

① 郑珍，莫友芝.遵义府志：卷二建置[M].刻本.1841（清道光二十一年）：17—19.

地；以贵州遵义县（今遵义市播州区）西北一带为平夷县地；以贵州安顺府地为夜郎县地；以贵州兴义府之兴义县、贞丰州及罗斛、册亨、捧鲊，以及广西西隆州，为谈指县地；以广西太平府、镇安府之间为镡封县地；以云南曲靖府之罗平州、贵州兴义府之慕役司、普安州，为毋单县地；以大定府之威宁州、兴义府之普安县、安南县，为谈稿县地；以云南临安府之建水县、阿迷州，为漏江县地，称其县治在今建水左右；以云南河西县、嶍峨县等为同并县地；以云南沅江州新平县等处为西随县地；以云南普洱府镇元州等处为进桑县地；以云南开化府境内为宛温县地；以广西太平府为句町县地；以云南之广南府及广西州为漏卧县地"。

其又"以鳖县在遵义，又称与四川之合江、贵州之黔西、毕节、永宁、仁怀相接，其东至务川，北包桐梓，南尽乌江，尽是鳖县之地"。

郑珍作《牂牁十六县问答》的目的，一方面是为了编修道光《遵义府志》；另一方面，则是为了从云南手中"抢回"夜郎国。

由于贵州建省之前其西部一带向为云南政权管辖统治，因此，在古代文献中云南地方志会把贵州许多历史编入其内的，使大量的贵州境域名胜古迹如且兰城等被划分到云南境内，包括古夜郎国及汉夜郎县。

如道光《云南通志》就认为汉夜郎县在云南境内，又道光《云南志钞·卷三封建志》就继滇世家、句町世家之后记载有"夜郎世家"，等等。

道光《云南通志》为清代大儒阮元及浙江学者李诚等修撰。全志共二百十六卷，约一百三十万字。于道光十五年（1835年）成书。

阮元是江苏仪征人，道光六年（1826年）调任云贵总督，道光十二年（1832年）升协办大学士，仍留云贵总督任。道光十五年（1835年）回朝，拜体仁阁大学士，兼署都察院左都御史，清代重臣。李诚著有《云南水道考》《云南通志稿》等。

道光《云南志钞》的出版在道光《云南通志》之前，先是王崧应阮元聘参与纂辑《云南通志》，"未竟业而辞去，并将所纂之地理、建置、盐法、矿厂、封建、土司、边裔数门成稿，交门人杜允中校刻"，即道光《云南志钞》，于道光九年（1829年）刊行于世。

在道光《云南志钞》中，以"云南府附郭昆明县为古滇池、建伶、谷昌三县地；以富民县为古秦臧县地；宜良县为古滇池县地；晋宁州为汉滇池县，为益州郡治；呈贡县为汉滇池县地；安宁州为古滇国螳螂川地，汉为益州郡之连然县；嵩明州为古滇国，汉为益州郡地；武定直隶州为汉秦臧县地，属益州郡；禄劝县为汉会无县地，属越嶲郡；楚雄府为汉益州、越嶲二郡地；姚州为古滇国地，汉为益州郡弄栋县；临安府为汉牂牁郡句町县及益州郡贲古县；建水县为汉贲古县地；通海县为汉牂牁郡句町县；宁州、石屏县、阿迷县、河西县皆汉益州郡地，其中宁州蜀汉为兴古郡地，晋为梁水县；嶍峨县、蒙自县为汉牂牁郡地，后汉属兴古郡；元江直隶州为汉益州郡徼外地；曲靖府附郭南宁县，汉味县，盖州郡治，又律高县地，蜀汉亦为郡治，晋为宁州建宁郡治；沾益州，汉宛温县，属牂牁郡，蜀汉属兴古郡；陆凉州，汉鳖县，属牂牁郡，又平夷县地，晋为同乐县治；马龙州，汉律高县，属益州郡，蜀汉为建宁郡地，又分置兴古郡，治于此；罗平州，汉漏卧县，属牂牁郡，又为宛温县地，蜀汉属兴古郡；寻甸州，汉初为滇国地；平彝县，东至贵州普安厅界十里，西至南宁县界四十里，即汉平夷县，属牂牁郡，唐初属盘州；宣威州，汉同并县，属牂牁郡；澄江府，秦为滇国，汉置俞元县，属益州郡；江川县、新兴州、路南州均为汉益州郡地；开化府附郭文山县，汉为句町边地；东川府含会泽、巧家，汉置堂琅县，属犍为郡；昭通府含大关、鲁甸、镇雄、永善，汉朱提县，属犍为郡；广西直隶川，汉为益州、牂牁二郡地，蜀汉属兴古郡，其中师宗县、弥勒县汉为牂牁郡地"，等等。

道光《云南志钞》的观点，大部分都从嘉庆《滇系》中接受而来。但亦稍有不同，如开化府，《滇系》载为古红夷国。

而在道光《云南通志》中，则记载："云南府嵩明州为汉益州郡昆泽县；安宁州为汉益州郡连然县；晋宁州为晋宁郡滇池县；宜良县为汉益州郡滇池县；富民县为汉益州郡秦臧县；昆明县为汉益州郡建伶县；昆阳州为汉益州郡俞元县；易门县为汉益州郡双柏县[①]；澄江府新兴州为益州郡俞元县；路南州为益州郡律高县；广南府，两汉时为

---

① 阮元.云南通志：卷三十二：建置志一之二云南府[M].刊本.1836（清道光十六年）：1—6.

牂牁郡镡封县、西随县地；南宁县，两汉为益州郡味县、同劳县；马龙州，两汉时为益州郡铜濑县；陆凉州，两汉时为益州郡同劳县；罗平州，两汉时为益州郡贲古县；寻甸州，两汉为益州郡牧靡县；沾益州，两汉时为牂牁郡夜郎县；宣威州，两汉时为牂牁郡宛温县；等等①。

从以上资料可知，道光初期，云南所编纂的《云南志钞》和《云南通志》已经把大量的贵州地名纳入到了该省境内。如汉夜郎县认为在云南沾益州，认为汉平夷县在云南贵州交界一带，汉鳖县在云南陆凉州，等等。这些都是汉牂牁郡县。此外还记载汉牂牁郡句町县、宛温县、镡封县、西随县等地亦在云南境内。

道光《云南通志》将汉夜郎县、鳖县、平夷县等纳入云南省境内的做法明显是不恰当的，完全无视了明代以后贵州已经建省的事实，还在继续抢占一些贵州的文化品牌。

因此，当时的遵义人郑珍就是基于要抢回贵州夜郎文化等品牌的目的，考证了汉牂牁郡十七县。可能要平衡与云南方面的关系，或是受了云南方面观点的影响，因而他把夜郎县放在了贵州西部一带。

郑珍与独山人莫友芝合作修纂的《遵义府志》肇始于道光十八年（1838 年），共设四十八卷，计八十万字，于道光二十一年（1841 年）冬成书。《牂牁十六县问答》即见载于该志沿革中。

此后，贵州境内地方学者关于夜郎国之定位及汉代地理沿革等研究，大多受郑珍《牂牁十六县问答》之影响。清代道光、咸丰年间贵州、湖南一些学者在修纂遵义、贵阳、大定、安顺、兴义等府志时，进一步提出南北盘江为牂牁江、安顺为夜郎国中心。1912 年以后，专家学者们对西汉牂牁郡十七县的考证也几乎以此定位来开展研究，因此，西汉牂牁郡的地理研究主要偏重贵州中西部地区及云南东部、东南部，广西西北部一带，而对贵州东部一带极少提及，以致处于空白状态。

如据贵州当代史学家、原贵州历史教学研究会理事长、贵州师范大学历史系教授王燕玉（贵州遵义人）考证，西汉牂牁郡所属十七县

---

① 阮元．云南通志：卷三十三：建置志一之三沿革 [M]．刊本．1836（清道光十六年）．

中有 8 个县在今云南境内，分别是：毋单（今云南路南、泸西、师宗三县所围境地）；漏卧（今云南广南、丘北、泸西三县之间）；句町（今云南富宁一带，东北至广西百色、凌云间）；同并（今云南沾益、曲靖、富源相连地）；漏江（今云南弥勒、开元间）；都梦（今云南文山市）；进桑（今云南蒙自市）；西随（今云南元江县以东）。

还有其他 9 个县在贵州及广西境内，主要为：且兰（今贵州福泉、黄平、瓮安、开阳、贵定、龙里、都匀北部地、麻江至凯里地）；镡封（今广西北境）；鳖（今贵州遵义、绥阳间）；平夷（今贵州毕节、大方、黔西西北，纳雍以北之地）；谈指（今贵州安龙、贞丰、册亨）；宛温（今贵州兴义、兴仁，云南罗平东部地域）；毋敛（今贵州荔波、独山、平塘，都匀南部，丹寨、三都及广西南丹东北）；夜郎（今贵州安顺市向东南迤及长顺县，还包括惠水、贵阳、清镇、织金、普定、六枝、镇宁、紫云、平坝等地）；谈稿（今贵州盘州市、普安、晴隆）①。

又据云南著名史学家、原云南大学历史系主任方国瑜教授（云南丽江人）研究，并作《汉牂牁郡地理考释》称：西汉牂牁郡所属十七县中有 11 个在云南境内，仅 6 个在贵州及广西境内。

他认为，这 17 个县为且兰（从地理环境言，且兰在今贵阳至黄平地适为相当，至于且兰城，疑在都匀，以其南之毋敛，始终与且兰同属一郡，关系至密也）；毋敛（即今贵州独山、荔波、三都等县）；鳖（今贵州大方县及黔西县，纳雍、织金可能属鳖县，则不能包有遵义之地）；平夷（今贵州普安）；夜郎（今贵州安顺一带）；谈指（今贵州晴隆、兴仁、安龙、贞丰、册亨、望谟等县）；谈稿（今云南陆良西南及路南之地）；毋单（今云南华宁县地）；同并（今云南弥勒市境）；漏江（今云南师宗、泸西两县境）；西随（今云南蒙自南部一带）；进桑（今云南河口、马关、文山一带）；镡封（今云南丘北县）；句町（今云南广南、富宁，广西之西隆、西林、凌云、百色诸县）；都梦（今云南西畴、砚山、麻栗坡诸地）；漏卧（今贵州兴义、安龙一带）；

① 王燕玉. 西汉牂牁郡十七县今地辨 [J]. 贵州民族研究，1980：76—84.

宛温（今贵州盘县及云南富源二县地）①。

三、以《水经注》为背景的牂牁郡及辖县考察

西汉时的牂牁郡十七县，至东汉时，减了都梦一县，尚有十六县。

范晔《后汉书·志第二十三：郡国五》载：

牂牁郡，武帝置，雒阳西五千七百里。十六城，户三万一千五百二十三，口二十六万七千二百五十三。故且兰；平夷；鐅；毋敛；谈指：出丹；夜郎：出雄黄、雌黄；同并；谈稿；漏江；毋单；宛温；镡封；漏卧；句町；进乘（当是进桑改）；西随②。

《晋书》载：

至晋代，永嘉二年，改益州郡曰晋宁，分牂牁立平夷、夜郎二郡，然是时其地再为李特所有。咸康四年，分牂牁、夜郎、朱提、越巂四郡置安州③。

《晋书·志》记载中，牂牁郡统县八，为万寿、且兰、谈指、夜郎、毋敛、并渠、鐅、平夷。又载兴古郡（蜀置），统县十一：律高、句町、宛温、漏卧、毋掇、贲古、滕休、镡封、汉兴、进乘、都篖；建宁郡（蜀置），统县十七：味、昆泽、郁邬、新定、谈稿、毋单、同濑、漏江、牧麻、谷昌、连然、秦臧、双柏④。

建宁郡是蜀汉时改益州郡设，因蜀汉建兴三年（225年）将其改名，故称建宁郡，郡治在味县（今云南省曲靖市）。西晋初年，设立宁州，建宁郡及味县成为州治。

东汉时期，益州郡析西部六县：不韦县、嶲唐县、比苏县、叶榆县、邪龙县、云南县给新设立的永昌郡。

蜀建兴三年（225年），诸葛亮平定西南，分建宁、越巂、永昌三郡地置云南郡，郡治云南县，辖云南（今祥云、弥渡）、蜻蛉（今永仁及大姚北部）、弄栋（今大姚南部及姚安）、姑复（今华坪）、遂久（今永胜、丽江）、邪龙（今巍山、漾濞、南涧）、叶榆（今大理、剑川、

① 熊宗仁.夜郎研究选粹：学人见证[M].贵阳：贵州人民出版社，2010：41—61.
② 范晔.后汉书[M].北京：中华书局，1965：3510—3511.
③ 房玄龄.晋书[M].北京：中华书局，1974：441.
④ 房玄龄.晋书[M].北京：中华书局，1974：440—441.

洱源、鹤庆）七县，隶属庲降都督府地。晋初，改庲降都地置宁州，云南郡属宁州。

由此可知，西汉益州郡二十四县中西部的不韦、嶲唐、比苏、叶榆、邪龙、云南、弄栋等县在东汉及三国时期都析给了永昌郡、云南郡等。

三国蜀建兴三年（225 年）的这次行政区划调整范围较大，还析牂牁郡西南部、益州郡南部置兴古郡，属庲降都督，治所在宛温县，辖境约今云南东南部通海、华宁、弥勒、丘北、罗平等县及以南地区，广西西部及贵州兴义市地。

而建宁郡改置析出部分西部、南部县时，又将犍为郡南部、牂牁郡西部县析补给建宁郡。其中与牂牁郡有关的，就是将西部的谈稿、毋单、漏江三县给了建安郡，将西南部的镡封、句町、宛温、漏卧、进乘等五县给了兴古郡。

这时，牂牁郡还统县八，分别是万寿、且兰、谈指、夜郎、毋敛、并渠、鳖、平夷。其中万寿县为新设。并渠或由同并县改称。其余且兰、谈指、夜郎、毋敛、鳖、平夷仍袭原名。又少都梦县、西随县，有学者称都梦县可能被并入句町县，西随县可能被并入进乘县，无考。

我们先确定且兰县的位置，《水经》和《水经注》载且兰县在沅水源头。

《水经》载："沅水，出牂牁且兰县，为旁沟水，又东至镡成县，为沅。又东北，过临沅县南，又东至长沙下隽县西北入于江。"[1]

《水经注》载："沅水出牂牁且兰县，为旁沟水，又东至镡成县，为沅水。东过无阳县，无水出故且兰，南流至无阳故。县对无水，因以氏县。无水又东南入沅，谓之无口。沅水东径无阳县，南临运水。"[2]

通过二文对比，可知，今沅水上游清水江即《水经》和《水经注》所称沅水干流，而其上游重要支流无水（即潕阳河），亦即《水经》和

---

① 郦道元．水经注全译 [M]．陈桥驿等，译注．贵阳：贵州人民出版社，2008：921—923．

② 郦道元．水经注全译 [M]．陈桥驿等，译注．贵阳：贵州人民出版社，2008：921．

《水经注》所载沅水支流。

无水发源于黄平县与瓮安县交界的山区，流经黄平县旧州始通舟楫，又向东流经今贵州施秉县、镇远县、岑巩县、玉屏县进入湖南，再向东流经湖南省新晃侗族自治县、芷江县、怀化市区，转向南，在今湖南省洪江市黔阳古城注入沅江。

而沅江干流清水江则有南北二源：南源马尾河，又称龙头江，源出贵州省都匀市城西斗篷山天池。上游称剑江，流经都匀市区、丹寨县、麻江县，至凯里市东北，称龙头河，与北源会；北源重安江，又称诸梁江，源出贵州麻江县西北大山，流经福泉市、凯里市与黄平县交界一带，在凯里市旁海镇汇龙头河后称清水江。清水江先后流经施秉县、台江县、剑河县、锦屏县、天柱县出贵州省，经湖南会同县、芷江县，又向东流经至洪江市托口镇与渠水汇合，始称沅水 [1]。

由此可知，无水发源的黄平县当是故且兰，或是且兰国故都。而清水江发源的都匀、麻江一带当是牂牁郡治且兰县。

而镡成县治当在今洪江市黔城镇或托口镇一带，也有可能在今巫水汇入沅江的洪江古商城一带。

无阳县当在镇远县及贵州以东地区，从《水经注》"无水出故且兰，南流至无阳故县。县对无水，因以氏县"及"沅水东径无阳县"之文考之，则无阳县治可能在今怀化市区南侧一带，因为无水只有在此一段南流。无水与清水江汇流后而称的沅江，后又北流经过该地的东部。

由此我们可知，且兰县的地域可能到达今湘黔边中部界线，今贵州玉屏以西及至今都匀、麻江、黄平、福泉一带，当都是西汉且兰县境域，其境域主要包括今清水江及无水流域地区，或还向西延伸到瓮安、贵定一带。

这说明古且兰国地域广大，是夜郎联盟中实力较强的部落国家。

再来看鳖县。鳖县是古鳖国，也是夜郎联盟国之一。现一般以鳖县为今遵义一带。

清嘉庆三年（1798 年）进士、曾任四川盐源县知县、四川乡试同

---

① 今官方以清水江东流至洪江市黔城镇与无水汇合，始称沅水。而当地人则习惯以渠水汇清水江后称沅江。两法相悖。录以备考。

考官的独山人莫与俦在《都匀府自南齐以上地理考》中称："鳖在遵义府。""遵义大半府及石阡府、平越州在乌江北两县并鳖县地。"又《汉且兰故地考》曰："遵义府除仁怀一县外，皆为汉鳖县地。""鳖地必与乌江为界，平越州属之湄潭县、石阡府属之龙泉县皆当为鳖地，其南岸或有一线当属鳖者皆不可知。"①

此后，道光举人、曾任荔波县训导的遵义人郑珍在《巢经巢文集·卷一：鳖县问答》中说："《前汉志》所列犍为之水皆至鳖入延，鳖县之鳖水亦入延，此鳖之为遵义最明白者也。"文中又称鳖县之地，其西界、西南界、西北界与今四川之合江，贵州之黔西、毕节、永宁、仁怀相接，其东至婺川，北包桐梓，南尽乌江，所说鳖县之地。

而认为鳖县在今毕节、遵义一带的源头，出自清乾隆末贵州学政洪亮吉，他在《贵州水道考·延江考》称："毕节、遵义为汉牂牁郡鳖县地。"②

说明洪亮吉、郑珍等皆以《汉志》所载犍为郡内发源于符县（今四川合江、叙永、古蔺一带）的温水、黚水，发源于汉阳（今贵州威宁、赫章一带）的汉水等皆东至鳖县入延水（即乌江），而考证鳖县当在今毕节至遵义一带。但莫与俦、郑珍又将其延伸至遵义以东及以南地区，本人认为不大可能。原云南大学历史系主任方国瑜教授对《汉牂牁郡地理考释》考证后称："按《汉志》载，延江水流经鳖县，则其县在今乌江沿岸，当可确定，而乌江源流二千三百余里（约1150千米），县境所在当以支流交会为断。汉、晋时期记录，流入延江之水有三：汉水即今兰岔河，鳖水今渭河，温水今鼓楼河，说详《水道考》。此三水并在黔西县境，流入乌江，则古鳖县应在今大方县及黔西县，其在乌江以南之纳雍、织金可能属鳖县，惟其东境鳖水于其县之东入延，则不能包有遵义之地。""今贵州大方县及黔西县，纳雍、织金可能属鳖县，则不能包有遵义之地。"③

本人也认为，鳖县邻犍为郡是无疑义的，但不大可能是在近邻巴郡治正下方的今贵州桐梓县、绥阳县和遵义市一带。本人不完全赞同

① 熊宗仁.夜郎研究选粹：学人见证[M].贵阳：贵州人民出版社，2010：48.
② 熊宗仁.夜郎研究选粹：学人见证[M].贵阳：贵州人民出版社，2010：48.
③ 熊宗仁.夜郎研究选粹：学人见证[M].贵阳：贵州人民出版社，2010：48.

方国瑜教授观点，本人认为，即其县治位于今赤水河上游与乌江上游正中间的金沙县，而地域则包涵除此两河源头之外的上游地区，即今毕节、纳雍、大方、织金、息烽及至遵义县部分（今播州区）等地。

由此再来考平夷县。

平夷县是西汉时所置，但晋时，又新设平夷郡，领平夷、鳖二县。

此据《华阳国志·南中志》载："分鳖半为平夷郡。""平夷郡，晋愍帝建兴元年置。属县二，户千。平夷县郡治，有姚津、安乐水，山出茶、蜜。"①

可知平夷县和鳖县相邻，并联系紧密。按照古代按水系划分行政区域的特征，可知平夷县当在赤水河东南及乌江中游地区。而其北部应为与巴郡相邻处，包括今习水、仁怀、桐梓、正安、务川、德江、沿河等地，而南部则位于乌江中游的遵义市、播州区的一部分、绥阳、湄潭、凤冈、思南、印江一带。

平夷县之南为且兰县，两县或交界于今乌江以南的余庆、石阡一线。

而铜仁市及江口县等一带为辰水上游，汉代或属武陵郡辰阳县境地。

平夷县治，最早可能在习水、仁怀一带，清初《读史方舆纪要》称"平夷废县在桐梓县西北"。郑珍在引文时，为论证平夷县在毕节而改作在遵义西北。

《华阳国志》还在朱提郡"南泰县"下云："自僰道、南广，有八亭，道通平夷。"②

此南广县在今四川宜宾之南及珙县、兴文一带，平夷故城在今习水县习酒镇或周边一带。这说明"自僰道指牂牁江"就是经平夷而向东南到今都柳江上游横穿今贵州境的斜道。

又其南有播州五尺道，唐《括地志》记载称"五尺道在郎州"。郎州后改播州，即今遵义。平夷县治后或又向东南迁治，达今绥阳及周边一带。

我们再来考证蜀汉时设建宁郡后并入牂牁郡西部三县的位置。此

---

① 常璩. 华阳国志 [M]. 济南：齐鲁书社，2010：53.
② 常璩. 华阳国志 [M]. 济南：齐鲁书社，2010：55.

牂牁郡西部三县是谈稿、毋单、漏江三县。

按《水经注》记载："叶榆水自邪龙县东南，径秦臧县，南与濮水同注滇池泽于连然、双柏县也。叶榆水自泽，又东北径滇池县南，又东径同并县南，又东径漏江县，伏流山下，复出蝮口，谓之漏江。左思《蜀都赋》曰：漏江袱流溃其阿，泊若汤谷之扬涛，沛若蒙汜之涌波。诸葛亮之平南中也，战于是水之南。叶榆水又径贲古县北，东与盘江合。"①

此文当然有些荒谬，叶榆水不通滇池，郦道元为了讲述今云南地理，不断地以河水的名义进行穿越或伏流。我们可以不理会这条现实中找不到的河，但可以此来考证当地的地理情况。

此水从滇池而出，是向东北流经的，过滇池县南，又东经同并县南，再东经漏江县。

这样就可知道同并县在滇池县东侧，而漏江县在同并县东南侧。

滇池县在今滇池附近应无疑义，但具体位置今有两种说法，一说是在滇池东南侧的昆明市晋宁区晋城镇一带；一说在滇池东侧的呈贡区一带。当然古代的滇池可能比现今要大得多，但如要从滇池而出，向东北流，过滇池县南，则滇池县当在今呈贡区一带。

汉代的滇池县境域肯定也不止今呈贡区、晋宁区等地，可能还包括其东侧的宜良、石林县一带。因此，同并县当在宜良县、石林县以东的陆良县、师宗县等地一带。晚清历史地理学家杨守敬作《水经注疏》"叶榆水"曰："同并在今宜良县东。"②

而漏江县当在陆良县、师宗县东南的广西隆林、田林等地一带。

清咸丰《兴义府志》也称兴义府一带为古漏江地。该志《卷二：地理志》称："按《云南通志》《安顺志》《学艺斋集》并云'汉漏江县'，即今普安、安南地。漏江，即今普安、安南之拖长江，乃北盘江之上流也。漏江至普安北而伏流，古《蜀都赋》云：'漏江伏流溃其河。'《水经注》云：'漏江伏流，复出蝮口。'蝮口，即今拖长江，至

---

① 郦道元．水经注全译 [M]．陈桥驿等，译注．贵阳：贵州人民出版社，2008：915．

② 熊宗仁．夜郎研究选粹：学人见证 [M]．贵阳：贵州人民出版社，2010：55．

普安县北伏流，复出天生桥水也。"①

咸丰《兴义府志·卷十二河渠道水道》也载："拖长江，出普安厅西南，经普安县、安南县境，而入北盘江。《贵州通志》云：'拖长江，源出沙陀石岩中，下通盘石。'按：拖长江，即古之漏江也。《水经注》云'漏江，东与盘江合'。即拖长江也。东，猪场河注之。又东经厅城之北，而东南流经软故驿西，软桥水注之。又东南流，三一水注之。又东至天桥而伏流。明弘治中，普安夷妇米鲁反，筑三寨于拖长江侧，即筑于此水之侧也。又东南流出于普安县北，即古之蛇口是也。又流至安南县西北界，右纳者卜河水，亦即名者卜河，又东纳一水，又东至安南县北，右纳一水，而注于北盘江。"②

又兴仁县（今兴仁市）也称为汉漏江县地。

民国《兴仁县志》"考据"《漏江县兴古郡盘水县养龙坑》文曰：

汉武帝唐蒙通夜郎，降其侯多同，置县十七，漏江县即第十二县。《云南通志》："漏江县在今盘江境内。"《水经注》："榆江达兴古郡，东经漏江县，伏流山下，出蝮口，名漏江。"则漏江县之名，源于伏流之义矣。县境马白河自县城发源处流经泥浆河，汇岔普，凡七伏七见，盘江境内，所有河流，伏流未有如此河者。又泥浆河岸上有废城遗址，《水经》言东经漏江，马白河之源为马箐，马白箐果在县城之西，循流至丫桥，曲而北，绕县城，东流为屯桥河而注泥浆河，方位吻合，则县城即汉末之兴古郡矣。泥浆河废城非漏江县城而何耶？足迹今县城，汉建元时为漏江县境，蜀汉废之立兴古郡，县境之建置自此始矣。唐贞观八年，建盘水县，《兴义府志》载："新城为吴复因唐之盘水县城修筑者。"马白河环绕县城西北东三方，均距城余里，而双河又自马家屯来，环绕县西南而注杨泗河。因水环绕其四面，此县名盘水之所取义也。《水经》言榆江出蝮口。泥江河出软口河，蝮软形近，必誊或刻之误软为蝮。又榆泥音近，泥浆之水夹泥沙而下，作于泥色，恐《水经》之讹为榆也。大抵古人著书，多出采问，又南北读音有异，同必

---

① 张锳.兴义府志：卷二：沿革 [M].铅排本.贵阳：贵阳文通书局，1914：50.

② 张锳.兴义府志：卷十二：河渠道水道 [M].铅排本.贵阳：贵阳文通书局，1914：24.

误为二，此往往滋人疑也^①。

由此可知今贵州兴义、兴仁、安龙及广西隆林、西林等地一带或即汉之漏江县。

再来考察谈稿县。

《水经注》曰："豚水东北流，径谈稿县，东径牂牁郡且兰县，谓之牂牁水。水广数里，县临江上，故且兰侯国也。一名头兰，牂牁郡治也"。又载："温水自县西北流，径谈稿，与迷水合。（迷）水西出益州郡之铜濑县谈虏山，东径谈稿县，右注温水。温水又西径昆泽县南，又径味县，县故滇国都也。诸葛亮讨平南中，刘禅建兴三年，分益州郡，置建宁郡于此。"^②

从以上资料可知，谈稿县位于且兰县西侧，昆泽县东侧一带。

学术界本来还以为且兰县西侧有万寿县。此为方国瑜教授所考证，他认为："万寿应在且兰之西。兹释且兰城在都匀，则可释万寿城在贵阳，万寿即分且兰之西部设县，疑贵筑、贵定、龙里为万寿县地。"莫与俦《都匀府自南齐以上地理考》则称："此县当从且兰分出，据王隐《地道记》云，且兰有沅水，则所分万寿县者，盖县之北境。"民国《贵州通志·沿革考》以为万寿县在瓮安县，又以为石阡、余庆、瓮安诸县皆万寿县境，又以为绥阳县为万寿县之北壤，而县治所在瓮安、余庆之间^③。

本人认为，万寿县当从且兰县析东部而设，治今石阡县。

证据有二：一是《后汉书·郡国志》载："牂牁郡在洛阳西五千七百里。"^④《华阳国志》曰："牂牁郡……去洛五千六百一十里。"^⑤汉牂牁郡治且兰，晋治万寿，相差九十里，因此万寿县必在且兰县治之东。二是《华阳国志》称："郡治（即万寿县）有万寿山，沮，本有盐井，汉末夷民共诅盟不开，今三郡无盐。"^⑥今石阡县古即有万寿山。

① 张俊颖.兴仁县志：卷二十二：艺文志考据 [M].稿本，1934：26—27.
② 郦道元.水经注全译 [M].陈桥驿等，译注.贵阳：贵州人民出版社，2008：888.
③ 熊宗仁.夜郎研究选粹：学人见证 [M].贵阳：贵州人民出版社，2010：46.
④ 范晔.后汉书 [M].北京：中华书局，1965：3510.
⑤ 常璩.华阳国志 [M].济南：齐鲁书社，2010：52.
⑥ 常璩.华阳国志 [M].济南：齐鲁书社，2010：53.

明《黔记·山水志·石阡府山川》载:"万寿山,在乐桥,势极高耸,一名文笔。"① 又清咸丰《贵阳府志》也载:"按万寿山,在今石阡府治西(百)二十里乐桥,盖晋万寿县当在其左右,或即今石阡府也。"②

关于盐井,今石阡境内有盐蚓十多处,并有盐井的遗址遗名多处。如八担沟盐井田,相传古时产盛极丰,八担沟因而得名,直到20世纪70年代,人们才用石头填平为农田。贵州省业内专家也称,在贵州开阳、罗甸、水城、毕节、石阡、镇远等地均有产盐迹象。

或此也是唐武德四年(621年)在石阡境内设置夜郎县之渊源。因唐代李白流夜郎之逸事,该地曾在府城建有李白祠。

又考昆泽县。

《水经注》称:"温水又西径昆泽县南,又径味县,县故滇国都也。"③

这里不讲具体水系,仅做地理考察。则昆泽县应在味县东北方向,在谈稿县的西北方向。

味县乃蜀汉建宁郡的郡治,学术界一致认为在今云南省曲靖市城西一带,而其县作为郡治,规模当亦不小。故昆泽县当在今滇黔边一带,今云南富源县东南有块泽河,为南盘江支流九龙河的上游,当是古代之昆泽河,昆泽县由此得名。故昆泽县大体位于今块泽河流域的云南富源县、罗平县一带,可能还包括贵州盘州、普安县、兴义市等。

我们再来谈谈稿县的具体位置。

先看且兰县西境到哪里。

如且兰县割东部石阡及周边一带为万寿县,则其西部或又有开拓。

此洪亮吉所著《贵州水道考·沅水考》云:"检诸地志,贵筑、贵定、清平皆注故且兰地"。④

故界定且兰县西境达到贵阳,南境止于平塘北侧一带。则谈稿县

---

① 郭子章.黔记:卷十:山水志下:石阡府山川[M].赵平略,点校.成都:西南交通大学出版社,2016:4—5.

② 贵阳府志[M].贵阳:贵州人民出版社,2004:140—141.

③ 郦道元.水经注全译[M].陈桥驿等,译注.贵阳:贵州人民出版社,2008:887.

④ 洪亮吉.卷施阁文甲集·卷四·沅水考[M].聚珍仿宋版印本.北京:中华书局,1940:5.

的东境当从贵阳以西的清镇起，包括今安顺、平坝、长顺、惠水、镇宁、紫云等地，西至普定、关岭一带。

再来看牂牁郡的南境。应在广西境内。

关于毋敛县，据《水经注》载："豚水东北流，径谈稿县，东径牂牁郡且兰县，谓之牂牁水。……牂牁水又东南径毋敛县西，毋敛水出焉。又东，骊水出焉。又径郁林广郁县为郁水。又东北径领方县北，又东径布山县北，郁林郡治也。""又径中留县南，与温水合，又东入阿林县，潭水注之。"①

可知毋敛县在且兰县东南方向。

结合《水经注》："潭水又东南流，与刚水合。水西出牂牁毋敛县，王莽之有敛也，东至潭中入潭。"再结合《汉书·地理志》记载："牂牁郡毋敛县刚水东至潭中入潭。"

则此刚水即今之广西龙江河。

龙江河发源于贵州省三都县月亮山西南麓，流经贵州黔南州独山县、荔波县；广西河池市环江县、南丹县、金城江区、宜州市（今宜州区）、柳州市柳江县（今柳江区），在柳州市的柳城附近与融江交汇，汇成柳江后流经柳州市区。

郑珍在《牂牁十六县问答》中称今都江为刚水，其文称："刚水即今贵州之独山江，源自独山城西二里简丽寨，东南流，会都匀府王家司、八寨厅诸小水至三脚囤，名独山江，一名都江。经古州界，入广西天河县境，经思恩县、庆远府至柳城县城西，南合柳江。"

其关于独山江（都江）的流径有误。文中所称都江上游部分为独山江经三脚屯而至古州界部分是正确的，但下文有误，称其流入广西天河县（1952 年并入罗城县）经思恩县、庆远府至柳城县城西，他这是将龙江河支流发源于榕江县境内月亮山南麓的大小环江与都江接通了。这说明在古代，可能一向有此观点。郑珍为遵义人，对这一带应不熟悉，其所述都江流径资料当引用前代史籍。

而稍早于郑珍之前的独山籍著名学者莫与俦就对当地水系更加了解，但其却将都江（独山江）考证为汉毋敛刚水，并提出都江上游及

① 郦道元．水经注全译 [M].陈桥驿等，译注．贵阳：贵州人民出版社，2008：888.

相关的"都匀府之八寨厅、独山州、荔波县、都江通判、废平州、天坝、丹行、丹平、平浪诸司，黎平府之古州厅及广西之庆远府南丹州，其为汉毋敛县无疑。"①的观点应是错误的。

方国瑜也考证称："按毋敛刚水即独山江，一名都江，经古州入广西，至柳城县流入柳江，柳江即古潭水也，已说详《水道考》。""按此，以刚水考释，毋敛故地所说可取，惟一县之地不能如此辽阔，疑刚水上源为毋敛地，即今独山、荔波、三都等县。钱坫《新校注地理志》释刚水为蒙江，故谓毋敛在定番州境。又谓在柳州府怀远县，惟刚水即定周水，蒙江不足以当之，说详《水道考》。毋敛当在刚水上游，钱说误。"②

方国瑜是云南丽江人，虽是著名历史地理学家，但对当地具体水系也不甚了解。

此独山、荔波、三都、榕江交界一带，有月亮山脉阻隔，都江发源于月亮山西北麓的独山县，上游又称独山江，其东南流向，经今三都、榕江、从江等县，在月亮山东麓广西三江县向南，后称融江、柳江等。

而在月亮山西南麓的独山县、荔波县境内，有龙江河发源，又向东南流经河池，在东江接纳大环江河（发源于榕江县加牙村南部一带），在怀远接纳小环江河，向东流经宜州市（今宜州区）后又向东注入柳江。

因此，历史上常将独山江下游接入至龙江河上游，将古州江下游接入至大小环江上游。

方国瑜考证"疑刚水上源为毋敛地""毋敛当在刚水上游"应该是正确的。但刚水上源并不包括莫与俦所称的"都匀府之八寨厅、独山州、荔波县、都江通判、废平州、天坝、丹行、丹平、平浪诸司，黎平府之古州厅及广西之庆远府南丹州"等地，也不包括方国瑜所称的"今独山、荔波、三都等县"。上述地理位置中只有荔波县才可称为刚水上源，其他还包括今广西河池市区、环江县及宜州市（今河池市宜州区）等一带。

---

① 熊宗仁. 夜郎研究选粹：学人见证 [M]. 贵阳：贵州人民出版社，2010：46.
② 熊宗仁. 夜郎研究选粹：学人见证 [M]. 贵阳：贵州人民出版社，2010：46.

按水系划分来考察，则汉毋敛县当处于今贵州荔波及广西河池、环江等地。

又从"毋敛水出毋敛县西"可知，毋敛县治当在今河池市区或东江镇一带。

而龙江河中游的今广西宜州市（现为河池市宜州区）则当是汉代所置的定周县。该县晋代改置为龙刚县，唐代又称龙水县。此或即刚水、定周水、龙江河等出处。

可知毋敛县的东南侧，乃是郁林郡十二县之一的定周县。而定周县的东侧刚水入潭处一带则是郁林郡之潭中县。

而毋敛县的西北侧，可能是谈指县。谈指县又在且兰县的西南侧。

郑珍《牂牁十六县问答》称谈指县为兴义府之兴义县、贞丰州及罗斛、册亨、捧鲊，以及广西西隆州等州县。这是以夜郎县定为安顺一带而设置的。

本文以夜郎县治而定为今榕江古州，以水系而考察，则都江流域（不含下游广西融水和柳江）一带为夜郎县，其地包括今贵州独山县、都匀市南部、三都县、榕江县、从江县、黎平县，广西三江县、龙胜县、融安县北部等，及清水江以南的雷山、剑河、锦屏等地。

该夜郎国曾是联盟盟主，其境当大于其他诸国。

据范晔《后汉书·志第二十三：郡国五》记载："夜郎：出雄黄、雌黄。"[1]

今榕江县及都江上游一带有雄黄、雌黄等矿产资源。

据桂林有色矿产地质研究院工程师张新海与高级工程师单志强等人发表的《贵州榕江县某锑矿石选矿试验研究》称："榕江县干河沟锑矿石中矿物类型较为单一，主要矿石矿物为辉锑矿、黄铁矿和毒砂，少量闪锌矿，微量辰砂、雄黄和雌黄。"[2] 可知榕江县境内有辰砂、雄黄、雌黄等储备。

北宋咸平元年（998 年），古州刺史向通展向宋真宗进贡芙蓉朱砂二器及水银千两等，其中或亦涉及雄黄、雌黄。

① 范晔. 后汉书 [M]. 北京：中华书局，1965：3510.
② 张新海，单志强等. 贵州榕江县某锑矿石选矿试验研究 [J]. 矿产综合利用，2016：35.

有关资料称，元至元二十年（1283 年），都柳江上游的烂土、陈蒙等处长官司要求内属，改为陈蒙、合江州，规定按期向封建王朝纳贡丹砂、雄黄以及马匹、雨毡等物。

都江上游都匀城西一带旧有雄黄洞。

《大清一统志·卷三百九十四：都匀府》亦载："雄黄洞，在府城西平浪废司西北二十里。"

夜郎县是晋代所设之夜郎郡的郡治。

《华阳国志·南中志》载："夜郎郡，故夜郎国也。属县二，户千。""夜郎县，郡治，有遯水通广郁林。有竹王三郎祠，甚有灵响也。"①

《宋书·州郡志》有载夜郎郡、牂牁郡去州治里程，载曰："夜郎郡去州一千里。牂牁郡去州一千五百里。"②

方国瑜承郑珍以今安顺为夜郎郡治，又考证今贵阳为万寿县，于是撰文称："是时，宁州治味县，在今曲靖，牂牁郡治万寿县，在今贵阳，则夜郎在自曲靖至贵阳三分之二途中。从以上考校，夜郎应在今安顺一带。"③

但此处之破绽在于，今安顺到曲靖的距离 250 多千米，合五百余里，而贵阳至曲靖的距离为 750 千米，合 750 里。当时地理里程，虽是略记，但从州到郡当不会有较大差距。如以榕江古州（夜郎县治）到曲靖，则有 500 千米约合 1000 里之数，又石阡（万寿县治）到曲靖，约有 750 千米略为 1500 里之数，孰是孰非一目了然。

以榕江县为夜郎县治，即古夜郎国都，亦是后来之夜郎郡郡治。

南朝时期，此郡被废，县亦被废。当地被少数民族改为部落自治。历史遂此断代及失传。至唐贞观年间（627—649 年）始析龙标县（即原镡成县，后改无阳县、潕阳县）而置夜郎、朗溪、思征三县，隶巫州。此夜郎县当是从今榕江县的原夜郎县移设过去的。

夜郎县东侧，蜀汉后曾设并渠县，此为当时牂牁郡八县之一。此县汉代无，可能是从夜郎县析东部一带而置。

---

① 常璩. 华阳国志 [M]. 济南：齐鲁书社，2010：53.
② 宋书 [M]. 北京：中华书局，1974：1184.
③ 熊宗仁. 夜郎研究选粹：学人见证 [M]. 贵阳：贵州人民出版社，2010：51.

考证并渠县的人很少，方国瑜曾有提及，但也不详所出。《晋书·地理志》称，牂牁郡有并渠县，宋、齐志无之。

本人认为，此并渠县当在夜郎县东侧，即今渠江上游的湖南会同县南部、靖州县、通道县及贵州黎平县东侧一带。此地汉代当乃夜郎国、夜郎县领地，渠江或由此可知，并渠县治或在靖州。

沅江南岸支流渠江、亮江流域当是夜郎国在秦代防御楚国的重要前沿。

蜀汉时期以牂牁郡西部及西南部诸县而于新置之建宁郡、兴古郡。可能将北盘江以西及乌江源头的县给了郡治设在今滇黔边曲靖市一带的建宁郡，其所统八县除南部诸县还略及湖南、广西境域，其余皆在贵州境内，集中于今北盘江以东、赤水河东南、红水河东北、渠江以西等区域。

再来考证谈指县。

据《华阳国志》记载，西晋末年，当时担任南夷校尉、宁州刺史的王逊平叛西南夷之乱后支持琅琊王司马睿称帝，并奏请在宁州境内新立平夷、南广、夜郎和梁水四郡。其中夜郎郡、平夷郡皆从牂牁郡中析置。平夷郡辖平夷县、鳖县；夜郎郡辖夜郎县、谈指县；牂牁郡辖万寿县、且兰县、广谈县、毋敛县。

并渠县或又重新并入夜郎县，而广谈县可能从谈指县、且兰县析置而来。谈指县既与夜郎县同辖属夜郎郡，则当在夜郎县相邻处。

考夜郎县北侧接万寿县，东接武陵郡镡成县，南与毋敛县及广郁郡潭中县接壤，西北邻且兰县，故西及西南则当是谈指县。

谈指县当也位于谈稿县的东南侧。

按水系考察，其地当位于曹渡河、蒙江中下游及注入红水河的沿岸一带，大体位于今广西南丹北部、天峨县及贵州平塘、罗甸县一带。

范晔《后汉书·志第二十三·郡国五牂牁郡》载："谈指：出丹。《南中志》曰：有不津江，江有瘴气。"[1]

可知谈指县以出丹砂和有不津江而闻名。

此不津江当指红水河，不津当指不可渡、不通航。盖旧时这一带

---

① 范晔. 后汉书 [M]. 北京：中华书局，1965：3510.

坡陡水急，峡谷纵横，无处可渡，又难以可渡，而又瘴疠丛生，故名曰："不津江，江有瘴气。"

而谈指县出丹砂或指今广西南丹县，该县在北宋元丰（1085年）前以出产朱砂（又称丹砂）向朝廷进贡有名，又地处南方故称南丹州。

"贵州平塘、罗甸及周边惠水、独山一带也已探明发现有汞矿。"①

又句町县、漏卧县，也都曾是西汉牂牁郡之属县，蜀汉时划给兴古郡。

句町县，《水经注卷三十六·温水》载："温水又东径增食县，有文象水注之，其水导源牂牁句町县。应劭曰：故句町国也。"②

文象水今一般认为是右江源头一支流——西洋江的古称，如以此考证，则西洋江注入右江处的今广西百色市田林县当是汉增食县，而句町县当在增食县的西侧或西北侧。方国瑜教授也据此考证句町县在今西洋江源头的今云南广南、富宁，广西之西隆、西林、凌云、百色等县一带。称句町在西汉势力强大，曾封其大长以王号，称强于一隅，势力所及者广，然其本土必不限一县或少数县等地③。但道光《云南通志》则记载今广西河池市的龙江河上游为文象水原型，称"庆远府之龙江则古文象水"。本人折合以上两水，认为今红水河之中游及其支流布柳河为古文象水，因为古代不知道红水河上游与南北盘江下游可通至迁江、来宾。或认为布柳河为红水河的上游（布柳河发源于广西壮族自治区凌云县岑王老山，流经凌云县、乐业县、天峨县三县，于天峨县八耐屯汇入红水河，全长160千米），以为红水河在今广西武鸣以西一带注入右江。

因此，汉句町县当是在今广西凌云县、乐业县、凤山县、东兰县、巴马县、都安县及周边一带。

《华阳国志·卷四：南中志》载："句町县，故句町王国名也。其置自濮王，姓毋，汉时受封迄今。"④故此句町县或与毋敛县相邻。

又漏卧县，此亦西汉时侯国，汉成帝时曾与夜郎、句町相攻。

① 曾超. 乌江丹砂开发史考 [J]. 涪陵师范学院学报，2006，22（4）：25.
② 郦道元. 水经注全译 [M]. 陈桥驿等，译注. 贵阳：贵州人民出版社，2008：887.
③ 熊宗仁. 夜郎研究选粹：学人见证 [M]. 贵阳：贵州人民出版社，2010：58.
④ 常璩. 华阳国志 [M]. 济南：齐鲁书社，2010：59.

方国瑜称，郑珍以云南之广南府及广西州是漏卧县地。他认为，漏卧既为侯国故地，疆域当较广，提出今贵州兴义、安龙地区疑亦为漏卧故地①。而道光《云南通志》中则曾提到："漏卧当在今安顺府镇宁县等处。"②

本人折合二说，认为今贵州贞丰、册亨、望谟县等南北盘江交汇处一带当是漏卧县。

主要是考虑漏卧与漏江都以漏为名，可能邻近。而且兼顾漏卧与句町、夜郎三国互相攻击的地理因素。

这样，今贵州境内的牂牁郡属县地理基本考毕。仅余毋单县，毋单县也是蜀汉时牂牁郡划西部给建宁郡的三县之一。

关于其地理，道光《云南通志》称："毋单在今贵州地。"郑珍考为："今云南曲靖府之罗平州、贵州兴义府之慕役司、普安州，皆毋单地。"③王燕玉考证，毋单为今云南路南、泸西、师宗三县所围境地。方国瑜称，今云南华宁县地为毋单地。

《水经注》称："桥水又东流至毋单县，注于温。"④此"桥水入温"指的是南盘江接入右江流域。

故本人折合上述诸说，认为毋单县为今云南罗平、丘北、泸西三县合围之地，主体当在丘北县一带。

牂牁郡所析给兴古郡的三个县：镡封、宛温、进乘，则都可能在今广西、云南交界一带及云南境内。

镡封县有在今桂滇边交界一带及广西境内、云南境内等多种说法。如郑珍考："镡封当在今广西太平府（今崇左市）、镇安府（今广西德保县）之间。"道光《云南通志》称："镡封当在今广南北境，邱北县丞、广西西林县、西隆州境。"⑤

因《汉书·地理志》载："镡封，温水东至广郁入郁，过郡二，行

① 熊宗仁. 夜郎研究选粹：学人见证 [M]. 贵阳：贵州人民出版社，2010：59.
② 熊宗仁. 夜郎研究选粹：学人见证 [M]. 贵阳：贵州人民出版社，2010：59.
③ 熊宗仁. 夜郎研究选粹：学人见证 [M]. 贵阳：贵州人民出版社，2010：54.
④ 郦道元. 水经注全译 [M]. 陈桥驿等，译注. 贵阳：贵州人民出版社，2008：887.
⑤ 熊宗仁. 夜郎研究选粹：学人见证 [M]. 贵阳：贵州人民出版社，2010：57.

五百六十里。"① 可知，镡封县与广郁县仅距五百六十里（280 千米），如广郁县在今广西宾阳县至横县交界一带，则镡封县可能在今广西百色市至田阳、田东县一带。

而温水可能指的是今右江。其上合梁水，梁水即指南盘江。故梁水郡及梁水县当在曲江、泸江注入南盘江的今云南开远市东北、弥勒市以南的南盘江沿岸。

王燕玉教授称，宛温县在今贵州兴义、兴仁及云南罗平东部地域。方国瑜教授称，为今贵州盘县（现为盘州市）及云南富源二县地。道光《云南通志》称，云南宣威州在两汉时为牂牁郡宛温县。道光《云南志钞》称，云南沾益州为汉宛温县。

宛温县当与温水有关，上述内容即以南盘江源头或上游为据。但《南中志》又称："县北三百里有盘江，广数百步，深十余丈。此江有毒气。"② 此盘江当指北盘江，毒气即瘴气，学术界一般以为其在北盘江中下游，故此宛温县当在北盘江中下游贞丰县之南或西南方向约150 千米处，大约在今云南广南县、富宁县北部一带。本文以温水为右江，这一带也是右江的发源处。

进乘县，又称进桑县，清代郑珍认为，在今云南普洱市镇沅县。王燕玉教授称，在今云南蒙自县（现为蒙自市）。方国瑜教授称，在今云南河口、马关、文山一带。

本人基本认同方国瑜教授的观点，认为可能在今云南砚山、文山、马关县一带。

西随、都梦两县，可能在今云南西畴县、麻栗坡县及屏边县一带，均临近越南国。

① 班固. 汉书 [M]. 北京：中华书局，1962：1602.
② 范晔. 后汉书 [M]. 北京：中华书局，1965：3511.

第六章　主流史书"前三史"关于夜郎国的有关记载

中国古代以"二十四史"为主流正史，后来又有"二十五史"之说。

二十四史，是中国古代各朝撰写的二十四部史书的总称。

三国时期，社会上已有"三史"之称。"三史"通常是指《史记》《汉书》和东汉刘珍等写的《东观汉记》。《后汉书》出现后，取代了《东观汉记》，列为"三史"之一。后又有"十史"，分别是记载三国、晋朝、南朝宋、南朝齐、南朝梁、南朝陈、北魏、北齐、北周、隋朝十个王朝的史书。故后代将"三史"与"十史"合称为"十三代史"，"十三代史"包括了《史记》《汉书》《后汉书》和《三国志》《晋书》《宋书》《南齐书》《梁书》《陈书》《魏书》《北齐书》《周书》《隋书》。到了宋代，在"十三史"的基础上，加入《南史》《北史》《新唐书》《新五代史》，形成了"十七史"。明代又增《宋史》《辽史》《金史》《元史》，合称"二十一史"。清乾隆初年，刊行《明史》，加先前各史，总名"二十二史"。后来又增加了《旧唐书》，成为"二十三史"。后来从《永乐大典》中辑录出来的《旧五代史》也被列入期中，经乾隆皇帝钦定，合称"钦定二十四史"。乾隆四年至四十九年（1739—1784 年）武英殿刻印的《钦定二十四史》，是中国古代正史最完整的一次大规模汇刻。1920 年，柯劭忞撰《新元史》脱稿，1921 年大总统徐世昌以《新元史》为正史，与"二十四史"合称"二十五史"。但也有人不将《新元史》列入，而改将《清史稿》列为"二十五史"之一。

故"前三史"通常是指《史记》《汉书》《后汉书》。

一、西汉司马迁《史记》关于夜郎国的记载

关于夜郎国的记载最早出现在西汉司马迁所撰《史记》中。全文曰：

西南夷君长以什数，夜郎最大；其西靡莫之属以什数，滇最大；自滇以北君长以什数，邛都最大：此皆魋结，耕田，有邑聚。其外西自同师以东，北至楪榆，名为嶲、昆明，皆编发，随畜迁徙，毋常处，毋君长，地方可数千里。自嶲以东北，君长以什数，徙、筰都最大；自筰

以东北，君长以什数，厓骓最大。其俗或士箸，或移徙，在蜀之西。自厓骓以东北，君长以什数，白马最大，皆氐类也。此皆巴蜀西南外蛮夷也。

始楚威王时，使将军庄蹻将兵循江上，略巴、黔中以西。庄蹻者，故楚庄王苗裔也。蹻至滇池，方三百里，旁平地，肥饶数千里，以兵威定属楚。欲归报，会秦击夺楚巴、黔中郡，道塞不通，因还，以其众王滇，变服，从其俗，以长之。秦时常頞略通五尺道，诸此国颇置吏焉。十余岁，秦灭。及汉兴，皆弃此国而开蜀故徼。巴蜀民或窃出商贾，取其筰马、僰僮、髦牛，以此巴蜀殷富。

建元六年，大行王恢击东越，东越杀王郢以报。恢因兵威使番阳令唐蒙风指晓南越。南越食蒙蜀枸酱，蒙问所从来，曰"道西北牂柯，牂柯江广数里，出番禺城下"。蒙归至长安，问蜀贾人，贾人曰："独蜀出枸酱，多持窃出市夜郎。夜郎者，临牂柯江，江广百余步，足以行船。南越以财物役属夜郎，西至同师，然亦不能臣使也。"蒙乃上书说上曰："南越王黄屋左纛，地东西万余里，名为外臣，实一州主也。今以长沙、豫章往，水道多绝，难行。窃闻夜郎所有精兵，可得十余万，浮船牂柯江，出其不意，此制越一奇也。诚以汉之强，巴蜀之饶，通夜郎道，为置吏，易甚。"上许之。乃拜蒙为郎中将，将千人，食重万余人，从巴蜀筰关入，遂见夜郎侯多同。蒙厚赐，喻以威德，约为置吏，使其子为令。夜郎旁小邑皆贪汉缯帛，以为汉道险，终不能有也，乃且听蒙约。还报，乃以为犍为郡。发巴蜀卒治道，自僰道指牂柯江。蜀人司马相如亦言西夷邛、筰可置郡。使相如以郎中将往喻，皆如南夷，为置一都尉，十余县，属蜀。

当是时，巴蜀四郡通西南夷道，戍转相饟。数岁，道不通，士罢饿离湿死者甚众；西南夷又数反，发兵兴击，耗费无功。上患之，使公孙弘往视问焉。还对，言其不便。及弘为御史大夫，是时方筑朔方以据河逐胡，弘因数言西南夷害，可且罢，专力事匈奴。上罢西夷，独置南夷夜郎两县一都尉，稍令犍为自葆就。

及元狩元年，博望侯张骞使大夏来，言居大夏时见蜀布、邛竹、杖，使问所从来，曰"从东南身毒国，可数千里，得蜀贾人市"。或闻邛西可二千里有身毒国。骞因盛言大夏在汉西南，慕中国，患匈奴隔其道，诚通蜀，身毒国道便近，有利无害。于是天子乃令王然于、柏始昌、吕越人等，使间出西夷西，指求身毒国。至滇，滇王尝羌乃留，为求道西十余辈。岁余，皆闭昆明，莫能通身毒国。

滇王与汉使者言曰："汉孰与我大？"及夜郎侯亦然。以道不通故，各自以为一州主，不知汉广大。使者还，因盛言滇大国，足事亲附。天子注意焉。

及至南越反，上使驰义侯因犍为发南夷兵。且兰君恐远行，旁国虏其老弱，乃与其众反，杀使者及犍为太守。汉乃发巴蜀罪人尝击南越者八校尉击破之。会越已破，汉八校尉不下，即引兵还，行诛头兰。头兰，常隔滇道者也。已平头兰，遂平南夷为牂柯郡。夜郎侯始倚南越，南越已灭，会还诛反者，夜郎遂入朝。上以为夜郎王。

南越破后，及汉诛且兰、邛君，并杀笮侯，冉駹皆振恐，请臣置吏。乃以邛都为越巂郡，笮都为沈犁郡，冉駹为汶山郡，广汉西白马为武都郡。

上使王然于以越破及诛南夷兵威风喻滇王入朝。滇王者，其众数万人，其旁东北有劳浸、靡莫，皆同姓相扶，未肯听。劳浸、靡莫数侵犯使者吏卒。元封二年，天子发巴蜀兵击灭劳浸、靡莫，以兵临滇。滇王始首善，以故弗诛。滇王离难西南夷，举国降，请置吏入朝。于是以为益州郡，赐滇王王印，复长其民。

西南夷君长以百数，独夜郎、滇受王印。滇小邑，最宠焉[1]。

从以上资料可知，夜郎国是西南地区最大的国家，该国北邻巴蜀，西接靡莫及滇国，东临原楚国黔中等地，南与南越国接壤。夜郎国应该是个联盟制国家，且兰是其国内的重要联盟国，该国设在夜郎通往滇国的常道上。夜郎国以农耕为主，有邑聚城市，且人都结发而束，说明已开始受中原文化影响。

夜郎国与滇国的关系不详，但与南越国关系密切，并且水运相通，货物贸易频繁，夜郎国王都当是西南夷地区的主要政治和经济中心，也是巴蜀地区与南越国之间的主要货物中转集散枢纽。汉武帝派遣出使南越国的番阳令唐蒙是一位收集信息情报的高手。他的一趟南越国之行，就使汉武帝掌握了巴蜀与夜郎国之间的贸易商道，蜀郡的特产枸酱就由

---

① 司马迁. 史记 [M]. 北京：中华书局，1963：2991—2997.

蜀商运输至夜郎国，然后通过夜郎与南越之间的便捷水运收集南越国都番禺等地的信息。于是汉武帝想到了通过借道夜郎而伐南越的借虞灭虢（或称假道伐虢）之计。

汉武帝遂先派唐蒙携带大量礼物说服了夜郎王在其北部边境设立了由朝廷所辖的犍为郡，当然该郡所辖主要都是从原巴蜀地区划过来的县，汉武帝还将夜郎王子选任为郡治所在地的县令。同时，汉武帝发动巴蜀兵卒建筑从蜀郡南部僰道县（此时已划归犍为郡）指向牂牁江（即夜郎国都）的通道，为下步借道夜郎而伐南越做准备。

当时汉武帝专注于对北方匈奴的征伐，无力兼攻西南诸国，于是针对桀骜不驯、时常反叛的西夷诸国，取消了都尉及县级设置。而对当时被称为南夷的夜郎国，则又在其国内设置了南夷夜郎两县及一都尉，并且令犍为郡守自我保护。

不久，博望侯张骞出使西域归来，向汉武帝又汇报了从西夷西有道路经身毒国通大夏的情报，于是汉武帝又遣使王然于等从蜀先至滇国，又西经昆明国赴身毒，但王然于等在昆明国受阻而返，于是又返滇国，然后途经夜郎国回京。王然于等在经滇国、夜郎国时都受到了热情接待，两国都提出了"汉孰与我大？"的提问，但在后世夜郎国以"夜郎自大"而闻名。

夜郎国在当时的国际关系中，与南越国互为支持。在《史记·南越国传》中，提到汉武帝发四路大军伐南越的部署，其中一路就是从夜郎国发兵从牂牁江出击。但该路大军由于夜郎国内部最重要的联盟国且兰国反汉叛乱，没能南下击越，而是就近引兵还回，平息且兰之乱，诛灭了且兰国王头兰。由此可知夜郎国在且兰国的南侧或东南侧位置。

朝廷在消灭且兰国后就在其地置牂牁郡。所辖境域涉及夜郎国全境。夜郎国时自立为侯国，于是入汉朝称臣，朝廷封为夜郎王，赐予王印。不久，滇国也向汉武帝称臣，汉朝亦封王并赐王印，并在其地置益州郡，对两国实施郡国双轨制。西南夷诸国中，只有夜郎与滇两国独授王印，汉滇王印1956年已在滇池附近昆明晋宁区出土，这说明司马迁《史记》所记乃是信史。《史记》所载西南夷史料可作为考证夜郎国的最权威资料。

二、东汉班固《汉书》有关夜郎国的记载

西汉司马迁《史记》所载历史下限于其所生活的汉武帝时期，至东汉初著名史学家班固作西汉史时，也在其著作《汉书》中收录有西汉时尚存后被诛灭的夜郎国史料。其中许多内容与《史记》所载重复，只有个别调整，如唐蒙使夜郎《史记》称从巴蜀筰关入，而《汉书》改称从巴苻关入。这里不再赘述，而选其未述者载录如下：

后二十三岁，孝昭始元元年，益州廉头、姑缯民反，杀长吏。牂牁、谈指、同并等二十四邑，凡三万余人皆反。遣水衡都尉发蜀郡、犍为奔命万余人击牂牁，大破之。后三岁，姑缯、叶榆复反，遣水衡都尉吕辟胡将郡兵击之。辟胡不进，蛮夷遂杀益州太守，乘胜与辟胡战，士战及溺死者四千余人。明年，复遣军正王平与大鸿胪田广明等并进，大破益州，斩首捕虏五万余级，获畜产十余万。上曰："句町侯亡波率其邑君长人民击反者，斩首捕虏有功，其立亡波为句町王。大鸿胪广明赐爵关内侯，食邑三百户。"后间岁，武都氐人反，遣执金吾马适建、龙额侯韩增与大鸿胪广明将兵击之。

至城帝河平中，夜郎王兴与句町王禹、漏卧侯俞更举兵相攻。牂牁太守请发兵诛兴等，议者以为道远不可击，乃遣太中大夫蜀郡张匡持节和解。兴等不从命，刻木象汉吏，立道旁射之。杜钦说大将军王凤曰："太中大夫匡使和解蛮夷王侯，王侯受诏，已复相攻，轻易汉使，不惮国威，其效可见。恐议者选耎，复守和解，太守察动静有变，乃以闻。如此，则复旷一时，王侯得收猎其众，申固其谋，党助众多，各不胜忿，必相殄灭。自知罪成，狂犯守尉，远臧温暑毒草之地，虽有孙、吴将，贲、育士，若入水火，往必焦没，知勇亡所施。屯田守之，费不可胜量。宜因其罪恶未成，未疑汉家加诛，阴敕旁郡守尉练士马，大司农豫调谷积要害处，选任职太守往，以秋凉时入，诛其王侯尤不轨者。即以为不毛之地，亡用之民，圣王不以劳中国，宜罢郡，放弃其民，绝其王侯勿复通。如以先帝所立累世之功不可堕坏，亦宜因其萌牙，早断绝之，及已成形然后战师，则万姓被害。"

大将军凤于是荐金城司马陈立为牂牁太守。立者，临邛人，前为连然长，不韦令，蛮夷畏之。及至牂牁，谕告夜郎王兴，兴不从命，立请诛之。未报，乃从吏数十人出行县，至兴国且同亭，召兴。兴将数千人往至亭，从邑君数十人入见立。立数责，因断头。邑君曰："将

军诛亡状，为民除害，愿出晓士众。"以兴头示之，皆释兵降。句町王禹、漏卧侯俞震恐，入粟千斛，牛、羊劳吏士。立还归郡，兴妻父翁指与兴子邪务收余兵，迫胁旁二十二邑反。至冬，立奏募诸夷与都尉长史分将攻翁指等。翁指据厄为垒，立使奇兵绝其饷道，纵反间以诱其众。都尉万年曰："兵久不决，费不可共。"引兵独进，败走，趋立营。立怒，叱戏下令格之。都尉复还战，立引兵救之。时天大旱，立攻绝其水道。蛮夷共斩翁指，持首出降。立已平定西夷，征诣京师。会巴郡有盗贼，复以立为巴郡太守，秩中二千石居，赐爵左庶长。徙为天水太守，劝民农桑为天下最，赐金四十斤。入为左曹卫将军、护军都尉，卒官①。

以上所写是汉武帝以后汉孝昭帝刘弗陵至孝成皇帝刘骜年间大约六十年的历史，其中记载了几件有关夜郎国的重大事件。前段是汉孝昭帝时期西南夷地区叛乱，波及面很广，从叶榆到牂牁，即从今云南大理洱海一带到沅江源头的贵州麻江、凯里等地区，事件非常严重，朝廷委任的益州郡太守也被杀死了，这时句町侯国君长亡波率其民投汉平叛有功，被赏为句町王。这次叛乱夜郎国没有参与，但也没有支持朝廷，因此可能受到朝廷猜忌。

于是到了汉孝成皇帝刘骜在位的河平年间，夜郎国受到了朝廷支持的句町王国和漏卧侯国的举兵相攻，应该是夜郎国实力较强，句町王国和漏卧侯国受到了重大打击，于是牂牁郡太守请求朝廷发兵援助，并诛灭夜郎国。

从以上资料说明，可知句町王国和漏卧侯国应位于益州郡治与夜郎国之间，及三国之间当相临近。

牂牁郡太守请求汉朝发兵并诛灭夜郎国的奏报上达朝廷后，大臣商议后认为路太远出兵成本太高，于是先派太中大夫蜀郡守张匡持节先去调解，但却受到了夜郎国王兴的轻视和怠慢，夜郎国由此结怨朝廷。当时朝廷中部分大臣仍坚持对夜郎国采取放任政策，主张放弃，"宜罢郡，放弃其民，绝其王侯勿复通"。但当时主持朝廷权政的是汉孝成帝的舅舅王凤，以大司马大将军领尚书事，大权独揽，他主张对夜郎国采取强

①　班固．汉书[M]．北京：中华书局，1964：3843—3845.

硬措施，于是调派蛮夷畏惧的原益州郡不韦县令、时任金城郡司马的陈立出任牂牁郡太守，并谕示陈立，如夜郎王兴不从命立请诛之。陈立于是当任牂牁郡，马上召兴前来，数责问罪之，并把夜郎王兴诛杀并悬头示众。于是夜郎国部属大臣等纷纷投诚，但夜郎王兴的岳父翁指与兴子邪务收集精兵，并迫胁夜郎国二十二邑反叛，陈立也在朝廷都尉及投诚诸夷的支持下开展反击，双方相持而战，都尉万年贪功冒进而败。陈立采取围攻的办法，将夜郎叛兵围困在山上，断其粮道和水源，最终夜郎兵斩其首领翁指出降，而兴子邪务去向不详。陈立后又平定西夷，出任巴郡太守、天水太守等职。

三、南朝范晔《后汉书》关于夜郎国的记载

继《汉书》以后的正史是《后汉书》，为南朝宋时期著名史学家范晔所撰。范晔出身河南顺阳范氏，博览群书。元熙二年（420年），宋武帝刘裕即位后，范晔任彭城王冠军将军刘义康长史，不久迁为秘书丞，后担任征南大将军檀道济的司马、兼新蔡太守，升尚书郎中。元嘉九年（432年）因行为失当贬为宣城太守，遂开始撰写《后汉书》。元嘉十七年（440年），投靠始兴王刘浚，历任徐州长史、南下邳太守、左卫将军、太子詹事。元嘉二十二年（445年），拥戴彭城王刘义康即位，事败被杀，时年四十八岁。

范晔《后汉书》中有《南蛮西南夷列传》，提到夜郎国事及有关传说。载曰：

西南夷者，在蜀郡徼外。有夜郎国，东接交址，西有滇国，北有邛都国，各立君长。其人皆椎结左衽，邑聚而居，能耕田。其外又有巂、昆明诸落，西极同师，东北至叶榆，地方数千里。无君长，辫发，随畜迁徙无常。自巂东北有莋都国，东北有冉駹国，或土著，或随畜迁徙。自冉駹东北有白马国，氐种是也。此三国亦有君长。

夜郎者，初有女子浣于遯水，有三节大竹流入足间，闻其中有号声，剖竹视之，得一男儿，归而养之。及长，有才武，自立为夜郎侯，以竹为姓。武帝元鼎六年，平南夷，为牂牁郡，夜郎侯迎降，天子赐其王印绶。后遂杀之。夷獠咸以竹王非血气所生，甚重之，求为立后。牂牁太守吴霸以闻，天子乃封其三子为侯。死，配食其父。今夜郎县有竹王三郎神是也。

初，楚顷襄王时，遣将庄豪从沅水伐夜郎，军至且兰，椓船于岸而步战。既灭夜郎，因留王滇池。以且兰有椓船牂牁处，乃改其名为牂牁。牂牁地多雨潦，俗好巫鬼禁忌，寡畜生，又无蚕桑，故其郡最贫。句町县有桄榔木，可以为面，百姓资之。公孙述时，大姓龙、傅、尹、董氏，与郡功曹谢暹保境为汉，乃遣使从番禺江奉贡。光武嘉之，并加褒赏。桓帝时，郡人尹珍自以生于荒裔，不知礼义，乃从汝南许慎、应奉受经书图纬，学成，还乡里教授，于是南域始有学焉。珍官至荆州刺史①。

《后汉书》中提及夜郎国"东接交趾，西有滇国，北有邛都国"。此或即古代的一种俗称，古代以今广西百色市以南为交趾地，说明夜郎国的南界可能到达今百色市以南区域。第二段中提及东汉以后原夜郎国核心地夜郎县一带所流传的遁水浣女得流竹剖为儿养之，而自立为夜郎侯的传说，并结合《史记》《汉书》载其赐王授印及被诛杀事，夜郎王死后，夷獠仍向牂牁太守吴霸推荐其三子为侯，故当地又有竹王三郎神崇拜，并配食其父，故或有祠庙。第三段中提及牂牁地名之由来，并将《史记》《汉书》中关于楚将军庄蹻将兵循江上至滇池，以其众王滇，即建立滇国事，改为"楚顷襄王时，遣将庄豪从沅水伐夜郎，军至且兰，椓船于岸而步战。既灭夜郎，因留王滇池。"一是时间改了，从楚威王时改成楚顷襄王时；二是将楚将名字也改了，将庄蹻改称豪；三是江名也改了，原称循江上至滇池，一般认为循长江，现改为从沅水，即今沅江；四是路线、地点也改了，原称至滇池，即将兵循江上略巴、黔中以西而至滇池，改成了从沅水伐夜郎，军至且兰，椓船于岸而步战，既灭夜郎，因留王滇池。变成经过夜郎而至滇国。该段中还提到牂牁郡"地多雨潦，俗好巫鬼禁忌，寡畜生，又无蚕桑，故其郡最贫"。境内的"句町县有桄榔木，可以为面，百姓资之。"新莽末年，天下大乱，公孙述割据以代理辅汉将军、蜀郡太守兼益州牧印绶起家，称帝于蜀，国号成家，后被光武帝刘秀征灭。当时公孙述并未深入牂牁郡地区，于是当地大姓龙、傅、尹、董氏与郡功曹谢暹保境自治，并遣使从牂牁江转番禺江向汉武帝投诚进贡，等等。《后汉书》中关于夜郎国的史料可能出

---

① 范晔.后汉书 [M].北京：中华书局，1973：2844—2845.

自稍早于其成书晋常璩所撰《华阳国志》，两者内容多相似。据《后汉书》所载，后人一般认为沅水上游的最后一处水运码头旁即是牂牁郡治及且兰县的所在地。

第七章　东晋以来夜郎郡县的设置和演变

一、东晋南朝时期的夜郎郡县在牂牁郡治之南

东晋时期，朝廷从牂牁郡中分析而置夜郎郡，郡治在夜郎县。这当然是仍承袭汉夜郎国核心区及汉夜郎县之地。

在《晋书》的记载中，牂牁郡统县八，户一千二百，分别是万寿、且兰、谈指、夜郎、毋敛、并渠、鳖、平夷等县①。

《晋书》又称："太康三年，武帝又废宁州入益州，立南夷校尉以护之。太安二年，惠帝复置宁州，又分建宁以西七县别立为益州郡。永嘉二年，改益州郡曰晋宁，分牂牁立平夷、夜郎二郡，然是时其地再为李特所有。其后李寿分宁州兴古、永昌、云南、朱提、越巂、河阳六郡为汉州。（东晋）咸康四年，分牂牁、夜郎、朱提、越巂四郡置安州。八年，又罢并宁州。以越巂还属益州，省永昌郡焉。"②

东晋后来被陈霸先所建立的宋国取代，历史进入南朝时期。

关于夜郎郡的设置，南朝《宋书》中也有记载："夜郎太守，晋怀帝永嘉五年，宁州刺史王逊分牂牁、朱提、建宁立。领县四，户二百八十八。去州一千；去京都水一万四千。"③

由此，夜郎郡被认为是在西晋怀帝永嘉五年（311 年）所设，比《晋书》所载早 20 多年。

《宋书》还记载，夜郎郡所辖四县之长官，分别称："夜郎令，汉旧县，属牂牁。""广谈长，《晋太康地志》属牂牁。""谈乐长，江左立。""谈柏令，汉旧县，属牂牁。"④

在《宋书》中，还记载了牂牁、平蛮、兴古、建宁、武陵、郁林等周边各郡的情况：

牂牁太守，汉武帝元鼎六年立。领县六，户一千九百七十。去州一千五百；去京都水一万二千。万寿令，晋武帝立。且兰令，汉旧县

---

① 房玄龄.晋书 [M].北京：中华书局，1974：440.
② 房玄龄.晋书 [M].北京：中华书局，1974：441.
③ 沈约.宋书 [M].北京：中华书局，1974：1184.
④ 沈约.宋书 [M].北京：中华书局，1974：1184—1185.

云故且兰,《晋太康地志》无。故毋敛令,汉旧县。晋乐令,江左立。丹南长,江左立。新宁长,何、徐不注置立①。

平蛮太守,晋怀帝永嘉五年,宁州刺史王逊分牂牁、朱提、建宁立平夷郡,后避桓温讳改。领县二,户二百四十五。去京都水一万三千。平蛮令,汉旧县,属牂牁,故名平夷。鳖令,汉旧县,属牂牁②。

兴古太守,汉旧郡,《晋太康地志》故牂牁。何志刘氏分建宁、牂牁立,则是后汉末省也。领县六,户三百八十六。去州二千三百;去京都水一万六千。漏卧令,汉旧县。属牂牁。宛暖令,汉旧,属牂牁。本名宛温,为桓温改。律高令,汉旧县,属益州郡,后省。晋武帝咸宁元年,分建宁郡修云、俞元二县间流民复立律高县。修云、俞元二县,二汉无。西安令,江左立。句町令,汉旧县,属牂牁。南兴长。江左立③。

建宁太守,汉益州郡滇王国,刘氏更名。领县十三,户二千五百六十二。味县令,汉旧县。同乐令,晋武帝立。谈稿令,汉旧县,属牂牁。晋武帝立。牧麻令,汉旧县,作牧靡。漏江令,汉旧县,属牂牁。晋武帝立。同濑长,汉旧县。("同"作"铜")昆泽长,汉旧县。新定长,《晋太康地志》有。存䭴长,《晋太康地志》有。同并长,汉旧县,前汉作同并,属牂牁。晋武帝咸宁五年省,哀帝复立。万安长,江左立。毋单长,汉旧县,属牂牁,《晋太康地志》属建宁。新兴长,江左立④。

郁林太守,秦桂林郡,属尉他,武帝元鼎六年复,更名。《永初郡国》有安远、程安、威定(三县别见)、中胄、归化五县。中胄疑即桂林之中溜。归化,二汉、《晋太康地志》无,疑是江左所立。何志无中胄、归化,余三县属桂林,徐志同。今领县十七,户一千一百二十一,口五千七百二十七。去州水一千六百;去京都水七千九百。布山令,汉旧县。领方令,汉旧县,吴改曰临浦,晋武复旧。阿林令,汉旧县。

① 沈约.宋书[M].北京:中华书局,1974:1184.
② 沈约.宋书[M].北京:中华书局,1974:1184.
③ 沈约.宋书[M].北京:中华书局,1974:1188.
④ 沈约.宋书[M].北京:中华书局,1974:1182.

郁平令，吴立曰阴平，晋武太康元年更名。新邑令，吴立。建初令，《永初郡国》有，何志不注置立，徐同。宾平令，《永初郡国》有，何志不注置立。咸化令，《永初郡国》有，何志不注置立。新林令，《永初郡国》有，何志不注置立。龙平令，《永初郡国》有，何志不注置立。安始令，吴立曰建始，晋武帝太康元年更名。怀安令，何志吴改，未知先何名。《吴录》地理无怀安县名。《太康地志》无。《永初郡国》有。晋平令，吴立曰长平，晋武帝太康元年更名。绥宁令，《永初郡国》并领方，何无徐有。归代令，徐志有。中胄令，徐志有。建安令，《永初郡国》有，何无，徐有①。

武陵太守，《前汉地理志》有，高帝立。《续汉郡国志》云，秦昭王立，名黔中郡，高帝五年更名。本属荆州。领县十，户五千九十，口三万七千五百五十五。去州水一千；去京都水三千。临沅男相，汉旧县。龙阳侯相，《晋太康地理志》有，何志吴立。汉寿伯相，前汉立，后汉顺帝阳嘉三年更名，吴曰吴寿，晋武帝复旧。沅南令，汉光武建武二十六年立。迁陵侯相，汉旧县。辰阳男相，汉旧县。舞阳令，前汉作无阳，后汉无，《晋太康地志》有。酉阳长，汉旧县。黚阳长，二汉无，《晋太康地志》有。沅陵令，汉旧县②。

从以上资料，大体可了解，建宁郡所治味县，是汉益州郡及滇王国所在地。当时也是宁州刺史治所，但在介绍宁州时，《宋书》则称："晋武帝太始七年分益州南中之建宁、兴古、云南、永昌四郡立。太康三年省，立南夷校尉。惠帝太安二年复立，增牂牁、越巂、朱提三郡。成帝咸康四年，分牂牁、夜郎、朱提、越巂四郡为安州，寻罢并宁州。"③

可知安州乃分宁州之地而设。

按照当时的大体位置，兴古郡在建宁郡之南及牂牁郡的东南，牂牁郡、平夷郡在建宁郡之东，平夷郡在牂牁郡之北，夜郎郡在牂牁郡之南。牂牁郡、夜郎郡东侧是武陵郡。这从《宋书》中所载地理信息中即可推测。如牂牁郡去京都水一万二千；夜郎郡去京都水一万四千。

---

① 沈约. 宋书 [M]. 北京：中华书局，1974：1195.
② 沈约. 宋书 [M]. 北京：中华书局，1974：1125—1126.
③ 沈约. 宋书 [M]. 北京：中华书局，1974：1182.

当时的京都是洛阳，正处于北方偏东一带，这说明夜郎郡在牂牁郡之南侧。

南朝宋以后是萧氏建立的齐国，史称南齐。

《南齐书》中仍有夜郎郡，载："设夜郎谈柏谈乐广谈四县，与南朝宋时相同。"[①] 而牂牁郡当时改称南牂牁郡，所设且兰、万寿、毋敛、晋乐、绥宁、丹南六县[②]，与南朝宋时的万寿、且兰、毋敛、晋乐、丹南、新宁略有不同。如绥宁改名新宁。

萧氏政权后来被南朝陈国取代。

《陈书》中未有地理志，故夜郎郡存废不详。

二、隋唐北宋时期的夜郎郡县存废

《隋书志》中提到了隋初平陈后原始安郡境内的义熙郡改称融州，大业初州废，并废临牂、黄水二县入。这说明隋时已设有临牂县[③]。

此临牂县位于今贵州与广西交界一带的都柳江边，该县设置当与其临牂牁江有关。

《隋书志》中又提到东晋至南朝时期的夜郎郡信息。

此《隋书志》有载："沅陵郡（开皇九年置辰州），统县五，户四千一百四十。沅陵（旧置沅陵郡。平陈，郡废，大业初复）；大乡（梁置）；盐泉（梁置）；龙樔（梁置，有武山）；辰溪（旧曰辰阳，平陈，改名；并废故夜郎郡，置静人县，寻废。又梁置南阳郡，建昌县，陈废县。开皇初废郡，置寿州，十八年改为充州，大业初州废。有郎溪）。"[④]

此沅陵郡应是分武陵郡南部及南朝时的夜郎郡所设。郡北部当是原武陵郡南部地，郡南部当是原夜郎郡地。

隋代临牂县的北部即是原夜郎郡境。

由此可知，汉夜郎国及晋代以来所设之夜郎郡即在今湘黔边南部及临都柳江区域。

---

① 萧子显．南齐书 [M]．北京：中华书局，1972：304.
② 萧子显．南齐书 [M]．北京：中华书局，1972：303.
③ 魏微．隋书 [M]．北京：中华书局，1973：883.
④ 魏微．隋书 [M]．北京：中华书局，1973：890.

隋沅陵郡境内的郎溪今尚存，为渠水下游的支流，在今贵州锦屏县与湖南会同县交界一带。这一带位于沅水南侧，当也是古夜郎国及夜郎郡、县之北境。

至唐代，沅陵郡已称辰州，并为黔州都督府之属地。

《旧唐书》载："辰州，下，隋沅陵县。武德四年，平萧铣，置辰州，领沅陵等五县。九年，分大乡置大乡五县。五年，分辰溪置溆浦县。贞观九年，分大乡置三亭县。天授二年，分大乡、三亭两县置溪州。景云二年，置都督府，督巫、业、锦三州。开元二十七年，罢都督府。天宝元年，改为卢溪郡。乾元元年，复为辰州，取溪名。旧领县七，户九千二百八十三，口三万九千二百二十五。天宝领县五，户四千二百四十一，口二万八千五百五十四。在京师南微东三千四百五里，至东都三千二百六十里。"①

当时的辰州，仅辖隋沅陵郡的北部。其所领五县，《旧唐书》亦载："沅陵，汉辰阳县，属武陵郡，本秦黔中郡县也，隋改辰阳为辰溪，仍分置沅陵县，仍置沅陵郡。武德四年，改为辰州，以沅陵为理所；卢溪，武德三年，分沅陵县置；溆浦，汉义陵县地，属武陵郡，武德五年，分辰溪置；麻阳，武德三年，分沅陵、辰溪二县置，垂拱四年，分置龙门县，寻废；辰溪，汉辰阳县地，隋分置辰溪县。"②

而隋沅陵郡的南部，当时设为巫州。

《旧唐书》载："巫州，下，贞观八年，分辰州龙标县置巫州。其年，置夜郎、朗溪、思征三县。九年，废思征县。天授二年，改为沅州，分夜郎渭溪县。长安三年，割夜郎、渭溪二县置舞州。先天二年，又置潭阳县。开元十三年，改沅州为巫州。天宝元年，改为潭阳郡。乾元元年，复为巫州。旧领县三，户四千三十二，口一万四千四百九十五。天宝，户五千三百六十八，口一万二千七百三十八。在京师南三千一百五十八里，至东都三千八百三十三里。"巫州所领三县为："龙标，武德七年置，属辰州，贞观八年，置巫州，为理所也；朗溪，贞观八年置；潭阳，先天二年，

---

① 刘昫．旧唐书 [M]．北京：中华书局，1975：1621.
② 刘昫．旧唐书 [M]．北京：中华书局，1975：1621—1622.

分龙标置。"①

唐巫州之地乃析隋辰州龙标县及原夜郎郡之一部分而设，处于辰州之南。这从《旧唐书》所载至京都里程即可获知："辰州至东都三千二百六十里，巫州至东都三千八百三十三里。"

唐贞观八年（634年）置夜郎、朗溪、思征三县，这是汉夜郎县在南朝陈时被拆后再一次所置，但其地已在汉夜郎县的稍北侧。清代学者称设在镇远、黎平之间。巫州及后所领三县，龙标当为州治，在今湖南洪江市黔阳镇一带，朗溪当在今湖南会同与贵州锦屏之间，潭阳乃取潭水之北之意，当在今湖南靖州至通道一带。

唐初之际，巫州所置的夜郎县，不久便划归在其西侧新设立的业州。

《旧唐书》亦载："业州，下，长安四年，分沅州二县置舞州。开元十三年，改为鹤州。二十年，又改为业州。天宝元年，改龙标郡。乾元元年，复为业州。领县三，户一千六百六十二，口七千二百八十四。在京师南四千一百九十七里，至东都三千九百里。"业州所领三县为："峨山，贞观八年，置夜郎县，属巫州，长安四年，置舞州，开元二十年，改夜郎为峨山县；渭溪，天授二年，分夜郎置，属沅州，长安四年，改业州；梓姜，旧于县置充州，天宝三年，以充州荒废，以梓姜属业州，其充州为羁縻州。"②

可知，从唐贞观八年（634年）复置夜郎县，至开元二十年（732年）改夜郎县为峨山县，此夜郎县存在近百年。

从以上资料可知，唐业州治渭溪县，业州曾名舞州，当在今潕阳河之滨，渭溪可能后世讹为清溪，即今贵州镇远县清溪镇一带。而夜郎县当在其南侧，今位于湖南省新晃侗族自治县与贵州三穗、天柱交界处的圣德山（曾名峨山），其山麓有邛水河，为沅江干流清水江的支流，该河向南流经从镇远直抵锦屏，故这一带亦为古代水陆要地，当是夜郎县地。而梓姜县不详，但当在这附近一带。

唐时，尤其是安史之乱后，今湘黔边地区及贵州境内大部分被当地少数民族势力自治，割据为若干羁縻州，属黔州都督府所辖的羁縻州在唐初后逐步增多，《旧唐书》载："（武德）四年，置都督府，督

① 刘昫.旧唐书[M].北京：中华书局，1975：1623.
② 刘昫.旧唐书[M].北京：中华书局，1975：1624.

务、施、业、辰、智、牂、充、应、庄等州。其年，以相永、万资二县置费州，以都上分置夷州。十年，以思州高富来属。十一年，又以高富属夷州，以智州信宁来属。今督思、辰、施、牢、费、夷、巫、应、播、充、庄、牂、琰、池、矩十五州。其年，罢都督府。置庄州都督府。景龙四年废，以播州为都督。先天二年废，复以黔州为都督。天宝元年，改黔州为黔中郡，依旧都督施、夷、播、思、费、珍、溱、商九州。又领充、明、劳、羲、福、犍、邦、琰、清、庄、峨、蛮、牂、鼓、儒、琳、鸾、令、那、晖、郝、总、敦、侯、晃、柯、樊、棱、添、普宁、功、亮、茂龙、延、训、卿、双、整、悬、抚水、矩、思源、逸、殷、南平、勋、姜、袭等五十州。皆羁縻，寄治山谷。"①

上述羁縻州中的晃州、亮州等可能在今湘黔边中部的湖南省新晃侗族自治县、贵州锦屏亮江流域一带。而今湘黔边南部及都柳江上游一带，则唐初已设为古州，为岭南桂州都督府所辖。后也沦为少数民族自治羁縻州。

在巫州夜郎县所设之际，今贵州东部地区还设置了另外两个夜郎县。

一是夷州所属之夜郎县。

《旧唐书》载："夷州，下，隋明阳郡之绥阳县。武德四年，置夷州于思州宁夷县，领夜郎、神泉、丰乐、绥养、鸡翁、伏远、明阳、高富、宁夷、思义、丹川、宣慈、慈岳等十三县。六年，废鸡翁县。贞观元年，废夷州，省夜郎、神泉、丰乐三县，以伏远、明阳、高富、宁夷、思义、丹川六县隶务州，宣慈、慈岳二县隶溪州，以绥养隶智州。四年，复置夷州于黔州都上县。六年，又置鸡翁县。十一年，又以义州之绥阳、黔州之高富来属。其年，又自都上移于今所。天宝元年，改为义泉郡。乾元元年，复为夷州。旧领县四，户二千二百四十一，口八千六百五十七。天宝县五，户一千二百八十四，口七千一十三。在京师南四千三百八十七里，至东都三千八百八十里。"②

由此可知，夷州所属之夜郎县所设于唐武德四年（621年）。这一

---

① 刘昫. 旧唐书 [M]. 北京：中华书局，1975：1620.
② 刘昫. 旧唐书 [M]. 北京：中华书局，1975：1624.

年，唐高祖李渊遣赵郡王李孝恭、庐江郡王李瑗和将军李靖等率兵攻灭割据江陵、巴蜀、湖南、贵州一带的萧铣梁国，将这一带纳入了唐朝统治。

夷州旧领五县，《旧唐书》载："绥阳，汉牂牁郡地，隋朝招慰置绥阳县，古徼外夷也，武德三年，属义州，贞观十一年，改属夷州；都上，隋置，武德元年，属黔州，贞观四年，置夷州，为理所，十一年，州移治绥阳县；义泉，隋旧，于县置牢州，贞观十七年，废牢州，以义泉属夷州；洋川，武德二年置，旧属牢州，贞观十七年，属夷州；宁夷，旧属思州，开元二十五年，属夷州。"①

此夷州为武德四年析思州宁夷县所设。思州当时治今贵州务川县一带，此宁夷县及所置夷州一般认为是在今思南县、石阡县、镇远县一带。夷州应在思州南侧，此从《元丰九域志》所载黔州（治彭水县）地里可知："南至羁縻夷州六百二十里。""东南至羁縻思州四百九十八里。西南至羁縻夷州五百五十里。"②

《新唐书》有载思州宁夷郡，称："本务州，武德四年以隋巴东郡之务川、扶阳置，贞观四年更名。土贡：蜡。户千五百九十九，口万二千二十一。县三：务川，中下。武德元年置。贞观元年，以废夷州之宁夷、伏远、思义、明阳、高富、丹川及废思州之丹阳、城乐、感化、思王、多田隶务州，寻省思义、明阳、丹川，二年省丹阳，八年省感化，十年以高富隶黔州，十一年省伏远。思王，中下。武德三年置。思邛，中下。开元四年开生獠置。"③

此思王、思邛两县后世认为在今镇远县南侧和东南侧一带。故此夷州及宁夷县一般认为在今石阡县及周边一带。

唐武德四年（621 年）所设之夷州夜郎县时间很短，贞观元年（627 年）即废，仅存 6 年。明代贵州第一部省志《弘治贵州图经新志》称，唐夷州夜郎县旧址在石阡府境内。

又一是珍州所属之夜郎县，同时曾设夜郎郡。

《旧唐书》载："珍州，下，贞观十六年置，天宝元年改为夜郎郡。

---

① 刘昫．旧唐书 [M]. 北京：中华书局，1975：1625.
② 王存．元丰九域志 [M]. 北京：中华书局，1984：364.
③ 欧阳修．新唐书 [M]. 北京：中华书局，1975：1075.

乾元元年，复为珍州。领县三，户二百六十三，口一千三十四。至京师四千一百里，至东都三千七百里。夜郎，汉夜郎郡之地，贞观十七年，置于旧播州城，以县界有隆珍山，因名珍州；丽皋；乐源；并贞观十六年开山洞置。"①

该夜郎县设于唐贞观十七年（643年），辖归珍州，夜郎县之地曾是旧播州城所在地，至天宝元年（742年），珍州改名夜郎郡，但于乾元元年（758年）即复名珍州。

此珍州后世一般认为在今贵州正安县一带。

《新唐书》中亦有载唐代三个夜郎县：

叙州潭阳郡，下。本巫州，贞观八年以辰州之龙标县置，天授二年曰沅州，开元十三年以"沅""原"声相近，复为巫州，大历五年更名。土贡：麸金、犀角。户五千三百六十八，口二万二千七百三十八。县三：龙标，上。武德七年置，贞观八年析置夜郎、朗溪、思征三县，九年省思征。朗溪，中下。潭阳，中下。先天二年析龙标置。

夷州义泉郡，下。本隋明阳郡地，武德四年以思州之宁夷县置，贞观元年州废，四年复以黔州之都上县开南蛮置，十一年徙治绥阳。土贡：犀角、蜡烛。户千二百八十四，口七千一十三。县五：绥阳，中下。有绥阳山。都上，中下。义泉，中下。本隶明阳郡。武德二年以信安、义泉、绥阳三县置义州，并置都牢、洋川二县，五年曰智州。贞观四年省都牢。五年，以废邻州之乐安、宜林、芙蓉、瑯川四县隶之，后又领废夷州之绥养。十一年曰牢州，徙治义泉。十六年州废，省绥养、乐安、宜林，以绥阳、义泉、洋川来属，芙容、瑯川隶播州。洋川，中下。宁夷，中下。武德四年，析置夜郎、神泉、丰乐、绥养、鸡翁、伏远、明阳、高富、思义、丹川、宣慈、慈岳十二县。六年省鸡翁。及州废，省夜郎、神泉、丰乐，以宁夷、伏远、明阳、高富、思义、丹川隶务州，宣慈、慈岳隶涪州，绥养隶智州。贞观六年复置鸡翁县，来属。十一年又以高富来属。永徽后省鸡翁、高富。开元二十五年复以宁夷来属。

溱州溱溪郡，下。贞观十六年开山洞置。土贡：文龟、斑布、丹

---

① 刘昫. 旧唐书 [M]. 北京：中华书局，1975：1629.

沙。户八百七十九，口五千四十五。县五：荣懿，中下。贞观十六年置，并置扶欢、乐来二县。咸亨元年省乐来。扶欢，中下。夜郎，中下。贞观十六年开山洞置珍州，并置夜郎、丽皋、乐源三县，后为夜郎郡。元和三年州废，县皆来属。丽皋，中下。乐源，中下①。

可知巫州后改为叙州，珍州后废夜郎等县划归溱州。溱州夜郎县未见废载。但一般认为唐末乱际，夜郎县与溱州皆废。后来又有宋代在珍州一带设有夜郎县的说法。

道光《遵义府志》载："宋太祖乾德三年，珍州蛮酋田景迁以其地内附，赐名珍州（据《宋史·诸蛮传》）。开宝元年，田景迁上言，乞改州名，因改为西高州（据《宋史》《明统志》）。仍名夜郎郡，领夜郎、丽皋、荣德、乐源四县，隶夔州路（据《元丰九域志》）。仁宗庆历八年，以黔州羁縻南、溱二州，隶渝州（《宋史·地理志》）。"②

北宋《太平寰宇记》也有载："西高州，夜郎郡。今理夜郎县，州即同夷州。古山獠夜郎国之地。按《九州志》云：夜郎自古非臣服之地，昔汉武帝开拓南边，始置夜郎县，属牂牁都慰居之。《八郡志》云：夜郎之西垂，去郡四百里，司马相如所开之处。《后汉书》曰：'夜郎者，临牂牁江，江广百余步，足以行船，唐蒙发蜀卒治道，自僰道抵牂牁江。'即谓此地。《十三州志》云：'牂牁者，江中山名，晋永嘉二年分牂牁置夜郎郡，兼置充州，唐贞观十七年廓辟边夷，置播州镇，后因川中有隆珍山乃以镇为珍州，取山名郡也。'长安四年又改为舞州，开元十三年改为鹤州，十四年复为珍州，皇朝乾德四年，刺史田迁上言：自给赐珍州郡州名以来，连遭火灾，乞改州名。因改为高州，寻以岭南有高州，故加西字。元领县四：夜郎、丽皋、荣德、乐源。"③

北宋时期，在珍州相近的溱州或还曾设有又一夜郎县。

此为重庆府一带的南平僚木攀部首领赵泰于宋徽宗大观二年（1108 年）献地内附所设，宋王朝以其所献地别置溱州，辖溱溪、夜郎两县。

① 欧阳修 . 新唐书 [M]. 北京：中华书局，1975：1074—1076.
② 道光《遵义府志·卷二：建置》，第 60 页。
③ 乐史 . 太平寰宇记 [M]. 北京：中华书局，2007：2425—2426.

《宋史》有载："溱溪寨，本羁縻溱州，领荣懿、扶欢二县。熙宁七年，招纳，置荣懿等寨隶恭州，后隶南平军。大观二年，别置溱州及溱溪、夜郎两县。宣和二年，废州及县，以溱溪寨为名，隶南平军。"①

南平僚，又称南川僚、渝州蛮，相传从战国末年开始在藻渡河流域出现。藻渡河是长江支流綦江河的东侧支流，发源于今重庆市南川区金佛山，经南川区头渡镇、金山镇，拐过一个弯进入贵州省桐梓县，经过桐梓县的狮溪镇、羊磴镇、坡渡镇，在坡渡镇进入綦江区赶水镇，最终流入綦江河。由于南平僚活动地在开山洞后置为溱州及夜郎县，故后人推测，南平僚主体可能是贵州中南部的夜郎人北迁所形成的，但也有人认为原巴国一带的巴人，或是夜郎人和巴人的融合。

此宋代溱州夜郎县存在时间极短，仅存12年。而这一带明显已是古代巴人的领地范围，故此夜郎县与古夜郎国已基本没有明显关联。

而北宋时期珍州所设夜郎县当是承唐代珍州夜郎县的渊源关系。

唐代所设的三个夜郎县，与晋代所设的平夷、夜郎两郡及其所析置并迁治的牂牁郡有关。巫州夜郎县即是从晋夜郎郡的行政区域变迁调整中演变而来，其地已稍偏于旧郡县治一段距离，但仍在其附近一带。而夷州夜郎县则是从移治后的牂牁郡治演变而来，该夜郎县所设地就在且兰县移治后的牂牁郡治万寿县一带。而珍州夜郎县则与原犍为郡有关，从夜郎国析出的北部地区成为西汉犍为郡的首治，即鳖县，后又分鳖县置平夷郡，所治平夷县，珍州夜郎县治就在原平夷郡治平夷县一带。

故此唐夜郎县都是从原夜郎国所析置的几个重要郡治中演变设置而来。

北宋以后，朝廷就没再设立过夜郎县。故正史中已没有夜郎县的影踪。但唐代及北宋时期的巫州夜郎、夷州夜郎、珍州夜郎在后世被时常提起，营销为夜郎古国及古夜郎地。这其中尤以珍州夜郎县知名度最大。珍州后尽为播州之地，唐代，因著名诗人李白曾放流放夜郎（一般认为其未至而遇赦而回），故珍州夜郎（即播州夜郎）在后世影

---

① 脱脱. 宋史 [M]. 北京：中华书局，1985：2229.

响很大。

后来一般认为珍州夜郎县遗址在今桐梓县境内。

此道光《遵义府志》载："按夜郎县《通志》谓在桐梓北七十里，则今夜郎坝是也。据《丹铅总录》，夜郎在桐梓驿西二十里，有夜郎城碑尚在，字已漫灭。是必据目见言之。其云驿西二十里，据邱《志》，桐梓驿在治北六十里，去夜郎坝不远。知升庵见旧碑处必在夜郎坝。然则《通志》得之。《元和志》言夜郎、丽皋、乐源三县并在州侧，近或十里，或二十里，移转不常厥所。可见珍州治在夜郎坝无疑。而夜郎三县时东时西，在当时已无定治，然要不出州治左右也。按：孙《志》：贞观三年，分牂牁北界置郎州，又开山洞，置播川镇，后并以镇地为珍州，复改为郎州，又改为播州。"

后世闻名的还有巫州之夜郎县。明天启《滇志》古驿道介绍及王阳明《入黔》诗中都称晃州（今湖南省新晃侗族自治县）为古夜郎地。此亦较为有名，古代也以为李白流放夜郎是至此地之夜郎县一带。

桐梓夜郎遗址及新晃夜郎遗传都与该两地处于明初起开发而形成的入黔古驿道有关，有些文人墨客根据当地的历史沿革而将夜郎文化附会至古驿道旁，从而不断形成此两处夜郎文化的影响力。但真正的唐夜郎县治不一定在此驿道处。

明清时期的唐夷州夜郎县地贵州石阡府城内，亦建有李白庙，也是根据李白流放夜郎的故事附会而来。

道光《贵阳府志》亦载，乾隆年间名士、曾主修《云南通志》《贵州通志》的湖北籍进士靖道谟的《夜郎考》，提及唐有三夜郎县之名，并称："武德四年析夷州之宁夷县置夜郎，贞观元年州废亦废。八年析巫州之龙标县置夜郎。十六年开山洞置珍州，亦置夜郎县。长安四年以龙标所析夜郎置舞州，天宝元年更名为峨山。龙标之夜郎当在今黎平镇远之间，夷州之夜郎当在今石阡思南之间，珍州之夜郎则今遵义之正安州桐梓县矣。"

说明在清代乾隆年间，一般认为唐代所设的三个夜郎县分别设置于今贵州黎平与镇远、石阡与思南、正安与桐梓之间。

从唐宋几个夜郎县的置设来看，说明夜郎县的沿革有不断从南向北发展的趋势，从湘黔桂边不断发展到川（渝）黔边一带。

三、北宋以后的故夜郎郡县的历史沿革

唐末五代之际，中央权力旁落，十国并起，原夜郎国地区也形成了若干地方割据势力，形成名义上服从朝廷实际上领土自治世袭相承的羁縻州体系。自宋代起，当时贵州东部地区逐步形成以播州杨氏、思州田氏及古州向氏等为主的羁縻土司集团。

今贵州东部一带的羁縻州体系始于隋末唐初之际。

据《新唐书》载："牂州，武德三年以牂牁首领谢龙羽地置，四年更名柯州，后复故名。初，牂、琰、庄、充、应、矩六州皆为下州，开元中降牂、琰、庄为羁縻，天宝三载又降充、应、矩为羁縻。县三：建安，宾化，新兴。建安，本牂牁，武德二年更名。新兴与州同置。琰州贞观四年置。县五：武侯，望江，应江，始安，东南。贞观中又领隆昆、琰川二县，后省。""庄州，本南寿州，贞观三年以南谢蛮首领谢强地置，四年更名，十一年为都督府，景龙二年罢都督。故隋牂牁郡地。南百里有桂岭关。县七：石牛，南阳，轻水，多乐，乐安，石城，新安。贞观中又领清兰县，后省。""充州，武德三年，以牂牁蛮别部置，县七：平蛮，东停，韶明，牂牁，东陵，辰水，思王。""应州，贞观三年以东谢首领谢元深地置，县五：都尚，婆览，应江，惣隆，罗恭。""矩州，武德四年置。""明州，贞观中以西赵首领赵磨酋地置。"①

以上诸州应大体位于今贵州中东部及东南部一带，或还包括今广西北部一带。

北宋《元丰九域志》也载："牂州，下，牂牁郡，领建安、宾化、新兴三县。""业州，下，龙溪郡，领峨山、渭溪、梓姜三县。""充州，领梓潼、底水、思王、思沦四县。""庄州，领石牛、南阳、轻水、多乐、乐安、石城、新安、宾化八县。""琰州，领武侯、望仁、应江、始安、东南五县。"②

牂州当在今贵州贵定、福泉、凯里、麻江、黄平一带，业州可能在今贵州三穗、岑巩、玉屏及湖南省新晃侗族自治县一带，充州可能在今贵州瓮安、余庆、凤冈、湄潭一带。应州应在今贵州德江、思南、

---

① 欧阳修.新唐书 [M].北京：中华书局，1975：1143.
② 王存.元丰九域志 [M].北京：中华书局，1984：483.

石阡、镇远、施秉一带，庄州可能在今雷山、都匀、荔波、三都等县一带。而矩州可能在今贵州龙里向贵阳一带。

唐代以原牂牁郡地为核心，还曾有所谓的牂牁国。《新唐书》载："昆明东九百里，即牂牁国也。兵数出，侵地数千里。元和八年，上表请尽归牂牁故地。开成元年，鬼主阿佩内属。会昌中，封其别帅为罗殿王，世袭爵。其后又封别帅为滇王，皆牂牁蛮也。东距辰州二千四百里，其南千五百里即交州也。无城郭，土热多霖雨，稻粟再熟。无徭役，战乃屯聚。刻木为契，盗者倍三而偿，杀人者出牛马三十。俗与东谢同。首领亦姓谢氏，至龙羽有兵三万。武德三年，遣使者朝，以其地为牂州，任为刺史，封夜郎郡公。其北百五十里，有别部曰充州蛮，胜兵二万，亦来朝贡，以地为充州。"

从此资料可知，上文所称之牂牁国即罗殿国，其势力主要在云南东部及贵州西部一带。这一带曾是汉牂牁郡西部及益州郡东部地区，今彝族先祖昆明卢鹿部爨蛮诸部鬼主阿佩于唐代文宗开成元年（836年）内附，朝廷于武宗会昌二年（842年）封阿佩为罗甸王，又封其别帅为滇王，后改普宁王。自唐至宋元，该部落长期统治贵州西部地区，后形成罗殿国和罗氏鬼国两大势力集团[1]。

而在贵州东部，也形成了东谢集团。东谢集团大体以今都匀、麻江、凯里、黄平、施秉、石阡、思南等地为中心，在唐初就投诚高祖李渊，朝廷设牂州，赐为龙羽刺史，后袭封为夜郎郡公。

《新唐书》中还记载了牂牁东谢部落的习俗：

西爨之南，有东谢蛮，居黔州西三百里，南距守宫獠，西连夷子，地方千里。宜五谷，为畬田，岁一易之。众处山，巢居，汲流以饮。无赋税，刻木为契。见贵人执鞭而拜。赏有功者以牛马、铜鼓。犯小罪则杖，大事杀之，盗物者倍偿。昏姻以牛酒为聘。女妇夫家，夫惭涩避之，旬日乃出。会聚，击铜鼓，吹角。俗椎髻，韬以绛，垂于后。坐必蹲踞，常带刀剑。男子服衫袄、大口裤，以带斜冯右肩，以螺壳、

---

① 《新五代史》亦载："昆明，在黔州西南三千里外，地产羊马。其人椎髻、跣足、披毡，其首领披虎皮。天成二年，尝一至，其首领号昆明大鬼主、罗殿王、普露静王九部落，各遣使者来，使者号若土，附牂牁以来。"（见宋欧阳修《新五代史·卷七十四：四夷附录第三》，中华书局，1974年，第922页）

虎豹、猿狄、犬羊皮为饰。有谢氏，世为酋长，部落尊畏之。其族不育女，自以姓高不可以嫁人。贞观三年，其酋元深入朝，冠乌熊皮若注旄，以金银络额，被毛帔，韦行縢，著履。中书侍郎颜师古因是上言："昔周武王时，远国入朝，太史次为《王会篇》，今蛮夷入朝，如元深冠服不同，可写为《王会图》。"诏可。帝以地为应州，即拜元深刺史，隶黔州都督府。又有南谢首领谢强亦来朝，以其地为庄州，授强刺史。建中三年，大酋长检校蛮州长史、资阳郡公宋鼎与诸谢朝贺，德宗以其国小，不许。诉于黔中观察使王础，以州接牂牁，愿随牂牁朝贺，础奏："牂、蛮二州，户繁力强，为邻蕃所惮，请许三年一朝。"诏从之 ①。

西爨即罗甸国部落，东谢部落位于罗甸国之东南，黔州（今重庆市彭水苗族土家族自治县）之西南。东谢部落之习俗与今贵州东部许多少数民族习俗较为接近。

东谢部落以牂州谢龙羽、应州谢元深等为主要代表，又有南谢庄州谢强。主要设有四州，即牂州，其北为充州，又东为应州，其南为庄州。

东谢部落入宋以后逐渐不闻，北宋时期，位于今贵州北部的播州杨氏、东北部的思州田氏部落不断崛起，至北宋末及南宋时期，已基本控制贵州东部一带。其中杨氏在西，从播州南下直至都云，田氏在东，从思州南下直至古州。

古州一带即汉夜郎国核心区，自南朝末夜郎郡被废，该地后沦为蛮境，当有数十年至近百年之久，至唐初，名将李弘节开夷僚，置古州乐兴郡，使此夜郎故地又重归朝廷所辖。此《新唐书·地理志》载为唐太宗贞观十二年（638 年）置。北宋《元丰九域志》也载："古州，下，乐兴郡，领乐山、古书、乐兴三县。" ②

此唐初设立的古州后又沦为蛮地，至北宋时期为五溪蛮之向氏家族所控制。其领古州之地，通过向朝廷纳贡的方式任为刺史。此《宋史》有载："咸平元年（998 年），通汉又言请定租赋，真宗以荒服不征，弗之许。其年，古州刺史向通宬以芙蓉朱砂二器、马十四、水银

---

① 欧阳修. 新唐书 [M]. 北京：中华书局，1975：6320.
② 王存. 元丰九域志 [M]. 北京：中华书局，1984：484.

千两来献，诏有司铸印以赐通宸。"①

咸平是宋真宗的年号，说明北宋初，向氏已占有古州之地，时任刺史的是向通宸。

当时的向氏是沅江中上游一带的豪族，占有数州之地。此《宋史》载："南江诸蛮自辰州达于长沙、邵阳，各有溪峒：曰叙、曰峡、曰中胜、曰元，则舒氏居之；曰奖、曰锦、曰懿、曰晃，则田氏居之；曰富、曰鹤、曰保顺、曰天赐、曰古，则向氏居之。舒氏则德郛、德言、君疆、光银，田氏则处达、汉琼、汉希、汉能、汉权、保金，向氏则通汉、光普、行猛、永丰、永晤，皆受朝命。自治平末，光银入贡。故事，南江诸蛮亦隶辰州，贡进则给以驿券，光银援以为请，诏以券九道给之。"②

当时沅江中上游一带分为南江、北江，以沅水支流的酉水为界，酉水以南沅水上游为南江，酉水以北为北江，古代习惯将少数民族区域称为蛮地，故有南江蛮和北江蛮之说。

北宋时期，南北江诸蛮中以彭氏势力最大，《宋史》亦载："北江蛮酋最大者曰彭氏，世有溪州，州有三，曰上、中、下溪，又有龙赐、天赐、忠顺、保静、感化、永顺州六，懿、安、远、新、给、富、来、宁、南、顺、高州十一，总二十州，皆置刺史。而以下溪州刺史兼都誓主，十九州皆隶焉，谓之誓下。州将承袭，都誓主率群酋合议，子孙若弟、侄、亲党之当立者，具州名移辰州为保证，申钤辖司以闻，乃赐敕告、印符，受命者隔江北望拜谢。州有押案副使及校吏，听自补置。"③

五代后梁开平年间（907—910 年），溪洲彭氏部落首领彭瑊率部族打败吴著冲等溪州土著部落，统一溪州，授为溪州刺史。至后晋天福四年（939 年），彭瑊之子彭士愁与楚王马希范展开了历时两年的溪州之战，战后议和结盟，名义上归顺马楚政权。之后，其领地不断扩大，北宋王安石变法后中央加强了对西南地区的控制，彭氏势力及南北江诸蛮都有不同范围收缩。

---

① 脱脱．宋史 [M]．北京：中华书局，1985：14174.
② 脱脱．宋史 [M]．北京：中华书局，1985：14177—14180.
③ 脱脱．宋史 [M]．北京：中华书局，1985：14177—14180.

当时的南江蛮还有诚州（今湖南省靖州苗族侗族自治县一带）杨氏较有势力，与古州向氏相邻。两地临广西融州。北宋时期，朝廷对南北江地区政策多变，一时开府设县，一时弃而不问。

此《宋史》载："元祐初，傅尧俞、王岩叟言：'沅、诚州创建以来，设官屯兵，布列寨县，募役人，调戍兵，费巨万，公私骚然，荆湖两路为之空竭。又自广西融州创开道路达诚州，增置浔江等堡，其地无所有，湖、广移赋以给一方，民不安业，愿斟酌废置。'朝廷以沅州建置至是十五年，蛮情习安已久，但废诚州为渠阳军，而沅州至今为郡。元祐初，诸蛮复叛，朝廷方务休息，痛惩邀功生事。广西张整、融州温嵩坐擅杀蛮人，皆置之罪。诏谕湖南、北及广西路曰：'国家疆理四海，务在柔远。顷湖、广诸蛮近汉者无所统一，因其请吏，量置城邑以抚治之。边臣邀功献议，创通融州道路，侵逼峒穴，致生疑惧。朝廷知其无用，旋即废罢；边吏失于抚遇，遂尔扇摇。其叛酋杨晟台等并免追讨，诸路所开道路、创置堡寨并废。'自后，五溪郡县弃而不问。"①

于是这一带的羁縻又延伸至南宋时期。

关于古州向氏及其近支，《宋史》中还有若干记载："淳化二年，知晃州田汉权言，本管砂井步夷人粟忠获古晃州印一钮来献。因请命以汉权为晃州刺史。又以五溪诸州统军、鹤州刺史向通汉为富州刺史，从其请也。是年，荆湖转运使言，富州向万通杀皮师胜父子七人，取五藏及首以祀魔鬼。朝廷以其远俗，令勿问。""至道元年，高州、溪州并来贡。二年，上亲祀南郊，富州刺史向通汉上言：'圣人郊祀，恩浃天壤，况五溪诸州连接十洞，控西南夷戎之地。惟臣州自昔至今，为辰州墙壁，障护辰州五邑，王民安居。臣虽僻处遐荒，洗心事上，伏望陛下察臣勤王之诚，因兹郊礼，特加真命。'诏加通汉检校司徒，进封河内郡侯。咸平元年，通汉又言请定租赋，真宗以荒服不征，弗之许。""景德元年，高州五姓义军指挥使田文鄯来贡。富州刺史向通汉遣使潭州营佛事，以报朝廷存恤之惠。""三年，高州新附蛮酋八十九人来贡。五溪都防御使向通汉表求追赠父母，从之。""大中

---

① 脱脱. 宋史 [M]. 北京：中华书局，1985：14177—14180.

祥符元年，夔州路言，五团蛮啸聚，谋劫高州，欲令暗利寨援之。上以蛮夷自相攻，不许发兵。三月，知元州舒君强、知古州向光普并加银青光禄大夫、检校太子宾客。""天禧二年，富州刺史向通汉率所部来朝，贡名马、丹砂、银装剑槊、兜鍪、彩牌等物。诏赐袭衣、金带、鞍勒马，并其子光泽以下器币有差，特许通汉五日一朝。逾月，通汉上《五溪地理图》，愿留京师，上嘉美之，特授通汉检校太傅、本州防御使，还赐疆土，署其子光泽等三班职名。通汉再表欲留京师，不允，乃为光泽等求内地监临，及言岁赐衣，愿使者至本任，并从之。既辞，又赐以袭衣、金带。三年，通汉卒，以其子光宪知州事。其后，光泽不为亲族所容，上表纳土，上察其意，不许。四年，知古州向光普遣使鼎州营僧斋，以祝圣寿。""熙宁五年，乃遣章惇察访。……以东作坊使石鉴为湖北钤辖兼知辰州，且助惇经制。明年，富州向永晤献先朝所赐剑及印来归顺，继而光银、光秀等亦降。""（宋仁宗）天圣二年，知古州向光普自言，尝创佛寺，请名报国，岁度僧一人，许之。四年，归顺等州蛮田思钦等以方物来献，时来者三百一人，而夔州路转运司不先以闻，诏劾之。既而又诏安、远、天赐、保顺、南、顺等州蛮贡京师，道里辽远而离寒暑之苦，其听以贡物留施州，所赐就给之。愿入贡者十人，听三二人至阙下，首领听三年一至。七年，黔州蛮、舒延蛮、绣州蛮向光绪皆来贡。"①

从以上资料可知，南江向氏占据鹤州、富州（今湖南省怀化市一带）、古州等地，以向通汉、向通宷、向光泽、向光普、向光银等为主要代表。并且与朝廷关系保持密切。当时的鹤州、富州、古州等羁縻政权受朝廷所常设的流官政府辰州管辖。北宋时辰州南部朝廷开峒蛮后曾设沅州，鹤州、富州、古州等，向氏羁縻政权曾为沅州所辖。

《元丰九域志》有载："沅州，潭阳郡，军事。熙宁七年收复溪峒黔、衡、古、显、叙、峡、中胜、富、赢、绣、允、云、洽、俄、奖、晃、波、宜十七州，即唐叙、锦、奖州地置州。治卢阳县。"②

又地里如下："东京二千六百七十里。东至本州界二百四十里，自界首至辰州一百五十里。西至羁縻田、古州四百八十里。南至本州界

---

① 脱脱. 宋史 [M]. 北京：中华书局，1985：14174—14183.
② 王存. 元丰九域志 [M]. 北京：中华书局，1984：275.

二百四十里，自界首至诚州一百六十五里。北至本州界三百里，自界首至辰州二百二十里。东南至本州界三百里，自界首至邵州四百二十里。西南至本州界三百二十里，自界首至诚州一百四十里。东北至本州界二百四十里，自界首至辰州一百五十里。西北至羁縻锦州四百里。"①

可知沅州北至辰州，西北至羁縻锦州，南至诚州，东南至邵州，西至羁縻田州、古州为界。

当时沅州所辖卢阳、麻阳、黔阳三县及安江寨、镇江寨两寨，南江向氏所领的羁縻富州及锦、元三州即唐叙州龙标县地置为镇江寨，而鹤州与峡、中胜、云、绣等五州即唐叙州龙标县之东境置安江寨②。

由此可知，南江向氏所领的羁縻州主要位于唐龙标县地及周边一带。

至南宋时期，由于古州东侧的诚州杨氏豪强势力不断西扩，向氏羁縻古州逐渐为杨氏所取代。至元代，处古州北侧的思州田氏大土司势力不断向南扩张，元兵进入贵州后，思州大酋长田景贤纳土归附，授任思州军民安抚司，后升宣慰司。不久，古州一带的大小溪峒酋长也投诚元朝，朝廷"以靖州西南之半立古州八万军民总管府"，听顺元路宣慰司节制。至治二年（1322 年），朝廷废古州八万军民总管府，置古州八万洞等 15 处长官司，隶属思州宣慰司管辖，从此唐宋古州逐渐分化为以古州八万洞蛮夷长官司等为主的诸多大大小小土司政权。明代贵州建省后，除思州宣慰司设思州、黎平等府，古州八万洞长官司改称古州蛮夷长官司，辖归黎平府，直至清代。

南宋以后，古州之地进一步沦陷，地位也不断下降，人们已渐渐不知道其历史的辉煌及渊源，明清时期更沦陷为苗侗等少数民族部落腹地，直至雍正年间（1723—1735 年）开苗疆后，其地再一次由朝廷置古州厅、古州镇等军政机构。清乾隆五年（1740 年），置古州兵备道，道署驻古州。将原属贵东道的都匀、黎平二府改归古州兵备道辖；七年（1742 年），裁撤分守贵东道，以其所属铜仁、镇远、思州、思南、平越府和松桃直隶厅改隶古州兵备道，古州成为贵州东部主要军政领导中心。

① 王存. 元丰九域志 [M]. 北京：中华书局，1984：275.
② 王存. 元丰九域志 [M]. 北京：中华书局，1984：276.

第八章　对红水河为牂牁江的考证与否定

一、从模糊到清晰：古代关于红水河的地理认识演变

古代对红水河的认识，与朝廷对这一带的开发和开拓有关。由于地处于相对封闭的自然环境之中，又长期脱离中央政权的实际管理，故在唐代之前，人们可能根本不知道有今红水河这样的一条河流存在。或是有人知道，但是从来没有人在文献中提及过。

现知最早关于红水河的史料，可能是唐元和年间（806—820 年）两次拜相的李吉甫所撰《元和郡县志》。《元和郡县志》提到了今红水河的下游段，称之为都泥江。

该志曰："都泥江，南去（严）州一里。""来宾县，在都泥北来宾水东故以为名。""贺江水一名都泥江，在（止戈）县北一百九十里。""都泥江，在（贺水）县北一百四十里。"等等[1]。

此都泥江即红水河的前身，但当时的人们可能还不知道其中游段的情况，因此把流经于宾阳、迁江一带的贺江水（即今清水江，红水河支流）也称之为都泥江，或以为是都泥江上游。唐初名将李靖率军在攻灭萧铣集团后又顺湘江南下，大举开发广西，从而使中央政权实际控制地区不断扩大，已拓展至今红水河下游一带。

宋代仍以贺江为都泥江，南宋祝穆撰《方舆胜览》载："贺水，在迁江县，其水流入柳江。"[2]

说明当时的人们仍以为都泥江是柳江的支流。

《宋史》地理志中没提及水系。

明朝初年，由宋濂主持编纂的《元史》也没提及都泥江，但提到了左江和右江。《元史》称："左江出源州界，至合江镇与右江水合为一流，入横州号郁江。""右江源出峨利州，与大理大盘水通，大盘在大理之威楚州。"[3]

从此记载可知，古代认为右江源出峨利州，与原大理国的大盘水

---

① 李吉甫. 元和郡县图志 [M]. 北京：中华书局，1963：928—950.

② 祝穆. 方舆胜览 [M]. 北京：中华书局，2003：740.

③ 宋濂. 元史 [M]. 北京：中华书局，1976：1536.

相通，此大盘水当指的是南盘江，或是南盘江和北盘江合流后的大盘江。

明天顺年间（1457—1464 年），大臣李贤等撰《明一统志》已开始提及南盘江和北盘江两江合流事，但称两江合流于平伐横山寨。

《明一统志》载："盘江，在沾益州，有二源，北流曰北盘江，南流曰南盘江，环绕诸郡各流千余里，至平伐横山寨合焉，州据二江之间。"①

此平伐、横山寨据徐霞客考证分别是今贵州龙里和广西南宁一带。

《徐霞客游记》称：

《一统志》于云南曲靖府盘江下注云："盘江有二源，在沾益州，北流曰北盘江，南流曰南盘江，各分流千余里，至平伐横山寨合焉。"今考平伐属贵州龙里、新添二卫，横山寨在南宁。闻横山寨与平伐相去已千余里，二水何由得合？况龙里、新添之水，由都匀而下龙江，非北盘所经。横山寨别无合水，合者，此左、右二江耳。左江之源出于交趾，与盘江何涉，而谓两盘之合在此耶？余昔有辨，详著于《复刘愚公书》中。其稿在衡阳遇盗失去。俟身经其上流，再与愚公质之。余问右江之流，溯田州而上，舟至白隘而止。白隘本其邻境，为田州夺而有之。又考利州有白丽山，乃阪丽水所出，又有"阪"作"泓濛"，二水皆南下田州者。白隘岂即白丽山之隘，而右江之出于峨利者，岂即此水？其富州之流，又西来合之者耶？②

南北盘江之水不可能流经今贵州龙里县附近的原平伐长官司一带，故此平伐当是笔误，实指横山寨。横山寨为宋代西南边防重地，治所在今广西田东县城平马镇，隶邕州。故此平伐横山寨或是平马横山寨之误。

今平马镇南濒右江，东侧与红水河离得很近，又是红水河一条支流的发源地，故历史上曾以为红水河中游在此折入而与右江相汇。此当即《元史》"右江与大盘水通"的一种说法。

---

① 《明一统志》卷八十七：云南布政司曲靖府，第9页。
② 此为崇祯十年（1637 年）九月二十四日其考察合江镇所载游记，见《徐霞客游记》（褚绍唐整理）"粤西游日记三"，上海古籍出版社，1980 年，第453 页。

但实际上，横山寨并无与右江相会的河流，徐霞客去实地考察了，他还到右江的上游去探源，直到白隘（或是今属云南富宁县的剥隘镇），但再往上可能路也不通了。于是感觉很疑惑。但他还是觉得右江上游应该是与南盘江相通的。

此徐霞客《盘江考》亦载："今以余所身历综校之，南盘自沾益州炎方驿南下，经交水、曲靖，南过桥头，由越州、陆凉、路南，南抵阿弥州境北，合曲江、泸江，始东转，渐北合弥勒巴甸江，是为额罗江。又东北经大柏坞、小柏坞，又北经广西府东八十里永安渡，又东北过师宗州东七十里黑如渡，又东北过罗平州东南巴旦寨，合江底水，经巴泽、巴吉，合黄草坝水，东南抵霸楼，合者坪水，始下旧安隆，出白隘，为右江。"①

《明一统志》中也提到北盘江（也称为盘江）。《明一统志》认为北盘江是都泥江（又称乌泥江）的上游。载曰：

盘江，源自普畅寨，经（普安）州境东北，下流合乌泥江。

盘江，在（安南）卫城东四十里，源自西堡诸溪流，经皮古毛日诸屯合规模小溪水至下马坡转南入岩冗，或见或隐，下通乌泥江②。

乌泥江，在忻城县西六里，合龙江北流，过东水源等江入于浔梧州界③。

大江，在来宾县南，源自迁江县都泥江，流合贺水至此，又合雷江入柳江，唐柳宗元诗：瘴江南去入云烟，望尽黄茅是海边。谓此④。

《明一统志》关于广西布政司泗城州的史料中没有提及乌泥江或都泥江。

由此可知，在明代中期之前，人们虽然知道北盘江下游可通达都泥江，但没有提及具体路径。因此，也有人认为发源于今贵州紫云、惠水一带的蒙江是都泥江的上游。

如明万历年间（1573—1620 年）曾任广西参议的浙江人王士性在《广志绎》中称："都泥江出贵州程蕃府，经南丹来宾始浊。（与柳江合

① 徐霞客.徐霞客游记 [M].褚绍唐，整理.上海：上海古籍出版社，1980：1125—1126.
② 《明一统志·卷八十八：贵州布政司：普安州、安南卫》，第 16—21 页。
③ 《明一统志·卷八十四：广西布政司：庆远府忻城县》，第 3 页。
④ 《明一统志·卷八十三：广西布政司：柳州府来宾县》，第 23 页。

后）乃入大藤峡，出峡抵浔州北门为黔江，亦名浔水。"①

又《明史》亦载："镇宁州南有白水河，又有乌泥江，即都泥江，源出山箐中，东南流，入金筑安抚司境。"②

此镇宁州南即今贵州紫云苗族布依族自治县，此白水河当是蒙江上游干流格凸河。

从明代中后期起，北盘江通都泥江开始成为地理常识，并且当时的人们知道都泥江从南丹、宜州、迁江、来宾等地流经。

嘉靖《广西通志》载：

都泥江，在（迁江）县北二里，自宜州落水渡而来，东流汇贺水合柳江经浔梧入于海。

大江，在（来宾）县南，发源迁江县都泥江③。

又徐霞客《盘江考》亦载："北盘自杨林海子，北出嵩明州果子园，东北经热水塘，合马龙州中和山水，抵寻甸城东，北去彝地为车洪江，下可渡桥，转东南，经普安州北境，合三板桥诸水，南下安南卫东铁桥，又东南合平州诸水，入泗城州东北境，又东注那地州、永顺司，经罗木渡，出迁江、来宾，为都泥江，东入武宣之柳江。"④

明代对红水河的充分认识，与明初朝廷开发经略西南地区设置卫所屯堡制度有关。洪武年间（1368—1398 年），朝廷不断迁徙汉民汉兵屯垦戍守红水河流域一带，一方面保持对当地土著势力的震慑，另一方面也通过汉夷交流施加软实力影响，使当地少数民族精英逐渐汉化。

在不断的驿路开辟及人文交流中，朝廷对这一带的影响力和控制力不断加强，从而使更多的地理信息或者说是情报信息被朝廷所掌握。

但在这一时期，又有南盘江与北盘江相会后从广西泗城州向南，可能是以布柳江而为红水河干流，与右江相会，即所谓大左江等说法。

徐霞客在《盘江考》中亦有提及。他认为："北盘江下都泥江，而

---

① 王士性. 广志绎·卷五：西南诸省 [M]. 北京：中华书局，1981：113.

② 张廷玉. 明史 [M]. 北京：中华书局，1977：1202.

③ 嘉靖《广西通志·卷十三：山川志二：迁江县、来宾县》，第10页、第7页。

④ 徐霞客. 徐霞客游记 [M]. 褚绍唐，整理. 上海：上海古籍出版社，1980：1126.

南盘江则走右江。"①

　　而顾祖禹《读史方舆纪要》则认为南盘江与北盘江相会后走右江。其文载：

　　其出云南境内者曰南盘江。南盘江出云南曲靖府东南二十余里石堡山下，一名东山河。首受白石、潇湘二江之水，汇流出于山南。南流经陆凉州东西去州七十里，亦名中延泽，又西南流经云南府宜良县东西去县八十里，亦曰大池江，又南经澄江府路南州西东去州二十里，亦曰巴盘江，又东南流经广西府西北境东南去府百余里，又东经师宗州西北境去州五十里，而盘江之支川流合焉澄江府南境之水汇流于临安府境，至阿迷州北二十里，亦谓之盘江。复东北流经广西府弥勒州东南百里，又北经广西府西五十里，至师宗州西二十里，又北入于巴盘江。盖南盘江川流浩衍，分合回旋，互相灌注也。纪载荒略，源流多误，略为考正。又东入曲靖府罗平州东南境西北去州九十里，又东经贵州慕役长官司东南，而北盘江合焉。二源合流，而入广西境内，谓之左江。南北盘江同为一川，自慕役长官司境东南流百余里，而入广西泗城州境，谓之左江。经州东西去州城八十里，又东南流，经田州东南境西北去州三十里，又东经奉议州城北，又东经归德州西南，《志》云：江在州西南数百步，又东经隆安县南北去县二里，又东经南宁府城南，亦谓之大江。府境又有左右二小江，自交趾境内流入府境。合流至府城西南，入于左江，故言大江以别之。又东经永淳县南北去县十余里，又东经横州城南，又东历贵县城南，又东经浔州府城南，至城东，合于右江②。

　　《读史方舆纪要》认为都泥江是"别有一江"，即发源于定番州一带（当指蒙江）。故其又载："都泥江自贵州定番州界东南流经南丹州南境，又东历那地州北境，又东经忻城县北南去县一里，又东经迁江县北南去县二里，又东南经宾州南，北去州三十里，亦谓之宾水，又东北历来宾县南北去县四十里，又东至武宣县西，而合于柳江。"③

────────────

①　《徐霞客游记·盘江考》亦载："是南盘出南宁，北盘出象州，相去不下千里。而南宁合江镇，乃南盘与交趾丽江合，非北盘与南盘合也。"
②　顾祖禹.读史方舆纪要 [M].北京：中华书局，2019：5460—5461.
③　顾祖禹.读史方舆纪要 [M].北京：中华书局，2019：5462.

这里基本上讲清楚了红水河中下游段的概况，当然还存在一些不确切的地方。

明末清初之际的大儒黄宗羲在所撰《今水经》中也认同此观点，他认为："（南盘江）东流至贵州永宁州与北盘江合，盘江经永宁州顶营长官司西四十里南流入广西泗城州，历山林峒，由奉议州城北经州境为左江，东流过隆安武缘至南宁府城西五十里合江镇与龙江合，是为大江，又东西江水来注之（西江水在武缘县西，源出明山界，经本县南流入于大江）。大江又东，八尺江注之，大江东流入横州号为郁江。"①

又称："乌泥江其源有二，俱出程番府，一自金筑司治北为麻线河，至府城西境为七曲江，过卢山东经洪番方番至为番司南为大韦河，一自上司马桥治东北流经小程番卢番北境，南流绕府城东过卧龙司西与大韦河合""绕卧龙司治南，又为绕翠江，过罗番大龙司治北回龙江南流来注之，折绕大龙司东入广西泗城州，经庆远府境达迁江来宾县南，东流萦回约千余里，入于右江。"②

明代，当地习惯称该江为都泥江或乌泥江的红水河，进入清代以后，该江正式定名为红水江及红水河等。

康熙《广西通志》中第一次提到红水江和红水河。载曰："红水江，源出贵州，穿山泻至（迁江县）城东北，会清水江。"③ 又曰："红水河，源自滇中，由泗城那地东兰迳州东北界。"④

又清雍正《广西通志》载：

隘洞水，在（东兰）州东北，即红水河，又名乌泥江，自那地州流入，又东南经思恩之都阳安定诸司入忻城界，水势汹涌昏黑，直等黄河。

红水江，亦曰都泥江，源出贵州，穿山潟至（迁江县）城东北。

红水江，一名红江河，发源云南，由西隆州入（思恩府）界，经泗城东兰等境，自罗墨渡出流庆远府，与柳江合，下浔州与左右两江

---

① 黄宗羲，《今水经》，第36页。
② 黄宗羲，《今水经》，第35页。
③ 康熙《广西通志·卷六：山川二》，第34页。
④ 康熙《广西通志·卷六：山川二》，第8页。

会流。

清雍正以后，随着朝廷对这一带开展大规模的改土归流，人们对红水河流域地形地貌有更加深入的了解，对红水河的地理描述更加准确。

清代官员浙江天台人齐召南在任职之余研究课题，于乾隆二十六年（1761年）撰成著名水利著作《水道提纲》。该书对红水河已有更为准确的认识和记载。其文称：

黔即北江、右江，其上源有三，一曰柳江，一曰北盘江，一曰南盘江。南北盘江之源尤远，北盘江即乌泥江，亦曰红水河，其上源云南贵州之可渡河，所谓盘江者也，源出云南沾益州北境为滇黔川三省之界，……又东南经安南县北境有拖长江，西南自普安州西南界之平夷所东北曲曲流，经州城北，又东经普安安南二县北境而东来会，始曰盘江，又东南经永宁州西境，即安南之东界，……盘江又南数十里经南笼府东北境，又东南曲曲数十里经康庄司西南境，有岩下河东北自岩顶山西南流百余里合东来一水而南来注之，又南入生苗界，有鲁沟河自西安笼镇之西北木舌寨山东流来注之，自生苗界东南流入广西泗城府北境把兰村之东北界，又东折而南流受东来一水，又南受西北来一水，即把兰村东水也，俗曰盘江河，又南而南盘江，曰红水江，自西南西隆州来会，会处在泗城府治陵云县北稍西百五十里把兰村东南二十里西十度四分极二十四度八分，北盘江自源至此九百余里。南盘江即红水江，亦曰八达河，源出云南新沾益州西北三十里之花山。……又东南六十里全入广西西隆州西北界，自此以上总曰八达河，至界曰红水江，折正东流百二十里有清水河，自西南来注之，……又东北流，折而东经泗城府西北境凡百里至把兰村南境而北盘江自北来会。南盘江自沾益至此会曲靖澂江临安广西四府沾益陆凉宜良路南江川新兴通海宁州弥勒石屏阿迷师宗罗平平彝诸州县之水，曲折已千八百里，容受众流，较北盘江势数倍。两盘江既合，总称曰红水河，东南流有一水，自南合二溪来注之，又东流有水自东北稿村合一溪西南流来注之，又东南折而东北数十里，又东南流折而东经上隆村南，又东曲曲经东兰州北境折东北，又东南流至州东北境双凤山北麓福山南麓，又东北流百里经那地州西北境，有拱村水自西北苗界东南流合二水来注之，又折东南至州西，有二水东自州城左右西流来会，又折西南流二十里，东流三十里，有一水自东北来注之，南流曲曲经旧都阳司东，又东南流曰乌泥江至山麓，又折东南流经三旺司西，又曲而南经旧东兰州东，折西南至北荷山东麓，有一水自西南来注之，又南流经都彝山西麓，又南流折东南经十八鹤山东麓，又东南有水自东北来注之，又东南经猫山中百余里，有水自西合二溪来注之，又东南经思恩府西北境，折东北而东经安定土司南，又东南流，有芦江南自鸡笼山北流合西七首水东北流来会，又东北流受北来刀房隘水，又东北经大明山北麓北受一水，又东北经忻城县西南境，有那龙江习江西北自那地州东南合诸水三百余里来会，又东流数十里有龙塘江东北自县城来会，又东南受西南来一水，又东南曲百余里经迁江县西北境，有木托村水自东北来注之，又南流受西南一水，折东南流经县北，有青水江南自县东合西南上林县宾州诸水北流来会，又东北经文辉塔甲山南鸦罗堡北，又东北折东南至来宾县西境，受南来石牙山西水，又东经县城南，有石牙山东水自南来注之，折东北流，有思玉山湖水自西北经城东来会，又东北中有石滩，北流有定清水，西北自双泉山东南流注之，又东北流至象州西南境而柳江自州西而西南来会，自此而下总名曰都泥江，亦曰左江，自把兰村两盘江合处，至此又一千四百余里①。

在清雍正《广西通志》及稍后的嘉庆《广西通志》中，都对红水河流段进行了较详尽的描述，可知雍正乾隆之后，朝廷及省级地方政府对红水河的信息情报掌握得更加精准。

清末赵尔巽领衔修纂的《清史稿》也在《地理志》中对红水河有明确介绍，并已将其定名为红水江。

载曰：

西隆州：南盘江即八达河，西江初源也，下流为红水江，自云南宝宁缘界北流，受者扛、羊街二墟水，经州北，东南至北楼墟，冷水河合治西小水，东北流注之。又东北，会北盘江，东南流，入凌云。

泗城府凌云：红水江为县北界，自西隆入，东北流，左界贵州贞丰、罗斛境，右受白朗塘、罗西塘水。

那地土州：红水江自凌云流入州西北，左受一水，东南入东兰。

---

① 清·齐召南《水道提纲·卷十九：粤江中》，第1页及第7—17页。

百色直隶厅：篆溪源出厅东北坡耶墟，东南流，缘界入东兰，注红水江。

东兰州：红水江自那地土州入，为隘洞江，右纳九曲水，又东南径那州墟，左合平绌江，径板马墟入兴隆。

恩隆：红水江，经县东北，自东兰南流，左界兴隆土司，右受篆溪，又南，众水汇合，东流注之。折东北，入都阳土司。

都阳土司：红水江界恩隆境入司西南，屈东北，右受北来一水，东南入兴隆土司。

兴隆土司：红水江自都阳土司境南流入司西北，右界恩隆。折东南，经都阳土司南、旧城土司东北，复入司境。又东北，右受那马水，罗墟、乔利墟水合西流注之，北入白山、安定二土司界。

旧城土司：红水江界司东北境，秾企水流合焉。那感水出治前，南流入武缘。

白山土司：红水江在北，左界安定土司，东北流，入忻城，合姑娘江，屈东南入上林。

定罗土司：架溪出旧城土司，东南流，至五更山，右受一水，伏流，经那马合秾企水，至旧城贡村墟入红水江。

安定土司：红水江自兴隆土司北流，经司东南，合九邓墟水，径灭蛮关入，左纳刁江，折东南入上林。

上林：南北两江合流，其下红水江，经县北，缘忻城南界，东南流入迁江。北江出县西北清水隘，东南流，经治北，右受南江，曰鼓江。又东，汇水自县东北二源合南流注之。又东，右受狮螺江，东南入宾州。

迁江：红水江自上林入，东南流，左受俭排水，经治北，会清水江，东入来宾。思览江自宾州入县南，屈曲北流，左受贺水曰清水江，北注红水江。北三江出忻城土县，经县东，北流入来宾，注红水江。

忻城土县：红水江自安定土司缘南界东流，右为上林界。龙塘江出永定土司，南流注之。又东南，右界迁江，左受古万塘水，入迁江。

来宾：城南大江即红水江，一曰都泥江，西江干流也，自迁江入，东北流，左受北三江，至城南，白马溪出白牛峒，北流注之。又东北，右受观音山水，左受定清水，复折东南，与象江会，曰潭江，入武宣①。

基本上把红水河流域流经各县（土司）都提及了。

当然已无土司了，土司在清代已全部改土归流设置为县乡政府。但这是在讲述清代的历史。

中华人民共和国成立以后，《清史稿》中所称的红水江也逐渐统一称为红水河。

由此可知，在明代之前，历史上并不知道有这样一条河流的存在，红水河进入历史，是一个从模糊至清晰的逐步过程。先是浮现出下游段，再是露出上游段，最后才是中游段，逐段呈现。至雍正乾隆以后基本定型。

二、以红水河为古桥水：近代广西方面对红水河的考证

近代以来，贵州方面对红水河为牂牁江原型的流传较广，但是丝毫没有影响到广西方面。因为贵州方面以红水河为牂牁江主要目的是构建安顺及周边一带的古夜郎国文化品牌，但是广西方面却没有这方面需求。因此他们并不认同红水河即古牂牁江的说法，而是提出红水河是古桥水的理论。

1931 年后长期担任广西省主席的桂系巨头黄旭初所修纂的民国《迁江县志》中有载：

红水江，亦曰都泥江，即前《汉书地理志》之峤水也。其源有二，一由贵州穿山东界，一由云南沾益州西北界，名南北盘江，合流直贯县之中部，至县城东北始，会清水江，清浊合流不混者三里，下达浔梧②。

峤水又称桥水，最早见于《汉书》，《汉书·地理志》中多有提及。

《汉书·卷二十八上：地理志：第八上》载："益州郡，武帝元封二年开。莽曰就新。属益州。户八万一千九百四十六，口五十八万四百六十三。县二十四。滇池，大泽在西，滇池泽在西北。有黑水祠。双柏，同劳，铜濑，谈虏山，迷水所出，东至谈稿入温。连然，有盐官。俞元，池在南，桥水所出，东至毋单入温，行

---

① 清史稿 [M]. 北京：中华书局，1976：2299—2306.
② 黄旭初，等. 迁江县志·川 [M]. 铅印本 .1935：15.

千九百里。……毋棳，桥水首受桥山，东至中留入潭，过郡四，行三千一百二十里。莽曰有棳。"①

又《汉书·卷二十八下：地理志：第八下》曰："郁林郡，故秦桂林郡，属尉佗。武帝元鼎六年开。更名，有小溪川水七，并行三千一百一十里。莽曰郁平。属交州。户万二千四百一十五，口七万一千一百六十二。县十二。……领方，斤南水入郁。又有桥水。都尉治。"②

一般认为，桥水发源于益州郡俞元县，流经牂牁郡毋单县汇入温水，又流经毋棳县，有桥山，又流经郁林郡领方县，至中留县汇入潭水。潭水即今柳江。

此桥水的原型当是南盘江的支流，温水当指的是南盘江。

一般以为毋棳县旧址在今云南建水一带，故桥水原型是当南盘江在云南段最南的支流乐蒙河，此河流经建水。

清乾隆齐召南的《水道提纲》有载："乐蒙河，上源出石屏州西北宝秀乡北山，东南流经州西南亦曰曲江，又东南而北潴为巨泽，广长三十余里，曰异龙湖，自东南流出曰泸江河，又东南流六十里经临安府城南，又东折东北流有象冲河自南山北流来会曰乐蒙河，又东北至岩洞而伏，又东流出经样田塘南，又东南流三十里至燕子洞而伏阿迷州西南境也，又东流出折东北流五十里经州城东南有一水东南自南洞来会，折西北流经城东北，又西北十余里折东北流四十里入盘江。此水源流三百余里，两伏于大山下复出，亦天生桥也。"③

乐蒙河今称泸江，发源于石屏县异龙湖，向东流经建水、开远，在开远市城北注入南盘江，河长144.4千米。

古代关于南盘江即温水的走向，并不是沿今红水河上中游流经的，而是不断向东流。

此《水经注·卷三十六：温水》有载：

温水又东南，径牂牁之毋单县。建兴中，刘禅割属建宁郡。桥水

① 班固.汉书·卷二十八上：地理志：第八上 [M]. 北京：中华书局，1962：1601.
② 班固.汉书·卷二十八下：地理志：第八下 [M]. 北京：中华书局，1962：1628.
③ 齐召南，《水道提纲·卷十九：粤江中》，第11页。

注之。水上承俞元之南池。县治龙池洲，周四十七里。一名河水，与邪龙分浦，后立河阳郡，治河阳县，县在河源洲上，又有云平县，并在洲中。桥水东流至毋单县，注于温。温水又东南，径兴古郡之毋棳县东。王莽更名有棳也。与南桥水合。水出县之桥山，东流，梁水注之。梁水上承河水于俞元县而东南径兴古之胜休县，王莽更名胜棳县。梁水又东径毋棳县，左注桥水。桥水又东，注于温①。

道光《云南通志》认为桥水即曲江，载曰："桥水即曲江，出今新兴州北，又云池在南，池即星云湖，古县地广，东兼及江川，盖桥水出俞元而河水则出俞元胜休界上也。"②《水经注》分桥水为二，一曰河水，亦曰梁水，其一曰南桥，似梁水即今星云抚仙二湖，而南桥即今曲江，其源皆出俞元。"③

由此可知桥水当为星云、抚仙二湖，其东流入南盘江。又曲江发源于星云湖之滨的江川县（今玉溪市江川区），该河在星云、抚仙二湖之南，当乃是南桥水，亦向东注入南盘江。

南盘江汇桥水二流后，又向南而折东北，在桂滇边南岸又接入重要支流清水江。

齐召南《水道提纲》亦有载："南盘江又西北折而东北经广西府之南境及广南府之西北境，凡曲二百八十里，有清水河自西南来会。清水河出邱北汛，二源，一出汛南山，东北流，一出西北山，东南流，合而东北行山中凡二百余里入盘江。"④

齐召南所在的清代中期才知南盘江流域的水系走向，而在明代之前，更毋论是在西汉及南北朝时期，当还无人知晓南盘江与北盘江合为红水河的地理现实，因此，古人可能都大方向地认为桥水从（毋单县、毋棳县）向东流合南盘江，又向东通过清水江（此发源云南的清水江）接驮娘江或西洋江（右江），又向东入武缘江（武鸣江），再向东（至领方县）接贺水（此广西清水江），又在今迁江镇注入红水河，并向东至武宣（中留县）注入柳江（潭江）。

---

① 《水经注·卷三十六·温水》，第887页。
② 道光《云南通志·卷三十三：建置志一之三沿革三》，第15页。
③ 道光《云南通志·卷三十二：建置志一之二沿革二》，第16页。
④ 齐召南，《水道提纲·卷十九：粤江中》，第12页。

民国《迁江县志》关于红水河为古桥水的观点，承袭于清光绪《迁江县志》。

光绪《迁江县志》是由时任迁江知县的贵州贵阳人颜嗣徽主持纂修的。

颜嗣徽字义宣，别号望眉，清同治九年（1870 年）解元，但此后却屡试不第，遂以保荐而出任官职，历官广西阳朔、迁江等县知县，升归顺直隶州知州等。在任时曾编纂《迁江县志》《归顺州志》。

光绪《迁江县志》今存光绪十七年（1891 年）桂林书局刻本。全志分图一：舆图，表三：沿革、职官、选举，略十：疆域、建置、乡里、山川、风俗、物产、经政、学制、兵制、邮政，以及列传和纪事凡十六门。是迁江置县后第一部县志。《续修四库全书提要》云："其尽盖仿郑小谷《象州志》之意，而加以详赡，文笔亦复雅洁，纪事一门，事确言核，叙次简当，惟所采望眉诗文过多，不免文人结习耳。"

颜嗣徽曾作《红水江考》，称：

考前《汉书地理志》郁林郡临尘朱涯水入领方，又有斤员水行七百里领方斤员入郁，又有峤水，颜师古注曰墙音桥。益州郡毋棳：桥水首受桥山，东至中留入潭，过郡四，行三千一百二十里。……《通志》（指嘉庆《广西通志》）称北盘江出云南贵州之可渡河，径南笼府入广西泗浔府北境把兰村，有南盘江自西隆州来会。南盘江出云南沾益州西北之花山，江势较北盘江为大，亦至泗城府把兰村与北盘会，总名洪水江，又名都泥江，行三千二百余里至象州与柳江会。考证诸说，则今日所经本邑北郭外之红水江即《汉书》之领方桥水无疑，桥山即《通志》所称之花山。中留，郑小谷比部[1]《象州志》谓即今之象州。所谓入潭，即今之浔州江也，经益州牂牁郁林各郡行三千余里，与《通志》所称道理亦合，均历历可印证也。[2]

清光绪颜嗣徽以红水河为古桥水的观点，可能出自道光《云南通志》。

道光《云南通志》载："骊水当今红水江，亦曰刚水，亦曰温水，

---

① 比部是指明清时对刑部及其司官的习称，此《象州志》作者郑小谷为象州人，进士出身，曾授刑部云南司主事等职。

② 黄旭初. 迁江县志·川 [M]. 铅印本 .1935: 16.

亦曰桥水。"①

迁江县和来宾县曾是红水河下游所流经的主要县，今迁江县已撤减为镇，而来宾县则扩升为地级市。

民国时期，来宾县也提出红水河即为《汉书地理志》所称的古桥水。

此民国《来宾县志》亦载："考红水江源远流长，源出云南沾益县之盘山，南北各一川，南曰南盘江，北曰北盘江，迂回各千数百里，复会于广西贵州界上之雅亭墟，流于两省之间各数百里至那地土州之西南，折而南经东兰县之东，又东南经上林都安两县界入迁江县境，抵迁江县城之北，乃折而东北入县境，即《汉书地理志》所称桥水，首受桥山，东至中溜入潭，行三千一百二十里是也。"②

三、航运中阻不通：红水河不可能是牂牁江原型

中华人民共和国成立后，随着各级政府的建立，以及集体化的工农业发展，国内的大部分有人口居住的地区，山川田地的底数基本上已全面摸清，因此对红水河的地理现状及航道情况也有了更加完整的认识。

现在我们知道红水河是西江水系的一段干流。上游干流为南盘江，发源于云南省东部曲靖市沾益区马雄山（滇东高原山区，海拔在1500米以上）。从源头向西南后又转东北流，出云南至广西西林县八大河乡与南来相注的清水江汇合，成为滇桂之间的界河。又沿滇桂边界往北流又与黄泥河汇合，成为黔桂的界河。然后沿广西西林、隆林、田林3县（自治县）北部边界和乐业县西部边界至贵州省望谟县蔗香村双江口与发源于云南曲靖市沾益区乌蒙山脉马雄山西北麓、主要流经贵州西部的北盘江汇合，始称红水河。红水河流经贵州的望谟县、罗甸县南部边界（南岸为广西乐业、天峨县），又向东南经广西的天峨、南丹、东兰、巴马、大化、都安、马山、忻城、来宾等市（县、区），至象州县石龙镇三江口与柳江会合，称为黔江。全长659千米，落差

---

① 道光《云南通志·卷三十二：建置志一之二》，第34页。
② 宾上武，翟富文.来宾县志·县之形胜二：地理篇五[M].排印本.1936：91.

254 米 ①。

红水河流域地势北高南低，北部海拔为 900—1600 米，南部河谷 230—300 米。流域内以山地为主，山地占总面积的 82%，山丘占 18%。流域地质环境比较特殊，系山盆期的古夷平面，由于第四纪地壳间歇式上升，水系发育，高原经受肤解破坏，地貌呈现砂页岩侵蚀高山和灰岩峰丛山地和峰丛漏斗注地。石灰岩分布面广，岩溶发育。支流大都经过几段伏流才汇入干流，多岩溶井泉和峰林洼地。伏流河段大都集中数十米到百余米落差，是我国水电开发最富集的优越河段之一。《广西通志·自然地理志：水系与河流》也称："自红水河上游南盘江的天生桥至黔江大藤岭，河长 1050 千米，落差 760 米，可开发水电资源达 1100 多万千瓦。" ② 这就决定了红水河某些河段在自然环境下不具备通航的条件。

因此在古代文献中并没有关于红水河通航至上中游的记载，仅记载了上游段局部及下游段涉及的航运史料。

如清道光《大定府志》主纂邹汉勋曾称："今红水江在册亨地可以行船，通番禺，是其证也。"邹汉勋的说法可能出自明万历年间贵州提学使郑旻所撰的《牂牁江解》，其文曰："（北盘江）下流至打罕（指永宁始建州处）联泗城界，舟船始通焉。" ③ 即指贵州册亨一带北盘江注汇为红水河处。

红水河下游自清水江汇入处的原迁江县城（今迁江镇）一带古代亦可通航。

清雍正《广西通志》载："清水江，源出上林，至（迁江县）城东北合红水江，流下来宾，达浔梧东粤，由江口转江通桂林柳庆，其鱼梁滩最险，大船难进，小舟仅可达上林邹墟。" ④

但通志迁江县中也有载红水江，却并没有提及该河上游段通航。

① 广西壮族自治区地方志编纂委员会．广西通志·岩溶志 [M]．南宁：广西人民出版社，2000：35.

② 广西壮族自治区地方志编纂委员会．广西通志·自然地理志 [M]．南宁：广西人民出版社，1994：175.

③ 日本藏中国罕见地方志丛刊：[万历] 贵州通志·卷二十三：艺文 [M]．北京：书目文献出版社，1991.

④ 清雍正《广西通志·卷十七：山川：迁江县》，第 11 页。

亦载："红水江，亦曰都泥江，源出贵州，穿山濿至（迁江县）城东北会清水江，合流而下，秋夏水红黄难饮，春冬水清。上有滩十五处，高险无比。"①

雍正《广西通志·卷十六·山川》来宾县段也提及红水江中的多处险滩，称曰："大江，源出滇南，自迁江流经（来宾）县城西七十里，至都泥江口合柳江，历武宣。内有蓬莱、黄牛、古塔诸潭，最称险恶，舟子动色相戒，犹往往覆溺水。入夏即红，顷刻涨数丈，巨木枯枝与流俱下。至秋深水。乃定名红坭江。"②

也说明红水河下游来宾段也通舟楫，但航行极为凶险。

本人翻阅了雍正《广西通志》、嘉庆《广西通志》及相关地方州县志等诸多涉及红水河地理信息的史料，均未发现红水河中游及以上流段在中华人民共和国成立之前有通航的记载。

这些史志在载述其他河流中往往也会提及"可通舟楫"等内容，说明红水河在历史上并不通航。因此迁江以上段流域内及沿岸也没有形成有一定影响的水运码头和航运业极为信仰崇奉的水神庙宇等。

中华人民共和国成立以后，随着社会主义建设的深入，红水河流域开始发生翻天覆地的变化。沿岸地区的公路交通和水运交通也不断新建和开发，尤其是影响不通航的主要因素：落差问题及滩礁问题也都逐渐通过新建水电站进行渠化和爆破疏炸等方式得以解决，于是阻碍航运贯通的红水河中游段也逐步实现通运。

此《广西通志·航道志：内河与沿海航道》有载："红水河原主要碍航滩险有蓬莱滩、赌命滩、大黄牛、十五滩、都良滩、龙滩等38个，滩上枯水深为1—2米，航道条件差异大，河道特点是狭窄弯曲，水中暗礁林立，水流湍急，其虽属西江主干流河段，在未开发前，都安红渡以下仅能通航30—50吨木帆船。经过1936—1937年、1955—1958年的疏炸，1970—1975年渠化与疏炸相结合的工程开发及目前水电工程兴建而形成的梯级库区，航道得到较大改善。""1972年在恶滩建成一座通航梯级，设有二级船闸，可通航250吨级轮驳船队，渠化河段74千米；大化电站建成后，渠化里程81.9千米；岩滩电站建成

① 清雍正《广西通志·卷十七：山川：迁江县》，第11页。
② 清雍正《广西通志·卷十六：山川：来宾县》，第17页。

后，回水 76 千米至东兰港，航道得以改善。""但由于大化、岩滩电站的过船建筑物尚未建成，影响了红水河的贯通运行。"[①]

通过整治，红水河上中游各县航行条件都得以改善。

如在红水河上游天峨县，境内最大河宽为 153 米，与上段册亨县落差 74.94 米。经改善后的可通航河流只有红水河和布柳河的部分河段。但通行的吨位极低，红水河六排之上段至望谟县只能通行 10 吨位船只[②]。1994 年版《天峨县志·航道》亦载："红水河在天峨县境内 111.5 千米的航程中，计有蔡滩、新滩、小八腊滩、纳相滩、达良滩、新街滩、雷公滩、龙滩、云榜滩等阻碍高吨位船只通行。1985 年 3 月间，贵州省航道队分别对蔡滩、小八腊滩、纳相滩、达良滩进行疏河炸礁，但没有多大改观。"[③]

在南丹县境内，红水河经天峨县从吾隘乡古王屯入境，蜿蜒迂回 52.3 千米后，经吾隘乡独田村拉仁屯出境入东兰县。境内河床为石底岩峰，河宽 200—300 米，改善后的航道在洪水季节可通行 70 吨的机电船。

在东兰县境内，红水河自县境北部金谷乡板丁村向南流经六隆村、长江、坡拉、东院、隘洞、长乐、三弄、四合、大同等乡（镇），在东南部大同乡平勇村流入都安县境。流经县内长度 92 千米。又《东兰县志·航道》亦载："红水河是县唯一的水上运输航道。""丰水期可通航 20 余吨位，枯水期通航 10 吨位。"[④]

历史上红水河的阻梗主要可能还在于今都安瑶族自治县境内。

关于红水河中游一带不通航运的现状，在 1936 年出版的民国《来宾县志》中也有明确记载，该志《县之形胜二地理篇五》第 91 页载："考红水江源远流长。……上游所并川渠甚多，又闻流经某地为丹沙松土，故岁值盛涨则水浑浊，甚者作丹沙色，因名红水江，秋深水始清。""自迁江县以上，所过地率山谷，荒僻无通都大道，故商贾运输不甚盛有，谓某地巨石横江如关，高十余丈，江水悬流，下若瀑布，

---

① 广西壮族自治区地方志编纂委员会 . 广西通志·航道志 [M]. 南宁：广西人民出版社，1996：249.
② 《天峨县志》编委会 . 天峨县志 [M]. 南宁：广西人民出版社，1994：306.
③ 《天峨县志》编委会 . 天峨县志 [M]. 南宁：广西人民出版社，1994：306.
④ 《天峨县志》编委会 . 天峨县志 [M]. 南宁：广西人民出版社，1994：388.

然舟至此不能过。隔绝比异域，交通不畅，盖有由也。"①

这说明在民国时期，红水河在迁江县以上段不通航运。修志时也进行了调查采访，有人称是上游某段有巨石截断河流，形成一定落差，"江水悬流，下若瀑布"，因此水运不通。

这种状况，只有在中华人民共和国成立后才被解决。当然主要是通过修建水电站等渠化形式，如只进行疏浚炸礁可能还没用。

因此 20 世纪 80 年代广西壮族自治区修志时也曾对历史上所谓的"红水河为牂牁江说"观点进行调查研究，并否定了此说法。其考证结果称：

> 据贵州省水利水电勘测设计院所发表的《珠江流域贵州部分北盘江水系概述》一文材料，北盘江自岔河进入贵州省内约 100 千米，河谷多为 V 形峡谷，谷坡陡峻，人烟稀少，只在下游河段行驶小木船。……其中盘江桥至贞丰董冈河段，两岸削壁特多，滩险流急，百层附近可通木船。百层至双江口河段……仅能通行木船。盘江汇流入红水河，蔗香至三江 617.2 千米，共有滩险 278 处，平均 2.3 千米就有一处。河中礁石洲和散礁屹立，星罗棋布，航槽弯曲狭窄，通航条件甚差，分段通航木帆船，从盘江一直通航红水河的船舶不多。直至今日贵州交通厅还在进行南北盘至红水河的通航试验，1985 年两次通航试验已取得成功，但也只到天峨、东兰等地，还不能全部通航直下梧州、广州。贵州的同志看到北盘江在贵州境内的某些河段可以通航，正符合古籍所说"江广百余步，足以行船"，可是他们并不了解南北盘江汇流入广西红水河的地形，是从高原陡坡急剧下降的河道，通航条件恶劣，全线通航有困难②。

而早在康熙时期福建侯官人陈梦雷所编《古今图书集成》也否定乌泥江（即红水河）为牂牁江之说。

该书《职方典》载："《前志》郁江之北龙自夜郎牂牁而来。按《华阳国志》谓：顷襄王遣庄蹻伐夜郎，至且兰系船于岸，趋步既灭，夜郎遂以系船处易名牂牁。按牂牁系船杙也，一作戕牁。《史记注》谓：

---

① 宾上武，瞿富文. 来宾县志 [M]. 排印本 .1936: 141.

② 广西地方志. 牂牁江考证 [EB/OL].[2017-01-04].http://www.gxdfz.org.cn/fangzhiluntai/dqxxyj/201701/t20170104_36076.html.

牂牁江广数里，出番禺下，即所谓夜郎豚水者，汉击南越，发夜郎兵下牂牁，会于番禺牂牁，既会番禺，必经粤右。《粤志》未定指何处，或以乌坭当之，非是。柳子厚诗：林邑东回山似戟，牂牁南下水如汤。又曰牂牁水向郡前流。盖牂牁入粤与龙江会融，江北来注焉，径龙城会象江出浔州，与左江会，又东会桂江，始入番禺。谓牂牁即广数里殊为未确。"①

说明陈梦雷否认乌泥江为牂牁江，而提出发源于贵州东南部与龙江河会为柳江的融江为牂牁水说法。融江的上游在古代被认为是古州江。

当然，红水河不可能是牂牁江的另一原因还有，古代红水河上游一带瘴疬很重，不是理想的大规模人员聚集地。《史记》载，以汉将军领巴蜀卒并"发夜郎兵下牂牁"，拟攻南越以破其国。但不可能在此集合上船，一是没有码头，水运不通；二是这一带瘴气太重，对军士健康影响很大。

---

① 陈梦雷.南宁府部杂录 [M]// 古今图书集成：职方典：第一千四百四十六卷：南宁府部艺文二：第 175 册.北京：中华书局，1934：8.

第九章 基于古代地理认知的《水经注》
牂牁江原型考察

一、《水经注》牂牁江的原型探析

郦道元《水经注》中的牂牁江肯定有其当时的河流原型。但基于古代地理认知的不全面或不完整，《水经注》中的牂牁江原型可能是聚合了今天的诸多河流为一体。现予以考察剖析。

《水经注·卷三十六》写有牂牁水，称其上游为郁水，因流经牂牁郡治且兰县而称牂牁水（江）。载曰：

郁水即夜郎豚水也。……豚水东北流，径谈稿县，东径牂牁郡且兰县，谓之牂牁水。水广数里，县临江上，故且兰侯国也。一名头兰，牂牁郡治也。楚将庄蹻溯沅伐夜郎，椓牂牁系船，因名且兰为牂牁矣。汉武帝元鼎六年开。王莽更名同亭。有柱浦关。牂牁亦江中两山名也。左思《吴都赋》云吐浪牂牁者也。元鼎五年，武帝伐南越，发夜郎精兵，下牂牁江，同会番禺是也。牂牁水又东南径毋敛县西，毋敛水出焉。又东，骢水出焉。又径郁林广郁县为郁水。又东北径领方县北，又东径布山县北，郁林郡治也。吴陆绩曰：从今以去六十年，车同轨，书同文。至大康元年，晋果平吴。又径中留县南，与温水合，又东入阿林县，潭水注之。（潭）水出武陵郡镡成县玉山，东流径郁林郡潭中县，周水自西南来注之。潭水又东南流，与刚水合。（刚）水西出样柯毋敛县，王莽之有敛也，东至潭中入潭。潭水又径中留县东，阿林县西，右入郁水。①

本人认为，此豚水原型可能指的是发源于今贵州南部独山县的曹渡河支流六洞河。曹渡河发源于都匀市摆忙乡的烂木山果树场，向西南流经都匀、贵定、平塘、罗甸及广西壮族自治区天峨等县（市）注入红水河，河长 188 千米。六洞河是曹渡河支流，亦称平舟河，发源于独山县北部影山镇翁奇村附近的八坝坡，先向北后向西南流经独山、平塘及广西壮族自治区的南丹、天峨等县后，在天峨县与罗甸县东部

---

① 郦道元. 水经注全译：卷三十六：温水 [M]. 陈桥驿等，译注. 贵阳：贵州人民出版社，2008：888.

交界的里且附近流入曹渡河。该河道弯曲度大，全长218千米，落差1072米。在流经平塘县境时出现两次伏流。在拉敖附近流入地下伏流约5千米后复出地表，流经12.5千米于平寨附近二次伏流1千米后复出地表。

平舟河又称平洲河，《明一统志》有载："平洲河，在平洲六洞长官司（即今平塘县一带）南，水中有洲，上土人开肆贸易其上。"①

这是一条西北流向，在曹渡河下游即将注入红水河处汇入曹渡河的河流。

《清史稿》也提到平舟河，载："独山州西，丰安河自都匀入，径城北，深河、平舟河来注之，再西入长寨（即今长顺县）。"② 可见，丰安河当是曹渡河。

由于明代之前，人们并不知道有红水河的存在，因此，该河在更早的古代可能被认为是夜郎豚水的源头。

此豚水东北流，当是借道蒙江（一源在长顺、惠水一带）。而以蒙江干流格凸河（即古代认为是北盘江相通的乌泥河）而溯流东北，古代或以为此河又通乌江南源三岔河。此两河分别位于今安顺市区南北一带。

又古代或以为三岔河（此段流经普定、安顺、平坝、清镇北侧）是向东流与乌江南侧支流清水河（流经今贵阳、贵定、开阳一带，上游是南明河）相通，又向东流经而与今沅江源头的清水江相通。

如《清史稿·地理志：开州》就有载"可渡河伏流复东注清水江"之事，原文曰："南明河自贵筑入，径开州城东，洗泥河东北注之，又北流，落旺河东北注之，又东为清水江，合乌江。乌江自修文入，为六广河，径城西北，纳沙溪水、养龙水，径城北，洋水河、横水河合流注之，东南会清水江，缘遵义境入瓮安。可渡河出城东南，伏流复出，为落旺河，东注清水江。"③

此可渡河不详，不知是开州可渡河，还是北盘江上游之可渡河。但至少说明贵州及西南一带水系多有潜流、伏流。

---

① 明·李贤等撰《明一统志·卷八十八：贵州布政司都匀卫》，第27页。
② 赵尔巽. 清史稿[M]. 北京：中华书局，1986：2357.
③ 赵尔巽. 清史稿[M]. 北京：中华书局，1986：2353.

文中开州瓮安间之清水江也非今沅江上游之清水江。但古人也有可能认为此两河或伏流相通。

此即"豚水东北流，径谈稿县，东径牂牁郡且兰县，谓之牂牁水"之来源。汉谈稿县在今安顺至贵阳一带。而牂牁郡治且兰县一般认为在今麻江县附近一带，主要有黄平旧州说、黄平兴隆说、凯里都兰说、福泉城南说及都匀说、麻江说等。

以上仅作简单推测，下面再对牂牁水情况作基于文献背景的实证研究和考察。

《水经注》以牂牁水流经牂牁郡治且兰县，因此将沅江的源头当作是牂牁水上游。

在中国古人的地理山川认知有限，他们可能认为牂牁水的上游是独山江，独山江上游是都匀河，都匀河由沅江的南源马尾河与北源麻哈江及其支流山江河、舟溪江等组成。

张廷玉等撰《明史·志第二十二：地理七云南：贵州都匀府》载："独山州，本九名九姓独山州长官司。洪武十六年置，属都匀卫。弘治七年五月升为独山州，属府。南有独山，有独山江，即都匀河下流，南入广西天河县界，为龙江。""都匀长官司，府南。……南有都匀河，亦名马尾河。""邦水长官司，府西。……邦水河在东南，本名扳河，即都匀河上源。""麻哈州，……南有麻哈江，即邦水河之上源。""平定长官司，州西北。……东有山江河。""清平，府北，本清平长官司，……东有香炉山，嘉靖十二年四月徙清平卫中左所于此。北有云溪洞。南有木级坡。又东有山江河，源出香炉山，有舟溪江流合焉，亦都匀河上源。"①

以上河流，在当今现地理概念中，可分成两个水系三条河流。其中都匀河与麻哈江为今长江水系沅江南北的主要源头。都匀河即马尾河，是沅江上游干流清水江的南源，属主源（正源）。马尾河发源于黔南最高峰斗篷山南麓（为贵定县东南界，与都匀市、麻江县交界），向东流经谷江（此段称为谷江河，又称谷蒙河），流经都匀市区（称剑江）至马尾，始称马尾河。上游汇集有文德河、石板河、邦水河等多

---

① 张廷玉. 明史 [M]. 北京：中华书局，1977：1204—1205.

条支流。其中邦水河因流经邦水司得名，元代称扳水，明代始称邦水，位于都匀市区西部，支流14条，河长22千米。古代也曾以邦水河为独山州源头。

马尾河后又向东北流经丹寨、麻江、凯里等县（市）境，在凯里市城西接纳舟溪江，又向东北流，在凯里市旁海镇与北源重安江相会，始称清水江。

重安江上游即麻哈江，又称诸梁江，源出贵州麻江县西北大山，因麻江县原称麻哈州而得名，麻哈江流经福泉市城南，有马场江、羊场河等注入，又向东在县东南境流出凯里界，成为凯里市与黄平县的界河。又向东流经黄平县重安镇而称重安江，江南侧由发源于香炉山的山江河向北流经后注入，再向东与马尾河（至此已称龙头河）相会，称为清水江。

此张廷玉等撰《明史·志第二十二：地理七云南：贵州》载："平越军民府，元平月长官司。洪武十四年置平越守御千户所。十五年闰二月改为平越卫。十七年二月升军民指挥使司。万历二十九年四月置平越军民府于卫城，以播州地益之，属贵州布政司。东有峨黎山，又有七盘坡。东南有麻哈江，其上源即黄平州之两岔江。南有马场江，又有羊场河，俱东入于麻哈江。""黄平州，本黄平安抚司。洪武七年十一月置，属播州宣慰司。万历二十九年四月改为州，来属。东有七里谷。西南有两岔江，以两源合流而名。又东有冷水河。"[1]

以上平越军民府（即今福泉市）之峨黎山，当是徐霞客所以为的大右江的发源地。

又黄平州（今黄平县）两岔江，乃是沅江北侧的上游重要支流潕阳河（又称无水）的发源干流，冷水河为其下游。

故两岔江与麻哈江并不相通，但由于麻哈江北侧支流翁马河发源处与两岔河较为接近，因此，古人大概的认为此两河相通，于是写入国家正史之中。

在上文中，沅江上游清水江南北二源，其水是往东北流的，而非是往南流的。

---

① 张廷玉. 明史 [M]. 北京：中华书局，1977：1205—1206.

由此我们也可以推测"豚水东北流，径谈稿县，东径牂牁郡且兰县，谓之牂牁水"的河流跨越、逆流借道等渊源。

由于史书上记载牂牁郡且兰县为沅江源头一带，而且这一带的水系也都主要集中于麻哈江和都匀河，那么就基本可以确定《水经注》所称"豚水东北流，径谈稿县，东径牂牁郡且兰县，谓之牂牁水。"的牂牁水原型是麻哈江或是都匀河。

《明史》中还认为都匀河的下游是独山江。

独山江其实与都匀河并不相通。它是珠江水系黔江上游柳江上游都江的源头。

都江在明代称合江，以烂土河（天河）、打见河、马场河三条河汇合而得名。主干发源于贵州省独山县拉林乡附近的磨石湾，东南流至平黄山折西南流，至独山城南郊折东南流，至王屯河口折东北流，经江寨、烂土、大河，至交梨河口东南转东北流至三都县。又有支流从都匀市南流、丹寨县南部汇入。都柳江在独山县境段叫独山江。流入三都县境烂土段叫烂土河，打见河汇入之后称大河。与马场河汇合后流至原都江厅称都江。后又向东流经榕江县、从江县，入广西三江县寻江（古宜河）口，进入柳江干流融江段。

在古代，很长一段时间，人们并不知道今独山江是都柳江的源头。古人所认定的都柳江源头是古州江上游，"出镡成县玉山"，后世以为是福禄江源头，出今湖南靖州一带。

此《明一统志》即载："福禄江，源自苗地，至（黎平）府西境为古州江，东至永从县南合彩江为福禄江，又东合大岩江为南江流入于广西柳州界。""容江，在曹滴洞长官司西南，源出苗地，北入福禄江。"[1]

此黎平府时属贵州布政司，其东邻靖州，靖州湖广布政司辖地。

明末清初，浙江人黄宗羲撰《今水经》也载："福禄江源自湖广靖州西南，流入贵州黎平府西境为古州江，东流至永从县东南流合为福禄江。"[2]

因此，《明史》中也认为独山江的下游是龙江。

---

[1] 《明一统志·卷八十八：贵州布政司：黎平府》，第16页。
[2] 清·黄宗羲，《今水经》，《黄氏续抄原本》（知不足斋丛书），第34页。

　　嘉庆《广西通志·卷一百十一：山川略十八川三：宜山县》也有载，清乾隆庆远府知府李文琰的《龙江考》曰："龙江自贵州都匀府而来，其源有二，一源出清平县东香炉山曰山江河，一源出黄平州曰舟溪江，二水合流为两岔江，东南流径麻哈州南曰麻哈河，平越府之马场江羊场河自西来入焉，径邦水长官司东南曰邦水河，绕都匀府西为马尾河，俗谓之都匀河，径独山州南曰独山江，又东南入荔波县至劳村董界等处有水自黎平府古州苗地西流汇合，统名劳村江。"①

　　此龙江当是《水经注》"牂柯水又东南径毋敛县西，毋敛水出焉"之毋敛水。

　　从此毋敛水出毋敛县西，则知毋敛县治必在独山县以东一带。

　　在古代的贵州地理认定中，以东南或南称之为东。比如，今贵州东部黄平县飞云崖有牌坊，上书有"黔南第一洞天"字迹，即可佐证。

　　如以龙江上游的劳村江为"毋敛水出焉"，则劳村江以东或东南当为毋敛县治所在地。独山江当是以都匀河为原型的牂柯水一部分。

　　据清雍正《广西通志·卷十六：山川：荔波县》载："劳村江，一源出古州苗地，流入县之鹅甫，由周覃水春旧县巴灰董界汇归劳村，历一百四十里，一源出黔省烂土司流入羊安，由方村新县冲芒汇归劳村，约二百里，并皆峭石险滩，不通舟楫，由劳村合流暗入山岩，抵思恩县界径达金城下龙江。"②

　　又《明史》亦载："荔波，州西北。洪武十七年九月析思恩县地置，属府。正统十二年改属南丹州。成化十一年九月又属府。正德元年来属。州东南有劳村江，源出贵州陈蒙烂土长官司，流入州界，为金城江。"③

　　可知劳村江发源于今三都（即陈蒙烂土长官司）与荔波、榕江（即古州）交界一带。先向西南流，上游主要流经荔波县、南丹县，又向东南流，在河池金城镇一带称之为金城江。

　　由于劳村江发源的陈蒙烂土长官司及古州苗地一带与独山江流经地一带较为接近，因此，古人认为独山江与劳村江、金城江也相贯通。

---

① 嘉庆《广西通志·卷一百十一：山川略十八川三》，第3310—3311页。
② 清雍正《广西通志·卷十六山川》，第28页。
③ 张廷玉，等.明史[M].北京：中华书局，1977：1158.

清雍正《广西通志·卷十六：山川：庆远府》亦载："龙江，石笋嶙峋，滩门险激，发源贵州都匀府，自独山州流入，经府西北诸蛮峒会思荔诸水，东南流至县北折而东入柳城，江汇融象，下浔梧，水势宛转如龙，故名。"①

可知，劳村江、金城江都是龙江上游，龙江下游汇入融江（即柳江上游）。

《清史稿》亦载：

金城江，龙江上流也，自南丹土州入，右合秀水，经治南，伏而复出，东入宜山。②

龙江，上源曰劳村江，柳江西系也，自河池入，合东江，东南流，折北，右受马鬃河，左受中洲小河。又东南，经府治北，合洛蒙江、思吾溪，经永顺副土司南，受永顺水，东至柳城合于融江。③

可知，牂牁水在此又借道为龙江上游。

《水经注》又载：牂牁水"又东，骊水出焉"。

此骊水的原型当是红水河中段。

由于金城江南侧与红水河的北侧支流刁江、小江较为接近，在更早之前，人们可能认为两河相通，金城江的下游为红水河。

《明史》亦载："河池州（元河池县），弘治十七年五月升为州。东有金城江，下流合于都泥江。江北有金城镇巡检司。"④

此都泥江即红水河。

《明一统志》也载："庆远府，《郡志》：控牂牁昆明等十五部，为岭南要害之地。""龙江，在府城北，石岸峭险，东流经柳象寻藤梧等州，至广州入南海相传江道如龙故名。""小江，在府城北流合龙江。""金城江，在河池州东旧金城州以此为名。""乌泥江，在忻城县西六里，合龙江北流过东水源等江入于浔梧州界。"⑤

此乌泥江亦即红水河。

刁江是红水河的最大支流，发源于广西壮族自治区南丹县车河镇

① 清雍正《广西通志·卷十六：山川：庆远府》，第20—21页。
② 清史稿 [M]. 北京：中华书局，1976：2300.
③ 清史稿 [M]. 北京：中华书局，1976：2300.
④ 张廷玉. 明史 [M]. 北京：中华书局，1977：1157.
⑤ 明·李贤等撰，《明一统志·卷八十四：庆远府》，第2—3页。

塘汉打锡坡，向东南流经河池市、都安县，于都安县百旺乡的八甫村那浩屯注入红水河，全长 237 千米。

《清史稿》载："洪龙江出南丹北，为中平溪，流入河池州西，右受坡旺水，东南入永顺土司，下流为刁江。""刁江，洪龙江下流也，自河池流入永顺正长官司西北，东南流，经司治北，入安定土司。"①

又清雍正《广西通志·卷十六山川：河池州》亦载："灵浅江，在州东南源出镇南里合洪龙江。""洪龙江，发源振人山，东流入永顺合刁江。""那龙河，在州南百余里，源出马鞍山流入永顺司合刁江。"②

可知刁江有许多支流发源于河池州，与金城江及其支流较为接近，于是古代或以为金城江与都泥江（乌泥江）通。

徐霞客曾深入红水河与刁江、小江交汇处一带考察，作游记曰：

十五日早雨霏霏，既饭少霁，遂别杨君，伍君骑而送余，俱随大溪西岸北行。……又北十五里，则一江西自万峰石峡中破隘而出，横流东去，复破万峰入峡，则都泥江即红水河也。有刳木小舟二以渡人，而马浮江以渡。江阔与太平之左江、隆安之右江相似，而两岸甚峻，江嵌深崖间，渊碧深沉，盖当水涸时无复浊流浑漫上色也。其江自曲靖东山发源，径沾益而北，普安而南，所谓北盘江是也。土人云自利州、那地至此，第不知南盘之在阿迷、弥勒者，亦合此否？渡江而北，饭于罗木堡，今作墨，乃万历八年征八寨时所置者。……其地已属忻城，而是堡则隶于庆远，以忻城土司也。宾庆之分南北，以江为界。堡北，东西两界石山复遥列，而土山则盘错于中。北复有小江，北自山寨而来，山寨者，即永定土司也，循东山而南入都泥。路循西畔石山北上二十里，有村倚西山之麓，曰龙头村。村后石山之西，皆瑶人地。盖自都泥江北，罗木堡西已然矣。龙头村之东有水，一自北来者，永定之水也，一自东来者，忻城之水也。二水合于村前，即南流而合罗木下流者也。又北二里为古勒村，村在平坞中。村北三里，复逼小山西岸行，又五里，有小村倚西峰之麓，又有小水西自石峰下涌穴而出，东流而注于小江。截流渡小水北，又东上土坡，是为高阳站。是站在小江之西，渡江东逾峰隘而入，共十五（里）而抵忻城。溯小江

---

① 清史稿 [M]. 北京：中华书局，1976：2300.
② 清雍正《广西通志·卷十六：山川》，第 23 页。

北五十里抵永定，又六十里而至庆远，亦征八寨时所置。站乃忻城头目所管者。其地石峰之后即为瑶窟。其西有彝江、想即罗木渡之上流。其内有路，自东兰、那地走南宁者从之。东石峰之后即忻城。其东界接柳州 ①。（《徐霞客游记：粤西游日记四》）

徐霞客时代，人们还不明确南盘江与北盘江合流即为红水河，因此徐霞客以红水河为北盘江与蒙江合流后的下游。其所至罗木渡，是古代红水河上的一处主要渡口，也是宾州府、庆远府的分界处。罗木渡有多种写法，如落木渡、落水渡等。其上方有两条河水，一条是刁江，古称彝江，又一条即小江，其上游在永定土司北，接近今宜州城南，附近又有龙头水，也南流注入红水河。

这是徐霞客亲自考察的地理，但在古代，如不亲莅实地，难免将龙江上游接入红水河。徐霞客当时询问了当地人，但一些当地人也搞不清具体的水系走向及渊源等。

故嘉庆《广西通志·卷一百十一：山川略十八川三》河池州亦载："金城江，宋置金城州，盖因江以名也《方舆纪要》，下游合于都泥江，江北有金城镇巡检司《明史地理志》。" ②

可知牂牁水又借道贯通至都泥江流域。

而此骥水原型，当是红水河中下游段。

从《水经注》载牂牁水"又东，骥水出焉"可知骥水在红水河罗木渡以东段，这一段，即古代认为是从罗木渡发源而来的都泥江。明嘉靖之前，人们还并不知道都泥江的上游是北盘江、南盘江或蒙江等。

万历《广西通志》录嘉靖《广西通志》称：

大江，在（来宾）县南，发源迁江县都泥江。

牂牁水，自牂牁流经本县（指来宾），合于大江。

都泥江，在（迁江）县北二里（"即浑水江"，嘉靖志无此四字），自宜州落水渡而来，东流汇贺水，达于柳江 ③。

又嘉庆《广西通志·卷一百十一：山川略十八川三：来宾县》亦

---

① 徐霞客. 徐霞客游记 [M]. 褚绍唐，整理. 上海：上海古籍出版社，1980：560—561.

② 谢启昆，等修. 广西通志 [M]. 南宁：广西人民出版社，1988：3314.

③ 明万历《广西通志·卷五：山川志：来宾县、迁江县》，第53—54页及第64页。

载：

群牁水，流经县西入红水江（《金志》，即雍正《广西通志》）。《郡国志》云：严州州门有长水，深八丈，从群牁河下（《寰宇记》）。

大江，在县南，发源迁江县都泥江，流合贺水至此，又合雷江入柳江（《续通考》）①。

由此可知，群牁水在此又借道红水河，"其从群牁河下"，当指是从群牁郡一带流下而来。故此骊水或指红水河。

如以骊水原型为都泥江（红水河）中游一段，则群牁水可能还要向南借道而注入郁江。

《水经注》又载，群牁水"又径郁林广郁县为郁水"②。

故要先确定汉广郁县在哪。

据《明一统志·古迹》载："废郁林县，在贵县东，汉广郁县地，晋为郁平县，隋析置此县，宋废，后改郁平曰郁林，本朝省入贵县。"③

据《汉书地理志》记载，汉郁林郡辖十二县，郡治布山县。十二县中有广郁县，而无郁林县。故郁林县原为汉广郁县地，可能是汉广郁县改设而来。

《明一统志·古迹》又载："郁林郡城，在贵县西，吴陆续为太守时筑，遗址尚存，宋廖德明诗：荒烟漠漠双江上，往事悠悠古戍孤。春到偏怜青草渡，梦回犹记白鸥湖。"④

因此，我们大体可知晋代郁林郡及郁平县在贵县西部和东部，因晋代郁平县治乃汉广郁县辖地，故汉广郁县当在今贵县周边一带。

此郁水得名应该与流经汉广郁县有关。

根据《水经注》的记载，群牁水径郁林广郁县为郁水。"又东北径领方县北，又东径布山县北，郁林郡治也。吴陆续曰：'从今以去六十年，车同轨，书同文。至大康元年，晋果平吴。'又径中留县南，与温

① 谢启昆，等. 广西通志 [M]. 南宁：广西人民出版社，1988：3309.
② 郦道元. 水经注全译：卷三十六：温水 [M]. 陈桥驿等，译注. 贵阳：贵州人民出版社，2008：888.
③ 明·李贤等撰《明一统志·卷八十五：浔州府》，第7页。
④ 明·李贤等撰《明一统志·卷八十五：浔州府》，第6页。

水合，又东入阿林县，潭水注之。"①

现知潭水指柳江，郁水指今流经横县而定名的郁江。故可知两水相会的阿林县即今桂平市。

而中留县治所一般认为在今广西武宣县西南桐岭镇一带，此与潭水流经其东，郁水流经其南都是吻合的。

故可知汉郁林郡所治布山县应该在贵县，即今贵港市。

再来看领方县，一般认为县治在今宾阳县（即原宾州）一带。

汉领方县在三国吴元兴元年（264 年）曾改为临浦县。但宾阳县城一带无河流，故临浦县不可能设于此地，应是后来移设而来。浦乃通江达海之河流，故临浦县当设于通达南海的钦江上游地区，极可能在今灵山县一带。灵山县隋开皇十八年（598 年）设南宾县，县治设于南宾寨（今旧州圩西南侧）②。

《元史地理志》亦载："宾州，唐以岭方县地置南方州，又为宾州，又改安城郡，又改岭方郡，又仍为宾州，元至元十三年置安抚司，十六年改下路总管府。"③

可知宾州为古代岭方县地而已，而非县治所在。

故汉领方县可能设在郁江南侧的灵山县或周边一带。后不断调整设置，逐步北移至今宾阳一带。而临浦县所临之浦也可能是历史上所称的槎浦。

此《明一统志》载："横槎江，在横州西南五十里，中有滩，亦名横槎，晋咸元间有一枯槎枝干扶疏坚如铁石，其色类漆，黑光照人，横于滩上，因名，又名槎浦。"④

清雍正《广西通志》亦载："横槎江，在横州城西，源出山谷入郁江，晋董京泛江见一枯槎枝干扶疏坚如铁石，其色类漆横于滩上，又

① 郦道元. 水经注全译: 卷三十六: 温水 [M]. 陈桥驿等，译注. 贵阳: 贵州人民出版社，2008: 888.
② 领方县西汉置，万历《宾州志》有较模糊的记载，境内有领方山，"古以领方名郡即此"。属郁林郡，为都尉治。三国吴改为临浦县。西晋初复旧名。南朝梁、陈为领方郡治。隋属郁林郡。唐、北宋在境内设有宾州，领有岭方县。北宋开宝六年（973 年）移治今宾阳县北新宾。元为宾州路、宾州治。明洪武二年（1369 年）废入宾州。
③ 明·宋濂. 元史 [M]. 北京: 中华书局，1976: 1535.
④ 明·李贤等撰《明一统志·卷八十五: 南宁府》，第 12 页。

名槎浦。"①

此槎浦（横槎江）位于横县西南与灵山县交界一带。

但如槎浦以晋代闻名，则三国时所设临浦县当不可能以此得名，故此所临之浦或是郁江。

汉领方县可能设于今横县西南与灵山县交界一带。

此从《水经》所载："斤江水，出交趾龙编县东北，至郁林领方县，东注于郁。"② 也可看出，交趾龙编县在今越南境内，故其水当从郁江南侧注入，而该水先至领方县，故领方县当在郁江以南或南滨郁江。

再来看汉广郁县。

广郁县既以"广大郁水"而得名，故必临郁江。而在古代，正式以郁江为名则在原永淳县治附近一带。

康熙《广西通志》有载：

大江，在南宁府城西南，左右两江合流，左出广源州，右出峨利州，至合江镇合为一江，流入横州，号为郁江，顺流至五羊城入于海。

郁江，在横州城南州学，源出广源州广源山。

郁水，一名骆越水，合厄水流入郁江。

厄江，在南宁府城东南六十里，源出如禾乡，流入大江。

八尺江，在城东南六十里，源出交趾，历钦州界北流合郁江。

大江，在永淳县城西，即郁江，经横州为槎江，经浔州与黔水合③。

由此可知，郁江得名与永淳县周边一带有关，其西南方向有郁水，一名骆越水，又左右江合流后的大江到达永淳县而称郁江，又向东经横州为槎江，抑或流入横州号为郁江。

这也说明，汉代的广郁县就位于原永淳县治及周边一带。

永淳县本唐永定县，北宋熙宁四年（1071年）废入宁浦县，元祐三年（1088年）复置，后改名永淳县。治今广西横县西北峦城镇。历

① 清·金鉷等修，雍正《广西通志·卷十五：山川横州》，第16页。
② 郦道元. 水经注全译[M]. 陈桥驿等，译注. 贵阳：贵州人民出版社，2008：1000.
③ 康熙《广西通志·卷六：山川二》，第9—20页。

属横州、南宁府。1952 年废，并入宾阳、横县、邕宁三县。

因永淳县原属横州，故大江流入横州号为郁江当是指从永淳县一带始。

在原永淳县治峦城，有一条江从宾州流入，可通舟楫。此江可能是古代借道而下，注入广郁县而为郁水的牂牁水原型。

1987 年版《宾阳县志·第三十四章：交通运输》载："（抗战时期）水路运输曾一度发挥作用，甘棠斑江流经峦城入郁江，海盐用舟运抵甘棠，雇人肩挑，一路运到廖平，入李依江（指清水河支流），一路经武陵，达芦墟，转运上林、马山、都安、庆远等地。芦墟运销柳州的瓷器，一般集中到邹墟上船，沿思览江（指清水河）运至迁江县东门渡，经红水河达柳州。"①

此宾阳县即古宾州，民国初废府州改县，改名宾阳县。

甘棠斑江名东班江，又称甘棠河，位于广西壮族自治区中南部，是郁江左岸支流，发源于横县北部镇龙乡的那托屯，向西流过九龙瀑布群后进入宾阳县境，过百合水库后转西南流，经宾阳县露圩镇和甘棠镇后复入横县境，于横县峦城镇以北的大江口汇入郁江。干流长 82千米。

此江《清史稿》有载："郁江自宣化入，东南流，经永淳县治北，东班江自宾州来注之。绕城东南，秋风江自广东灵山来注之。又东南入横州。"②

清雍正《广西通志》也载："东班江，在永淳县西北五里，自震龙山经急水露墟甘塘石岭入于大江。""大江，在永淳县城外，环绕东南北三方即郁江，经横州为槎江经浔州与黔水合经梧州会漓水入于海。"③

东班江上游因与红水河南侧最大支流清水江较为接近，故历史上也曾以为两河相通。而抗战时期，郁江流域横县一带的大量物资也是通过东班江水运并陆路转驳后入清水江航运。

清水河，发源于上林县大明山的望兵山，流经上林县境内的西燕、

① 宾阳县志编纂委员会. 宾阳县志 [M]. 南宁：广西人民出版社，1987：348.
② 清史稿 [M]. 北京：中华书局，1976：2313.
③ 雍正《广西通志·卷十五：山川·永淳县》，第 38 页。

大丰、澄泰、覃排等乡镇，经宾阳县邹圩，进入来宾市兴宾区迁江镇汇入红水河。全长187千米。

清雍正《广西通志》载，清水江，"源出上林，至（迁江县）城东北合红水江，流下来宾，达浔梧东粤，由江口转江通桂林柳庆，其鱼梁滩最险，大船难进，小舟仅可达上林邹墟"①。

宾阳县境内有清水江及支流李依江流经。

明万历《宾州志》载：

宝水，在州西南三十里，自宾水派合，经南门之太平桥东流出李依江，由都泥巡司合于柳，出武宣趋浔梧会于海。自太平桥出李依仅三十里水道，淤浅舟楫难通，知州侯敬承用石推裁灌溉颇便。

李依江，州东三十里，源出琅琊乡诸涧，合流过迁江趋海，融县商船得泊于此②。

此"州西南三十里"的宝水在明代可能指的是东班江上游。而李依江则指清水江南源。

清雍正《广西通志·卷十七：山川：宾州》也载：

李依江，在州城东三十里，源出琅琊乡。

思览江，一名四览江，宾水即此，在州西，源出大明山，细流过邦光隘，近邹墟小舟可入。

古漏水，在州西，源出古漏山下，流合宾水李依江入都泥江合大江。

宝水，在州西南三十里，源出上清里，北流经州东入思览江，即宾水支流③。

《清史稿》亦载："思览江（即清水江干流），上源曰北江，自上林流经州东北，武陵江出州南，合龙、龚江曰李依江，又合丁桥江，北流注之，东入迁江，下流为清水江。丁桥江出州西南，二源合东北流，歧为二，至州治东北复合，入李依江。"④

在古代，也曾以宾水即都泥江。

---

① 雍正《广西通志·卷十七：山川：迁江县》，第11页。
② 明万历《宾州志·卷二：山川志》，第2页。
③ 雍正《广西通志·卷十七：山川：宾州》，第8—9页。
④ 清史稿[M].北京：中华书局，1976：2302.

《明史》载："宾州，元直隶广西两江道。……西有古漏山，下有古漏关，古漏水出焉，入于宾水。宾水在南，即都泥江也。"①

顾祖禹《读史方舆纪要》也载："都泥江自贵州定番州界东南流经南丹州南境，又东历那地州北境，又东经忻城县北南去县一里，又东经迁江县北南去县二里，又东南经宾州南北去州三十里，亦谓之宾水，又东北历来宾县南北去县四十里，又东至武宣县西，而合于柳江。"②

又宝水向东流经贵县城西注入郁江。

清雍正《广西通志·卷十五：山川》载："宝江，在（贵）县西一里，一名浮江，自来宾入于郁。"③

宝水和宾水早在宋代起就已有记载，当时宾州设岭方、迁江、上林三县，州治岭方县境内有宝水、宾水、浮江水三水，《方舆胜览》载曰："宝水，在岭方县西南十五里，中有陂堰，可以溉田。""宾水，在州西五里。""浮江水，在岭方县南二里。"④

故此宾水的原型或是清水江，而宝江、浮江或为郁江的支流。

这说明在古代，认为红水河与郁江也通过清水江及其他支流而相贯通。

由此大体可破解牂牁水的诸原型及汇为郁水后的流经路线沿岸古今地理。

牂牁水的源头原型当是沅江上游贵州清水江的源头重安江及都匀河，又向东南流经，切入至广西龙江上游的劳村江与金城江，又向东南流经，在宜州落木渡一带切入都泥江（即红水河）中游，历史上称之为骦水，又向东南流经至来宾迁江镇，切入清水江，并向南接入东班江或宝水，注入郁江。

牂牁水向南在永淳县治峦城一带（即汉广郁县治）与左江、右江合流后的大江（今邕江）汇为郁水，又向东北流经领方县北，即此领方县当在郁江之南，在横县南部。又向东经布山县北，郁林郡治也。则此县治郡治当亦在郁江南岸，一说在今贵港市南港区南江村。又经

---

① 张廷玉，等.明史[M].北京：中华书局，1977：1156.
② 顾祖禹.读史方舆纪要[M].北京：中华书局，2019：5462.
③ 清雍正《广西通志·卷十五：山川：贵县》，第10页。
④ 祝穆.方舆胜览·卷四十一：宾州[M].北京：中华书局，2003：740.

中留县南（即今武宣县南侧），与温水合，此温水即郁江，当是郦道元抄资料重复了。又东入阿林县，潭水注之。即郁江与黔江交汇处的今桂平市区。

由于汉郁林郡治在唐代被称为贵州，此郁水在此段又名紫泉，故此紫泉后亦与明清时期的贵州省有了渊源关系。

清初贵州巡抚田雯撰《黔记》，有《紫池》文曰：

黔之称紫池不知何始，尝阅《浔州志》有贵县，汉为广郁，唐为贵州，有水出于郁江，长而狭色如紫练，其出不常，分两派，一自县门下流，一自县上流，下曰紫泉。紫泉自在粤西，与黔何与，顾与贵州之名相类而谬引以相加耶，然浔志又云：府城北江为黔江。而《南宁志》亦云城西南有江左右流至西合为一，入横州，曰郁江，即夜郎豚水。《梧州志》又云：城南大江，汉武使驰义侯发夜郎兵下牂牁江即此，则郁江也，豚水也，牂牁江也，一而已矣。紫泉虽出粤西，而实源于郁口，谓黔为紫池其亦可也①。

此紫池应是今广西贵县之紫泉。

清雍正《广西通志》载："郁江，在贵县南城下，亦曰南江，上有牛皮，下有白鹤，又名紫泉，如遇人才出县尹贤，则中有紫水两派溢流，映耀如金，县人尝候以为祥云。"②

广西贵州始自唐初，《旧唐书》有载："贵州，下，隋郁林郡。武德四年，平萧铣，置南尹州总管府，管南尹、南晋、南简、南方、白、藤、南容、越、绣九州。南尹州领郁林、马岭、安城、郁平、石南、桂平、岭山、兴德、潮水、怀泽十一县。五年，以桂平属燕州，岭山属南横州。贞观五年，以安城属宾州。七年，罢都督府，九年，改南尹为贵州。天宝元年，改为怀泽郡。乾元元年，复为贵州也。旧领县八，户二万八千九百三十，口三万一千九百九十六。天宝后，领县四，户三千二十六，口九千三百。"③

康熙《广西通志》还有载贵州城旧址，称在县南三里④。

---

① 田雯，《黔记·上卷》，第47页。
② 清雍正《广西通志·卷十五：山川：贵县》，第10页。
③ 刘昫，等.旧唐书[M].北京：中华书局，1975：1731.
④ 康熙《广西通志·卷六：山川二：浔州府：贵县》，第6页。

由于明清贵州省与唐代广西贵州（后称贵县）名称相同，古代又认为有牂牁水上下相通，故明清时期遂有以牂牁水又名紫泉（池）的说法。由此也可知，发源于汉牂牁郡东部的牂牁水向东南流，古代认为下注郁江时，一支循清水江经东班江至岜城入郁江，一支循清水江经宾水在贵州城西入郁江。

二、以广西右江为牂牁江的渊源考察

以广西右江为牂牁江的说法主要出自宋陶弼那霸泉诗。

《明一统志·卷八十五：田州》载："右江，在泗城府城东南，源出云南富州，历上林洞至本州流入南宁府界。宋陶弼诗昔年观地志，此水出牂牁。断岸深无底，平流暗起波。感恩来客少，射影短狐多。未老诸蛮在，楼船恐再过。"而诗所题之"那霸泉在田州城西五十里处，四时不竭"[①]。

从《水经注》可知，郁水的上游是温水，又有源头是夜郎豚水。两支在广郁相会。此《汉书地理志》也载："广郁，郁水首受夜郎豚水，东至四会入海，过郡四，行四千三十里。"（《汉书·卷二十八下：地理志：第八下：郁林郡》）"夜郎，豚水东至广郁。都尉治，莽曰同亭。""镡封，温水东至广郁入郁，过郡二，行五百六十里。"[②]

可知，夜郎豚水是温水上游的又一源头。

现一般以南盘江为温水原型。

此洪亮吉作《温水考》曰："按《水经注》温水出牂牁夜郎县，径谈稿昆泽味滇池毋单毋掇律高镡封来唯等县，始东至郁林广郁县为郁水。今考南盘江至云南曲靖府城外合白石潇湘等江，始有南盘江之名。《明史地理志》南盘江下流环云南澄江广西三府之境，至罗平州入贵州界，按今曲靖府治南宁，实汉味县地。《图经》载："南盘江上流为八达河，出沾益州花山洞，考沾益州为汉宛温县地，县名宛温，当以温水得名（按：《水经注》只作温县。又按，宛温与夜郎同属牂牁，所云花山洞者在汉时或属夜郎县境），至下云径云南府宜良县东北，则汉滇池县地也，又径路南州西境，则蜀汉建宁郡地也。道元云：诸葛亮

---

① 《明一统志·卷八十五：田州府》，第 21 页。
② 班固.汉书[M].北京：中华书局，1962：1603.

讨平南中，刘禅建兴三年，分益州郡置建宁郡于此水侧（此水承上文而言即温水也），又径澄江府治河阳县东境，则汉俞元县地也，又南径弥勒州西境，宁州东北境，则皆蜀汉兴古郡地，径阿迷州北境，则又汉益州郡地，又径广西州之南境广南府之西北境，则亦蜀汉兴古郡地。《明史地理志》：澄江府治河阳县，东有铁池河，源出陆凉州，流至此会抚仙湖，复引流为铁赤河入于盘江。考铁赤河即古桥水，班固益州郡俞元县下注云：池在南，桥水所出，东至毋单入温，行千九百里。道元《水经注》云：桥水上承俞元之南池，一名河水（按南池铁赤声之转）。是今之河阳县即汉牂牁郡毋单县，左近地益可证今南盘江之为温水矣。道元又云：温水又东南径梁水郡南，温水上合梁水故自下通得梁水之称梁水，当即今九龙马别等河，是梁水郡或亦即以南盘江得名也。（按，班固《牂牁郡镡封县》下注云：温水东至广郁入郁过郡二，行五百八十里。）常璩《华阳国志》。镡封县有温水，蜀汉时镡封分属兴古，晋成帝分置梁水郡县又属之。今考自弥勒州以下南笼府以上，在蜀汉为兴古郡，在晋为梁水郡，来唯县前汉属益州，后汉省，今临安府阿迷州则又汉益州郡地也。道元所云，温水东南径镡封县北，又径来唯县东，当即此矣。南盘江下至广西南宁府境合郁江，与班固东至广郁入郁之文亦合（《水经》则言至广郁为郁水与班注小异）。"[1]

由此可知，在南北朝时，郦道元以为南盘江与右江相通，又夜郎豚水出牂牁郡，该江从东到西又到东南绕了很大一圈，使后人将右江一带借名而称牂牁江。

此清雍正《广西通志》载："牂牁江，一名右江，发源云南，由剥隘流入土田州，经奉议上林下达南宁府与左江合，下广东入于海。"[2]

此右江一般指的是上游为西洋江和驮娘江为干支流的河流，今以驮娘江为干流，两河均发源于云南省境内。

清齐召南《水道提纲》对此有详尽记载：

郁江，即广西左江，亦曰南江，上源有二，北源出云南广南府曰西洋江，南源出归顺州及安南境水曰丽江，至南宁府之西合江镇而会

---

① 洪亮吉《卷施阁文甲集·卷第六》，中华书局聚珍仿宋版印本，第7—8页。
② 清雍正《广西通志·卷十七：山川：思恩府》，第2—3页。

为郁江。西洋江亦曰南盘江，古夜郎豚水也，源出云南广南府治宝宁县西北六十里者兔塘之西南山，西十一度六分极二十四度三分北，此山之西北山即者种河，源西流折而为马别河入八达河者。东北流折而东经塘西北，又折而东南曲数十里至府西境有松木岭水自北来，又有一水自东北山西南经府城西北来并会，南流合西北来一水，又东南有红石店水自西北合二溪东南流来会（红石店北去者兔塘仅二十里）。又东南流曰西洋江，数十里受西南来一水，又东流至广西界（广南府东南九十里其东为广西西林县西南界）。受西南来一水，稍东北曲流为两省之界一百五十里（南岸为云南，广南府东南境土富州之北境北岸为广西西林县南境）。至西宁村北（土富州东北境）有同舍河西北自西林县城合诸水南流来会。同舍河两源，一出广南府东山，二涧合流而北而东北入广西界经剥贯村东，一出广南府北境，山二涧合流而东入广西界经剥贯村北，又东会焉，即西林县西境也，又东北流数十里受西南一水，东流折东南流经县北境曰同舍河，有一水自西北来会曰驮娘江，又东南流有一水，东北自西隆州南山南流合三溪来会，又南流经县城东有驮门河，西自广南府东南山合二溪西北流入界，而东南经县城南合西南来之，渌驮河而东来会，折东流，又东稍北经八渡站北，受西南来一水，折东南流，又受东北那个村水，经者达村西，又东南流四十里入西洋江，折东南流经百约村西分界，受西来西宁村水，又东南经别隘北（土富州东北界），有剥江自西南来注之。剥江出土富州东北山两源，合东南流，合西南来一水，折东北流入西洋江。又东南有者郎河，西南自土富州城东北流合诸水来会。者郎河二源，一出土富州西北山，东南流，一出西南山，东北流合而东经州城北，又东折东南流经归朝村北，又东流至平洋村北，有广西归顺土州西北境水曰小镇安溪，曰下劳村溪，自西南来合，而东北曰那旺村水，曰水，自东南来合而西北会焉，东北流来会，又东至那洞北受东南一水，又东北经那万西，又东北至两省界处入西洋江。此水源流三百里。又东入广西界，又东北流经泗城府南境镇安府南境，折东南流经土蒌村北，又东北经剥色埠东南，有一水北自泗城府东南流合西数水来会。泗城府水有二，俱出北境大山，一西南流，一东南流，至府城南而合，又东南流折而西南曲经人弗村西官村东，又东流经茶亭坡北，又南折西南流，有供村北山二水合西南流，受西来一水，折东南流受北来佳甸站水，又东南经大琵塘喜村南，又东南至瓯乐营之北来会，又东南数十里入西洋江。此水源流三百余里，泗城北山西山诸水毕会。又东经寨马塘南，又东南经奉议州北境，田州城南有水自北经城东来会，即那碧桥也。水出田州北山，东南流合东北一水，又东南流折而西南经州城东，又南入西洋江。又东南经渌浓塘西，又东南有水，西自奉议州来会。水自奉议州西南山二涧合东南流，经州南境那蒲村南，又东流，有寨例村水自南合三水北流来会，又东北入西洋江。又东南经上林县西北境榕树塘南（南岸皆大山）。又东南经县城东北，又东南有泓淰江西自镇安府城东流合向武都康诸州水东北流经县南来会。泓淰江出镇安府北百六十里坡豆村南山之麓，有湖，东南曲流二十里，有二溪北自山中合而南流来会，又南数十里合西来一水，又东南经定禄村南合北来一水，又东南合东北来一水，折西南流合西北来府北湖水，又南经府东，有水自府西境一湖，东流数十里折南流，复东，合北一小水东经府城南而东来会，又东流，北受一水，南受西南来二溪水，又东百里过吉峒村南，又东经向武州北境，有湖水自南来注之，又东稍北，有一水西南自上映土州之北汇西北来一溪为巨泽，合南来二溪东北流，经都康州西北，又西合一溪，又北经向武州东境，而北有一溪自西来会，又东北入泓淰江，又东北流经偌伦州北境，又东北至上林县西南境，受北一小水，又东北折东流经县城南，又东入西洋江。此水源流四百余里。又东南流，受北来合三溪水，又南经定西村北，受北一小水，又东南受北一小水，又东南至隆安县北境，北受归德土州西水，西南有一水合二溪来会，又东归德土州东，水自东北来注之，折而之南而西南，又折东流经县城北，而东有渌水江南自城东西南会沛水来注之。沛水出都结州西山东流经城南，又东合西南来一水，东经芭苗村北，曰渌水江，折东北流至隆安县南境，合西南来一水，又东北流经县城东南，又北入西洋江。又东稍南有都阳土司水自北来，又有龙床江自西南来并会。龙床江出万承土州东南山，东北流经禁口村北，又东北经永康州西北境之横山岭，又北流，受西南来一小水，又北折东北，流经隆安县东境，受东南来一水，又东北入西洋江。又东流，有那感水自北合潭水南流来注之。那感水出归德土司北境，旧城土司之岭下有巨潭，东南流数十里，受东北来一水曰慕乌溪，折西南流经都阳土司东，有潭水自东来会，又南流数十里入西洋江。折南流，而东南曲西受芭仆山水，又东南折而西南有何虑江自北合一水西南来注之，又东南经永康州北境，有驮蒙江东北自思恩府南经武绿县合南流江诸水西南流来会。……西洋江至此曰右江，以在丽江之北也。又东南永康州水，西北自横山岭东南流合一水经州城南而东来注之，又东南六十里至南宁府治宣化县西境之合江镇东南白沙塘西，而左江西南自新宁州东北流曲曲经镇西而东南来会。右江自广南府者兔塘至合江镇，曲折行千余里。丽江即左江，有南北二源。北源即龙潭水，出归顺州北，有二巨潭，水东南流，东北一水来会……又东北折东南，流经太平州北稍东，有龙水北自养利州合东北万承州西北茗盈州二水南流来会，又南经州城东有巨洲，又东南经旧县北，有水自北来注之，折西南流经土地墟西，有水自西北来注之，又南流经太平府西北境，而南源丽江自西南来会，自源至合处五百里。南源丽江又有二源，一出交址广源州，东流入广西上下冻州西境，东流经州南，有一水合二溪自西北界山东南流经州城东来会，又东南流经龙州南境曰龙江，有凭祥州水西南自镇南关，北流经州城东，又北合西来一水而东北流来会，即龙江西南源也……又东北流曰丽江，经邓勒塘南折而北，而东至太平府西境，而北源丽江，北自太平州来会。二源既合东流，……又折东南经西白沙塘之东，又南经合江镇之西，受西南来一水，又东南与右江会是曰郁江[①]。

齐召南《水道提纲》成书于乾隆年间（1736—1796 年），当时政府开发西南苗疆，改土归流，以前深藏于蛮地的山川河流因朝廷官员推动开发水利航运，主要河流走向逐步清晰呈现。

但在乾隆年间（1736—1796 年）改土归流之前，古人尚认为右江的上游是流经云南贵州的南盘江及北盘江。

如《御批历代通鉴辑览·卷十五：汉世宗孝武皇帝》，"五年通南夷置犍为郡"后内容中提到"'道西北牂牁江'，注曰：一作牂牁，即古郁水，其上流为今贵州之盘江，径广西南宁府为左江，至浔州府合右江，即黔江，亦导源贵州，入广东境为西江，下番禺入海。"[②]

---

① 清·齐召南《水道提纲·卷二十：粤江下》，第 1—8 页。
② 御批历代通鉴辑览·卷十五 [M]. 印本. 上海：上海通元书局，1903（光绪二十九年）：21.

即是以南北盘江为右江上游，也即大左江。

清雍正《广西通志》亦载："大江水，发源自云南，沥泗城田州从县后迂回而去，绕下十五里湾成九曲，合武缘县江一折流而南下，与太平丽水会，合东往邕郡，朝宗于海。"①

又清康熙年间（1662—1722 年）顾祖禹《读史方舆纪要》载："《志》云：左江，一名南江，以在广西南境也。一名郁江，以浔州府旧为郁林郡也。一名牂牁江，以昔时道通牂牁郡也。而其上流，则为南北二盘江。"②

此左江即大左江，即以黔江为大右江，而大左江内又分左江和右江，即今在南宁城西合流的左右江。

光绪《百色厅志》称："右江自百色田州流下径县前，历果化隆安至南宁，是为左江右派，故曰右江。"③

故此右江又可称左江。

明末清初浙江人黄宗羲撰《今水经》亦载："左江，上流即盘江，又名牂牁江，源出乌撒蛮界，过云南沾益州有二源，其一北流曰北盘江，其一南流曰南盘江，州据二江之间。北盘江自沾益州东北流入贵州普安州北境，折而东南流经安南卫城东界至永宁州境与南盘江合，南盘江自沾益州西南流，白石江入之。……"④

古代以为南盘江南侧支流清水江与右江相通。

《清史稿·志·卷四十八：地理二十广西：泗城府》也载："上林长官司：右江有二源，南源曰西洋江，北源曰清水河。西洋江自云南宝（富）宁流入县南，东北流，与北源会。驮娘江上流即清水河，自西隆来，东南流，右受驮门江，经治东南，者文、那阳、界廷各墟水自县北合流注之。又东折南，会西洋江，入云南土富。""清水河即同舍河，自云南宝宁北流入州西南，折东北入西林。"⑤

明代王士性《广志绎·卷五：西南诸省》亦载："广西水自云、贵交流而来，皆合于苍梧。左江正派始于盘江，北盘江出乌撒，绕贵普

① 清雍正《广西通志·卷十五：山川：南宁府隆安县》，第 36 页。
② 顾祖禹．读史方舆纪要[M]．北京：中华书局，2019：5461.
③ 光绪《百色厅志·卷二：山川：上林土县》，第 11 页。
④ 清·黄宗羲，《今水经》，《黄氏续抄原本》（知不足斋丛书），第 35 页。
⑤ 清史稿[M]．北京：中华书局，1976：2306.

安之东，南盘江出沾益、六凉、澄江、通海，而皆会于阿迷，绕贵罗雄之南，两江合而下泗城、田州，至南宁合江镇又与丽江合（丽江出交趾广源川，经太平、思明府），而下横州，至浔州南门为郁江，即古牂牁江，汉武帝使归义侯发蜀罪人下牂牁江会于番禺即此。"①

张廷玉《明史》也载："南宁府城西南有大江，即郁江，一曰夜郎豚水。其上流有二：一为南盘江，经府城南，曰右江；一为丽江，经府城西南，曰左江。合流处谓之合江镇，下流为浔州府之左江。""隆安城北有盘江，亦曰右江。""奉议州北濒南盘江，有州门渡。""上林北有南盘江，南有大罗溪，东流合焉，即枯榕江之下流也。""田州东南有南盘江。""泗城州。西有南盘江，自贵州慕役长官司流入，下流为南宁府之右江。又北有红水江。"②

《明一统志》亦载："大江，在府城西南，左右二江合流于此，左江源出广源州，右江源出峨利州，至合江镇合为一江，流入横州号为郁江。《舆地广记》云郁江即夜郎豚水也。宋陶弼左江诗云'昔年观地志，此水出牂牁'。"

古代以南宁府右江为牂牁江的观点是建立在南北盘江是右江的上游，亦即古温水为郁江上游的基础上的，但清代中期以后的地理发现认为南北盘江并非右江上游以后，这个结论也就站不住脚了。因此，以南宁府右江为牂牁江的观点，现在已经很少有人再提了。

根据清代以来的地理发现，学术界已认为南北盘江是红水河的上游，因此，关于右江为牂牁江的观点也就不断更新为以红水河为牂牁江的观点。

三、《清史稿》对都江为牂牁江的认定

都柳江由上游都江和下游柳江组成，其原型为《水经注》所称的潭水。

《水经注·卷三十六》有载：

潭水出武陵郡镡成县玉山，东流径郁林郡潭中县，……潭水又径

① 明·王士性《广志绎·卷五：西南诸省》，第112页。
② 张廷玉，等. 明史 [M]. 北京：中华书局，1977：1159—1165.

中留县东，阿林县西，右入郁水①。

此潭水原型是柳江及黔江，基本上是没有异议的。

清雍正《广西通志》亦载："潭江，在武宣县西，一名浔江，一名柳江，自象州流入东南下桂平。《水经注》潭水自潭中东南与刚水合，又东南经中留县东阿林县西入郁水。""都泥江，在县西北五十里，即古刚水，亦名大江，自来宾县流入，合潭江。"②

但是关于其源头及支流原型，古今地理亦有所不同。

古人认知潭水出武陵郡镡成县玉山，上文中已有提及，即以古州江、福禄江为源头。

此顾祖禹《读史方舆纪要》亦曰："江之别出于贵州境内者，又有三源：一曰福禄江，一曰都匀江，一曰都泥江。福禄江，出贵州黎平府古州蛮夷长官司东北蛮峒中，一名古州江，南流经黎平府西境去府七十里，又南经永从县西南东北去县三十里，又经西山阳洞长官司东南去司三十余里，有大岩江流合焉，而入广西柳州府怀远县界。"③

这里"江之别出于贵州境内者"即黔江，而三源以福禄江为首，当亦指其为正源。

嘉庆《广西通志·卷一百十一：山川略十八川三：怀远县》载："古州江，县西北，自贵州西山阳洞长官司流入县境，即福禄江也，亦谓之大江，自石门山而南绕县西入融县境，谓之融江（《方舆纪要》）。"④

当时因为鄂尔泰和张广泗等开发苗疆，知都柳江的源头不在福禄江，而在独山州，故嘉庆《广西通志》又记载："溶江，自贵州之古州三脚屯发源，绵长七百余里入县治之梅寨司，径老堡塘上汇义宁水达怀远县城（县册）。"⑤

此溶江即当时柳江上游在怀远县（今广西三江县）的称呼，又称古州江。可知当时编志人员将二说并存，说明正在扭转以福禄江为柳

① 郦道元.水经注全译：卷三十六：温水[M].陈桥驿等，译注.贵阳：贵州人民出版社，2008：888.
② 清雍正《广西通志·卷十五：山川：武宣县》，第12—13页.
③ 顾祖禹.读史方舆纪要[M].北京：中华书局，2019：5461.
④ 谢启昆，等.广西通志[M].南宁：广西人民出版社，1988：3302.
⑤ 谢启昆，等.广西通志[M].南宁：广西人民出版社，1988：3302.

江正源的观点。文章还提出柳江的源头在古州之上游的独山三脚屯一带。

故此后的《清史稿》在《地理志·柳州府》中也提及其两种说法，载曰：

溶江，上源曰黔江，自贵州永从入县西北曰福禄江。东流，合蔡江、大年河、南江，又东，左受腮江、孟团江，折南受浔江。经治北，歧为二，绕至治南复合，入融县。浔江，即贝子溪下流也，自龙胜入，西南流，左受斗江，右受石眼江，西南注福禄江。

福禄江，自怀远入，左受宝江，曰融江，西南流，浪溪江自永宁来，合南江，西流注之。又西南，背江上承三源，其一即罗城通道江也，合于三江门，东南流注之。经治东，西南流，左受清流江，右受高桥江，合罗城之武阳江，南入柳城①。

《清史稿》已对柳江上游干流都江的情况记载得较为详尽，并明确说明独山江即都江上源，为古牂牁江。载曰："独山江，即都江上源，古牂牁江也，出水岩梅花峒，东北流，经烂土司，马场河分流注之，折东入都江。""都江上流曰独山江，自独山东流入，羊乌河合乌沟河来会，又东入古州。"②

又载："都江自都江（厅）入，名古州江，左纳彩江，入下江。榕江、车江并出厅北，合流注之，折东南入下江。""都江自古州东南流入，径厅南入永从。东江、溶江自古州合流入境，下游曰曹平江，东南流入永从。孖女江源出厅南，东北流至双江口，小溪东北流来会，再东北入古州江。""福禄江上流即古州江，自下江东南流入境，经丙妹南，错入广西怀远。"③

其实早在乾隆年间（1736—1796年），贵州学政洪亮吉就对黔江（柳江）发源于福禄江提出疑问，认为"不及古州江"。文称："余以甲寅二月自都匀按试黎平，由三角屯舟行，至古州凡三日夜，及试黎平毕，将赴镇远，沿道验福禄江之广狭曾不及都江十分之六，且发源又

---

①　清史稿 [M]. 北京：中华书局，1986：2298.

②　清史稿 [M]. 北京：中华书局，1986：2357—2358.

③　清史稿 [M]. 北京：中华书局，1986：2365.

近，而反以为经流。" ①

同时他还对福禄江源出武陵郡镡成县玉山即湖广靖州西南一带做出剖析，并作《潭水考》称：

潭水即今永从县之福禄江也，《今水经》：福禄江源出湖广靖州西南，流入贵州黎平府西境为古州江，东流至永从县东南流合为福禄江，又东合大厓江为南江，入广西柳州界经融县入柳江。《明史地理志》：黎平府又有福禄江，其上源为古州江，下流入广西怀远县境。《通志》：在永从县城南，源出石井山，至黎平府西境为古州江，东合彩江为福禄江，又东合大岩江为南江，流入广西柳州界。考《汉书地理志》：武陵郡镡成县下，班固注云：玉山，镡水所出，过郡二行七百二十里。《水经注》温水又东入阿林县，潭水注之，水出武陵郡镡成县玉山，东流径郁林郡潭中县，周水自西南来注之，潭水又东南流与刚水合，又径中溜县东，阿林县西，右入郁水。许慎《说文》亦云：水出武陵镡成玉山，东入郁林。今考靖州本汉武陵郡镡成县地，黎平府亦汉武陵郡地，以是知福禄江即潭水，自黎平永从至柳州界皆东流，又与班郦二注合。惟《水道提纲》及诸方志以福禄江即柳江，则误。《元和郡县志》柳州马平县：潭水东去县二百步，柳江在县南三十步，是潭柳系二水明甚。今按：在柳州府城南者是发源都匀府之豚水，而福禄江则经柳州府城之西，所谓东去县二百步者也（按：唐马平故城在今县稍北）。以此推之，则今之都江乃唐之所谓柳江。《太平寰宇记》浔江在柳州南三十步，亦名柳江，是柳江又名浔江。《今水经》亦名之为右江。《明史地理志》马平县南有柳江，亦曰浔水，亦曰黔江，名虽多而实止一水也。《元和郡县志》潭水在龙城县西十里，今福禄江亦径柳城县西南以合柳江是也，盖唐时潭水之名尚未改，至宋亦然。《太平寰宇记》洛容县有潭水是矣，至《明史地理志》始名之为福禄江，柳州府怀远县下云：县西北有九曲山，山南谓为石门山，两山夹峙，福禄江自贵州永从县流径其中，至融县为融江，至柳城县为柳江。云至柳城县为柳江者，盖福禄江至柳城县合于柳江也。潭水入郁处，在今浔州府桂平县城东，桂平县即汉布山阿林二县地也，与道元郁水东入阿林潭水

①　洪亮吉．卷施阁文甲集·卷第六·豚水考 [M]．聚珍仿宋版印本．北京：中华书局，1912：4.

注之及潭水径中留县东阿林县西入郁之文无一不合（按：汉阿林废县在今桂平县东）。又《通志》言福禄江源出石井山，考今石井山在黎平府城南八十里，岂即汉镡成县玉山耶，然福禄江源实出于靖州，靖州在黎平府东北，石井山则有府东南，且去靖州较远，则方志福禄江源出石井山之言非确论也①。

可知在古代地理认知中，福禄江源出武陵郡镡成县玉山即湖广靖州西南一带，直至乾隆年间（1736--1796 年）仍认为如此。但当时《贵州通志》已提出福禄江源出于黎平府城南八十里石井山的说法，这应该是较接近当今地理的认识，但由于经过黎平府城的沅江支流渠江（流经靖州）上游一支也称福禄江，于是洪亮吉便认为，此福禄江南下流至古州江，从而认为《贵州通志》及当地方志关于福禄江源出于黎平府城南八十里石井山的观点是错误的，仍坚持福禄江源自靖州说。

这说明在古代，关于潭水（柳江）上游及源头等记载就是较为模糊的，不能与当代地理知识相比。因此不能完全以当代地理信息来考证古代水系地理及河流原型。

《水经注》中关于潭水还提到两条重要支流，一条是周水，一条是刚水。其载曰：

潭水东流径郁林郡潭中县，周水自西南来注之。潭水又东南流，与刚水合。（刚）水西出牂牁毋敛县，王莽之有敛也，东至潭中入潭。潭水又径中留县东，阿林县西，右入郁水。②

此周水，疑义较少，一般认为是今龙江河。

但在古人的地理认知中，此水发源于牂牁东境。以今都江源头的独山江为其源头。还将都匀府西南的邦水河追溯为独山江之源。

《明一统志》载："黔江，在浔州府城北，又名北江，源出牂牁，经柳象至此合郁江。"③

因古人以为福禄江源出武陵郡镡成县玉山，镡成县不属于汉牂牁郡地，故此经过柳象之黔江源头当指的是龙江河上游。

① 洪亮吉.卷施阁文甲集·卷第六 [M].聚珍仿宋版印本.北京：中华书局，1912：12—13.

② 郦道元.水经注全译 [M].陈桥驿等，译注.贵阳：贵州人民出版社，2008：888.

③《明一统志·卷八十五：浔州府》，第 4 页。

如明末清初黄宗羲《今水经》载："右江，源出贵州都匀府西南境，会十二渡水过府城北，又东流至柳州府界，福禄江北来注之。福禄江源自湖广靖州西南，流入贵州黎平府西境为古州江，东流至永从县东南流合为福禄江，又东合大崖江为南江入广西柳州界，经融县入柳江。"①

此处当以发源于贵州都匀府西南境的龙江河为柳江干流，而以福禄江为支流。

顾祖禹《读史方舆纪要》亦载："都匀江，出贵州黄平州界初名两岔江，在州西南十五里，南经平越府东南名麻哈江，在府东南三里，又东南历麻哈州治西南，又南历邦水长官司东西去司十五里，亦曰邦水河，又东南经都匀府城西亦曰都匀河，又东南经独山州南北去州二十里，亦曰独山江，又东流入广西庆远府天河县界。"②

这里又追溯至以沅江源头为独山江上游，并称独山江是通过贵州独山流入至庆远府天河县界境的，完全把龙江河的上游金城江让给了都泥江。

《明史》亦载："独山州，本九名九姓独山州长官司。洪武十六年置，属都匀卫。弘治七年五月升为独山州，属府。南有独山，有独山江，即都匀河下流，南入广西天河县界，为龙江。"③

清雍正《广西通志》亦载："龙江，……发源贵州都匀府，自独山州流入，经庆远府西北诸蛮峒会思荔诸水东南流至县北，折而东入柳城江汇融象下浔梧水势宛转如龙。"④

龙江因流经庆远府宜山县，而该地汉代设为定周县，故古代或称此水为周水。因唐代在此设龙水县，故该水后称之为龙水、龙江。

此《宋史》有载："庆远府，下。本宜州，龙水郡，庆远军节度。……咸淳元年，以度宗潜邸，升庆远府。……县四：龙水、天河、忻城、思恩。"⑤

"潭水又东南流，与刚水合。"有人认为此刚水原型是都泥江（红

① 清·黄宗羲，《今水经》，《黄氏续抄原本》(知不足斋丛书)，第64页。
② 顾祖禹. 读史方舆纪要 [M]. 北京：中华书局，2019：5461—5462.
③ 张廷玉. 明史 [M]. 北京：中华书局，1977：1205.
④ 清雍正《广西通志·卷十六：山川：庆远府：宜山县》，第20—21页。
⑤ 脱脱. 宋史 [M]. 北京：中华书局，1985：2242—2243.

水河）。

刚水或以曾流经原龙刚县而得名。相传汉元鼎六年（公元前111年）置定周县，属郁林郡。晋武帝太康元年立桂林之龙冈为县，一称龙定[1]。

桂林县是古旧县名，西汉置，治今象州县东南一带，也属郁林郡。该县在唐代并入武仙县。

龙冈县可能在今象州县西北侧的忻城县一带。忻城县位于宜州市（今河池市宜州区）南，红水河北侧。

故一般以为今红水河中下游的都泥江即古刚水。

清雍正《广西通志》载：

潭江，在武宣县西，一名浔江，一名柳江，自象州流入东南下桂平。《水经注》潭水自潭中东南与刚水合，又东南经中留县东阿林县西入郁水。

都泥江，在武宣县西北五十里，即古刚水，亦名大江，自来宾县流入合潭江[2]。

在古代地理认知条件下，此古刚水的上游不可能是今北盘江和南盘江，而是龙江河上游段的金城江。

上文已录《明史地理志》有载。嘉庆《广西通志》也录《明史地理志》等载曰："金城江，宋置金城州，盖因江以名也（《方舆纪要》），下游合于都泥江，江北有金城镇巡检司（《明史地理志》）。""劳村江，（河池）州东南，出贵州陈蒙烂土长官司，流入州界为金城江（《明史地理志》）。"[3]

此贵州陈蒙烂土长官司为明清都匀府独山州所属土司地，在今三都县一带，为贵州黔南州（首府都匀市）所辖。

这一带为汉牂牁郡属地。而实际上劳村江上游并未从陈蒙烂土长官司发源，流经陈蒙烂土长官司是独山江及其支流。独山江南侧有月亮山脉横亘，山北的水系到不了山南。

① 沈约. 宋书 [M]. 北京：中华书局，1974：1196.
② 清雍正《广西通志·卷十五：山川：武宣县》，第14页。
③ 清嘉庆《广西通志·卷一百十一：山川略十八川三：河池州》，第3314页。

在月亮山脉南麓，东部是龙江河中下游流经的汉定周县。而其西部，则是汉毋敛县地。

因此，劳村江、金城江流经之地当为汉毋敛县地。

《汉书》有载："定周，周水首受无敛，东入潭，行七百九十里。"① 即可资验证。

而《汉书》又载："增食，骊水首受牂牁东界入朱涯水，行五百七十里。"②

此骊水当指的是金城江及其上游，还包括借道红水河、清水江、东班江等部分。朱涯水可能指的是武鸣河。

武鸣河是右江支流，可通舟楫，古人可能认为武鸣河上承右江之水，又向东南注入郁江，或通都泥江。其上游与郁江支流东班江、红水江支流清水江上游都很接近。

清齐召南《水道提纲》有载："西洋江（指右江）又东南经永康州北境，有驮蒙江东北自思恩府南经武缘县合南流江诸水西南流来会。驮蒙江出思恩府西北鸡笼山黄泥岭，东麓二涧合南流经府城西，又南而东境之白花山，自城东南西流来会，又西南流有那马土司北山，水三源，合流自土司东东南流至鸡笼山西麓合山水西南流与西来定罗土司北之琵山水会，又西南折东南，流分为两派，一东流会驮蒙江，驮蒙江又南流经武缘县城东南，有南流江东北自府东境山二源合，南流而东南合东一水折西南八十里，合东北来二水，又西流北合西陵山水，又西合北一小水而西来会，驮蒙江既会南流江，西流过县城南，而那马司水之支津南流者自县城西来会，又西南受南来二溪一水，又西南流曰灵水，有一溪自北来注之，又西南入西洋江。那马司及南流江源流俱三百余里，而那马水至鸡笼山黄泥岭南流似与山北兴隆司之芦江北流入乌泥江者相通。"③

清雍正《广西通志》也载："驮蒙江，源出那马司界口标岭东经鹰山下，至（思恩）府北四十里亦曰清水江，又东北入红水江。"④

---

① 班固.汉书 [M].北京：中华书局，1962：1628.
② 班固.汉书 [M].北京：中华书局，1962：1628.
③ 清·齐召南《水道提纲·卷二十：粤江下》，第4页。
④ 清雍正《广西通志·卷十七：山川：思恩府》，第3页。

又顾祖禹《读史方舆纪要》亦载："洪水江，（思恩）府西北六十里，一名驮蒙江，源出府西北都阳诸山，经鹰山下，又东会于清水江。或以为即清水江上源。""清水江，在府北，东南流，城中有通津水，桥利水，俱流合焉。下游会于大榄江。《志》云：大榄江，一名剑江，出大明山，流入武缘县，盖即可泸水之别名矣。""大名山，府东南五十里，即大明山也，形势高广，接上林武缘二县界，可泸水亦出焉，下流入于郁江。"①

此驮蒙江诸水即今武鸣河也。

故武鸣河与清水江交汇一带当是汉增食县东部属地。而其北侧一带当是汉牂牁郡属县之地。

则骝水可能指为是牂牁水的别称，或中间段名称。此骝水《旧唐书》仍有载，称："骝水在宣化县北，本牂牁河，俗呼郁林江，即骆越水也，亦名温水。古骆越地也。"②

至宋代，乐史撰《太平寰宇记》时已将它直接称为牂牁水，载曰："牂牁水，《郡国志》严州州门有长水，深八丈，从牂牁流下。"③

此严州当时辖循德、来宾两县，所治当在来宾之西的今迁江镇一带。

从"严州州门有长水，从牂牁流下"可知，则此长水当指都泥江（今红水河）中段，上承金城江。故宋代起已不见骝水，或被牂牁水取代。

随着人们对都泥江（今红水河）上游段的探知，牂牁水也被代指为都泥江（今红水河）全段。如明末清初黄宗羲《今水经》载："柳江又东至柳城县西融水入之。……又东至柳州府南为柳江，抵柳州府城东南洛青江东来注之。洛青江在雒容县一百二十里源自桂林府流至县界入柳江。南流经来宾县东，牂牁江西来注之，经象州至浔州府城北东流为黔江。"④

此牂牁江当指今红水河。

---

① 清·顾祖禹．读史方舆纪要 [M]．北京：中华书局，2005：4969．
② 旧唐书 [M]．北京：中华书局，1975：1737．
③ 乐史．太平寰宇记 [M]．北京：中华书局，2007：3163．
④ 清·黄宗羲，《今水经》，《黄氏续抄原本》（知不足斋丛书），第64页．

由此可知，历史上古文献所载的水系，随着在地理认知方面的不断探索和更新，其有关内容或名称考证等也在发生不断改变。

如乾隆年间（1736—1796年）贵州学者洪亮吉在雍正年间（1723—1736年）改土归流而引发大量地理新发现后，就曾撰《贵州水道考》，对贵州及周边地区的水系做了重新考证，纠正了一些原有的长期沿袭下来的错误信息。他对古刚水也做了考证，认为红水河即古刚水。并撰《刚水考》曰：

《汉书地理志》牂柯郡毋敛县下班固注云：刚水东至潭中入潭。《水经注》温水下道元注云：潭水又东南流与刚水合，水西出牂柯毋敛县，王莽之有敛也，东至潭中入潭。今考柳州府属之马平雒容柳城怀远融象来宾等州县，皆汉潭中县地，云刚水西出牂柯东至潭中入潭以地形考之，殆即今贵州定番州南境之蒙江也。《通志》蒙江在定番州城南，源出州西北三十里乱山中，曰蒙潭，会州诸水至破蚕入广西泗城府界，亦名牂柯江，俗名乌泥江，亦曰都泥江，又曰红水江，入广西界之后历泗城庆远思恩柳州浔州五府，东兰那地忻城迁江来宾武宣六州县，于武宣县西北流入潭水，皆由西而东一证也。镇宁（乌泥江一源出镇宁州见下）定番二州，本汉牂柯郡地，汉毋敛县今虽未知所在，然以汉宋地志考之，县当并入故且兰，则今定番州地或即汉毋敛，是二证也。《汉书地理志》郁林郡定周县下班固注：周水首受无敛东入潭，受无敛者，当是首受无敛水，即刚水也，疑刚水至柳城又合周水，始东注潭。周水即今柳城县西南之龙溪水是矣。《元和郡县志》来宾县在都泥江北来宾水东故名，今考蒙江正在来宾县南，又东流入浔州府界。《明史地理志》亦曰来宾县南有大江，亦曰都泥江，是三证也。蒙江土人亦曰牂柯江，《太平寰宇记》来宾县有牂柯水。乐史引《郡国志》北为麻线河（按：今《通志》镇宁州南百里有乌泥江。《明史地理志》即都泥江，源出山箐中，东南流入金筑安抚司境。今广顺州又在金筑东南。《图经》麻线河在广顺州城北二十里，即所谓发源金筑司治北之水，然则乌泥江一源又寔出镇宁州也）至府城西境为七曲江过卢山东，经洪番方番至为番司南为大韦河，一自上司马桥治东北流经小程番卢番北境南流绕府城过卧龙司西与大韦河合为牂柯江。《水道提纲》虽不明著牂柯江之名，而云泗城府水二俱出北境大山，一西南流，一东南流，至府城南而合，又云此水源流三百余里，泗城西山北山诸水毕会。

今考泗城府北境即紧接定番州，非蒙江而何此，五证也（按：《水道提纲》惟误以源出云南宝宁县之西洋江为即古夜郎豚水，最误）。道元云郁水又东入阿林，潭水注之。（按：潭水未至阿林县之先于潭中县已合刚水，今《水道提纲》红水江西南自来宾县来会柳江，俗曰都泥江。）《今水经》以今都江为右江，云右江南流径来宾县东，牂牁江来注之（按：《今水经》之右江即《提纲》之柳江，《今水经》之牂牁江即《提纲》之红水江也）。明蒙江先合柳江始注郁水，与道元所言无不恰合，是六证也。①

洪亮吉以龙江河为古周水、红水河为古刚水的主流观点应该是正确的。

当然，受限于当时的地理信息及局限性，他以蒙江为红水河源头，以定番州地或即汉毋敛、以"土人曰牂牁江的蒙江"为《太平寰宇记》所载来宾县牂牁水的上游等一些观点都是错误的。蒙江非红水河源头则已广为所知。而如以定番州即汉毋敛地，则牂牁水要向西北流，也是不正确的。又"土人曰牂牁江的蒙江"则是在明代以后才被知晓是注入红水河的，在明代之前应该更不可能知道。

此外，古代刚水，应该是蒙江及南北盘江为上游，其上游则应是今刁江及金城江等，这一带皆是汉毋敛县的核心区。

由此可知，潭水（柳江）上游三大干支流，古州江（都江）及周水（今龙江河）、刚水（今红水河，以蒙江为上游），古代皆认为出牂牁郡。

此三条河，下游皆可通舟楫。但周水（今龙江河）、刚水（今红水河）可通舟楫处均已不在牂牁郡境内，只有古州江（今都江）可通舟楫处在牂牁郡境内，与《史记》所载吻合，《清史稿》遂确认"独山江，即都江上源，古牂牁江也。""都江上流曰独山江，自独山东流入，羊乌河合乌沟河来会，又东入古州。"

这说明，随着晚清至民国时期全国的地理勘察和发现持续深入，人们对西南地区水系的了解也就更加清晰，学术界主流更认定都江为古代所称的牂牁江，其沿岸即为夜郎国之核心地。

---

① 洪亮吉.卷施阁文甲集·卷第六[M].聚珍仿宋版印本.北京：中华书局，1912：13—14.

小结：从现在的地理知识来看，实际上可能没有一条《水经注》所称的温水。《水经注》的温水，源头在《水经》的温水，其文称："温水，出牂牁夜郎县，又东至郁林广郁县，为郁水，又东至领方县东与斤南水合，东北入于郁。"

而《水经》温水的源头，可能在《汉书·地理志》。但《汉书·地理志》中，温水和夜郎豚水是两条不同的河流，其文称：

镡封，温水东至广郁入郁，过郡二，行五百六十里。

夜郎，豚水东至广郁，都尉治，莽曰同亭。

广郁，郁水首受夜郎豚水，东至四会入海，过郡四，行四千三十里①。

从上述资料可知，是《水经》把夜郎豚水理解成了温水。但温水和夜郎豚水其实是两条不同的河流。

温水只是郁水的支流，位于广郁县的西部，与广郁县相距仅 280 千米，过郡二，指的是牂牁郡和郁林郡二郡。而夜郎豚水则在广郁县的北部一带，为郁水的干流，发源于夜郎国境内，流经牂牁郡治且兰县一带，称为牂牁水，又东南流，至郁林郡广郁县称郁水，再东至四会入海，行 2015 千米，过郡四。此所过四郡，乃指牂牁郡、广郁郡、苍梧郡、南海郡四郡。因此，郁水并没有从东往西借道绕至益州郡境内，与南北盘江没有任何关系。故以南北盘江及红水河而称牂牁水的说法是站不住脚的，南北盘江及红水河也不经过牂牁郡治且兰县，与夜郎豚水没有任何关系。

总之，《水经注》中郦道元以温水的名义将西南地区的水系给说了个遍，但实际上《汉书·地理志》中的郁水并没有从东往西绕一圈。故温水的走势其实是郦道元在《水经》《汉书·地理志》的基础上自己编造出来的，其目的是通过水系梳理和整合讲述历史故事和典籍，但后世的历史地理研究者按照他写的水系去研究和考证只能越来越乱，离历史的真相越来越远。

我们按他的描述不仅找不到真实的牂牁江，还使后世的相关夜郎研究及历史地理考证被带入了一个误区中，许多人至今仍陷入其中，

---

① 班固. 汉书 [M]. 北京：中华书局，1962：1602—1628.

拔不出来。

如果按照《汉书·地理志》关于夜郎豚水所载进行考察，结合《史记》所载之牂牁江地理条件，更符合历史真相。

第十章　明清贵州主流文献对牂牁江记载及演变

　　贵州于明初洪武年间（1368—1398 年）建军事卫所屯堡体系，不久改设指挥都司，开始了以军事统领管治的新时期，至明永乐年间（1403—1424 年），思州宣慰司及思南宣慰司因内讧而被朝廷废除，以其地设八府新建贵州省，于是贵州省境在不断吸纳周边省份领土后逐渐形成。至明末清初，已基本形成现有行政版图格局。

一、明代及清初主流文献以蒙江为牂牁江

　　贵州建省以后，本省所编纂的主流文献也对临夜郎国的牂牁江有过研究和定位。

　　如贵州最早编纂的几本贵州省志受《三国志·李恢传》"南至盘江，东接牂牁"的影响，都将夜郎国中心定位在贵州中部南侧的程番府（即今贵州省贵阳市）一带，以位于盘江以东发源于贵阳市南郊的蒙江为牂牁江。

　　贵州明代建省后所编修的第一部省志：弘治《贵州图经新志》，在该志首页"地理之图"中，标识程番府左右两边及下方为牂牁江（即蒙江）①。

　　稍后所纂的第二部省志嘉靖《贵州通志》也载："程番府，汉为牂牁郡，郡有牂牁江，自东北西流至地名木星入洞，二十余里复出，可通舟楫，抵番禺城下。光武时牂牁大姓自牂牁江入贡即此。"②

　　又嘉靖《贵州通志·卷之二：山川》载："牂牁江，在（程番）府城南，有二，一自金筑司东北流绕府左，一自上马桥东流入广西泗城州，出番禺城下。"③

　　再后所编纂的贵州第三部省志：万历《贵州通志》，仍以蒙江为

---

① 明·沈庠，弘治《贵州图经新志》，贵州省图书馆影印本，目录前的卷首图中。
② 明·谢东山修，嘉靖《贵州通志》，嘉靖三十四年（1555 年）天一阁藏本，《卷之一：建置沿革》，第 48 页。
③ 明·谢东山修，嘉靖《贵州通志》，嘉靖三十四年（1555 年）天一阁藏本，《卷之二：山川》，第 48 页。

牂牁江。该志《卷三：定番州：山川》载："牂牁江，州南，源出西北三十里蒙潭，南流至地名破蚕，入广西泗城州，出番禺城下，入南海。""涟江，治东百步，南流合牂牁江。"①

其后明代万历中期任贵州巡抚的郭子章也于万历三十一年在所撰《黔记》中坚持蒙江说："定番州诸水：城西二十里有九曲江，城南有牂牁江，源出西北三十里蒙潭，南流至破蚕入广西泗城州，出番禺入南海。"②

明末清初的大儒黄宗羲（浙江余姚人）在所纂《今水经》中也以蒙江为牂牁江。称：

> 牂牁江，一名乌泥江，其源有二，俱出程番府，一自金筑司治北为麻线河，至府城西境为七曲江，过卢山东经洪番方番至为番司南为大韦河，一自上司马桥治东北流经小程番卢番北境南流绕府城东过卧龙司西与大韦河合，为牂牁江，绕卧龙司治南，又为绕翠江过罗番大龙司治北回龙江南流来注之③，折绕大龙司东入广西泗城州，经庆远府境达迁江来宾县南，东流萦回约千余里，入于右江。④

清康熙《贵州通志》仍以蒙江为牂牁江。该志载曰："牂牁江，源出濛潭，绕（定番州）城南流至破蚕入广西泗城州过番禺入南海。或以为即庄蹻入滇所经之处。"⑤

康熙《贵州通志》为先后出任贵州巡抚的卫既齐、阎兴邦所修，薛载德等纂。卫既齐、阎兴邦都是山西人，都从顺天府尹辗转而任贵州巡抚。卫既齐任于康熙三十一年（1692 年）前后，阎兴邦继任，至康熙三十七年（1698 年）卒于任上。薛载德是浙江绍兴人，康熙三十一年（1692 年）前后任定番州知州，应是康熙《贵州通志》主要编纂者。

清雍正九年（1731 年）贵州学政晏斯盛作《黔中水道考》仍提出以蒙江为牂牁江。他称："蒙江出定番州之蒙潭，俗亦称牂牁江水，水

---

① 贵州通志·卷三：定番州：山川 [M]. 北京：书目文献出版社，1990：11.
② 明·郭子章，《黔记》，北京国家图书馆藏万历三十一年（1603 年）原刻本，《卷之八：山水志上》第 18 页。
③ 回龙江在金石番司左。
④ 黄宗羲，《今水经》，《知不足斋丛书：九州山水考》，第 65 页。
⑤ 清·卫既齐等，康熙《贵州通志·卷六：山川：贵阳府》第 4 页。

东南流，有玉带河从州北二里来注之，又东有洗马河从卢番司东南流注之，又东南有环带江合金石司之回龙江罗番司之罗番河流注之，又东南有双峡水自小龙司东南流折而西注之，又东南流有绕翠江从卧龙司南流注之，又东南有小溪水自洪番司南来注之，又奔龙江自大龙司合大龙河东流注之，又东南有底方河自方番司南合小番河云溪水并注之，又东南有冷水河从小程番司南合连江水东流注之，又东南有腰带河水自卢山司南合摆游河东流注之，遂东过泗城州而归于粤。"①

这说明在明代及清代前期，当时的主流观点认为发源于蒙潭的蒙江为牂牁江。

今天的蒙江是西江干流红水河的支流，发源于贵阳市花溪区党武乡摆牛，上游称涟江，流经惠水县、罗甸县，合从紫云县流经下来的格凸河，又向南至双江口注入红水河。蒙江位于云贵高原斜坡地带，多灰岩峰丛山地和峰丛漏斗洼地，河流有伏流河段，河流常年潜入沉积层，中下游呈现河面无水现象，仅洪水时河槽才短时泄洪。

二、明末及清初曾提出盘江、乌江为牂牁江之说

由于蒙江干支流规模不大，上游水势更小，不通舟楫。故在明末清初之际，相继有贵州主流官员否定蒙江说，而提出盘江说、乌江说等。

如在明万历《贵州通志》中，就收录了一篇隆庆末万历初任贵州提学使的郑旻所撰的《牂牁江解》一文，该文提出盘江为牂牁江之说：

牂牁江迹始见唐蒙，汉武因通道夜郎置郡，近罗念庵作《广舆图》，谓乌撒七星关水即牂牁江源，折流为盘江，经泗城州称右江，达泗城会番禺入海。图解有龃龉处，然大要卓然得之，顾质之人鲜有能识者，则以地荒沦于瓯脱而人壅局于观听也，故作《牂牁江解》。崟山子曰：余弭节盖度盘江，云江广仅百余步，自贵竹入滇路，未有不济盘江，行者船江，上下绝击汰之迹，水势批岩密泪，土人谓水涨时漂巨木撞舟，峭壁箐岚，人迹罕入。下流至打罕联泗城界，舟船始通焉。比余历普安，斜出沾益趋乌撒卫，校士抵乌撒普德归驿，驿门对

① 清·卫既齐等，康熙《贵州通志·卷六：山川：贵阳府》第4页。

可渡河，堠河之南沾益境也，河之北乌撒境也，驿抵卫城八十里。询之，候吏云：河水在西百里，注壑而出，从此而东，盘江乃此水之注也。越卫城北二百余里，有七星关河。询之，故老云：七星关水源出芒部界滨城海子，通水西境，会可渡水为盘江，第三水峭险，狨猱丛居，以是人无因而至。总前二说，固未晰知牂牁江所在，而牂牁江为盘江则无可疑者。按迁史牂牁江者，庄蹻兵灭夜郎椓船处也，高戎本古夜郎国，今自泸戎入滇路未有不由七星可渡行者，当唐蒙风谕南越也，越人食蒙蜀枸酱，蒙用踪迹之，夜郎临牂牁江，南越以财物役属之，以强汉巴蜀之饶固可赂诱夜郎为置吏，浮师牂牁江出越之不意制越之奇也。武帝由是拜蒙为中郎将，从巴蜀笮关入，遂见夜郎侯多同，听蒙约束还报以为犍为郡发巴蜀卒治道自僰道指牂牁江，是时通西南夷道戍转相馕，数岁道不通西南夷，又数反，发兵兴击费耗，于是罢西夷独置南夷夜郎两县，稍令犍为自保就。至唐时因以播州之珍州为夜郎，后人止知珍州之为夜郎，不知古夜郎从高戎直通瓯骆，地方数千里也。蒙初至夜郎，多同问蒙曰：汉孰与我大。以道不通故，各自为一州主，不知汉广大。今人泥区区之珍州为汉夜郎，又窘步旁蹊谷疑指牂牁江，其亦昧庄生秋水之见矣。然当汉四道伐南越也，使驰义侯因巴蜀罪人发夜郎兵下牂牁江，咸会番禺，乃今盘江滩濑狞恶，虚无人行，岂古今时异势殊邪，抑当治道时二岁，费铲夷之力师过不无罂筏盘剥之苦，至打罕乃得沛乘舟楫，故兵迟至，而南越已平邪。载考八校回军时即击灭曾反杀汉使者，且兰遂平，南夷置牂牁，则自乌撒逶迤而南皆其地。旧载云南广西府亦牂牁羁縻属也，泗城以北如都匀等处皆牂牁界内矣，是时邛笮冉駹君长闻南夷得汉赐过厚，皆求置吏比南夷，乃使司马相如往宾之，于是关隘斥南至牂牁为徼，则越嶲等郡界接芒部也。然则牂牁江之源委其亦昭然矣。①

　　郑旻是广东揭阳人，从他省调任贵州提学使，之前他从没在贵州工作过，因当时北盘江一带的一些卫所辖地已从云南划归贵州，离滇较近，故他以为北盘江即是牂牁江。其实，他所参考的明嘉靖八年（1529 年）状元江西吉安人罗洪先（字念庵）所作《广舆图》中以七

---

① 贵州通志·卷二十三：艺文 [M]. 北京：书目文献出版社，1990：42.

星关河为北盘江上游而图注为牂牁江就已经是错的了，七星关河在今毕节市一带，实为乌江的上源，而非盘江上游，与北盘江、南盘江均没有关系。

古代对西南地区的水系大多溯源不清，人们常将赤水河的源头误认为是乌江上源，以乌江的源头而为北盘江的干流，等等。

清雍正九年（1731年）贵州学政晏斯盛作《黔中水道考》已澄清："盘江，《广舆图》以为牂牁江水。水出滇南小金沙江，至威宁府界，东南流为可渡河，……小金沙江，一名北金沙江，来自吐蕃，由云南丽江府之塔城关入中国，经鹤庆、姚安、武定、东川诸府，至四川之叙州府，与岷江合，入于东海。与盘江之从粤以入于南海者，源流迥异。则郑氏后说，与《广舆图》所载俱舛矣。"

实际上郑旻在《牂牁江解》中也提到："今盘江滩濑狞恶，虚无人行，岂古今时异势殊耶。"① 说明他对北盘江为牂牁江之说持怀疑态度主要是受了罗洪先《广舆图》的影响。

罗洪先、郑旻所提出的北盘江（亦包括南盘江）为牂牁江说，在当时影响极为有限，万历《贵州通志》没有采纳此说，只在志末的《艺文》中载列郑旻之文，仅作为一种学术观点而已。

北盘江为牂牁江说在当时没有被肯定的主要原因是：明万历年间，人们对盘江的下游走向还是不太清楚的，普遍认为，南盘江及北盘江是通过广西右江流域而通往广东入海的。如按此线路，水运从牂牁江去番禺就是绕道了，因此，当时的人们不可能认可此说法。

清代以后，康熙年间（1662—1722年）曾任贵州巡抚的田雯在其所著《黔书》中再次否定了"蒙江说"。其撰《牂牁江考》称：

汉武置西南三郡，一为牂牁，牂牁者系船杙也，《华阳国志》称楚顷襄王遣将庄蹻伐夜郎军至且兰椓船于岸步战灭夜郎，后人以且兰有椓船牂牁处，乃名其地为牂牁。《史记》云牂牁江广数里，出番禺城下。后世求其地而不得，遂以为在定番城南，源出蒙潭，流入破蚕至泗城州通番禺入南海。而郭青螺（即郭子章）又引《汉书》郡有牂牁江通番禺城下，光武时牂牁大姓自牂牁江入贡之语以实之，不知定番虽通

---

① 贵州通志·卷二十三：艺文 [M]. 北京：书目文献出版社，1990：42.

粤西，而番禺则属广东，其城南之水仅仅一线，时断时续，未闻有以舟楫，何以云数里之广，而当时大姓又何以由此入贡，亦未详于志文之故耳。①

田雯是山东德州人，康熙三年（1664年）进士，曾任提督江南学政，康熙二十六年（1687年）为江苏巡抚，不久又调任贵州巡抚。田雯认为蒙江水势"仅仅一线，时断时续"，且从没有听说通航运，故否认了蒙江为牂牁江之说，同时他又提出了"乌江说"：

按且兰即今之遵义，夜郎即今之桐梓，则牂牁江，即今日之乌江，自遵过湄瓮至印江入思南城西之巴江水，其地有牂牁城旧址，汉牂牁守陈立据思邛，诏夜郎王将兵破之。牂牁旧治既在思南，则牂牁之江宜在思南。而其桴船之处不在巴江亦必在印江，盖印江与湄瓮接壤，而湄瓮则且兰旧地，桴船于岸或即此也。若定番则去且兰数百里，且隔乌江何处桴船而步战，而牂牁大姓又何以舍楚蜀大道迂回两粤然后入阛以致贡哉。然则《史记》之言出溯其源也，《汉书》之言通论其流也，后之人既不详于本文，又不明于道里，是以有此误也②。

田雯称："且兰就是遵义，夜郎就是桐梓。"力主"牂牁旧治即在思南，则牂牁之江宜在思南。"实际上他文中有许多观点都没有定论，有些还是错误的，如且兰、牂牁旧治都与沅水有关，不可能在遵义、思南，而桐梓更在乌江之北，关键是乌江是长江支流，航运不能直达番禺。

田雯"思南城西有牂牁城旧址"的观点出自《大明一统志》，源头在于唐代《元和郡县志》有关史料③。弘治《贵州图经》有载，但已将其否认："唐以思州为内郡，而以牂牁为羁縻，则此城不在思南明

---

① 清·田雯，《黔书·上卷》（嘉庆十三年刻本），民国贵阳文通书局印本，第46页。

② 清·田雯，《黔书·上卷》（嘉庆十三年刻本），民国贵阳文通书局印本，第46页。

③ 唐《元和郡县志》释"思王县"名时云："武德三年置思王县，相传汉时陈丘为牂牁太守，阻兵保据思邛水，汉将夜郎王数万破丘于此，安抚百姓，时人思慕，遂为县名。"

矣。"① 但嘉靖《思南府志》又将其重新拣起，包装成为地方重要人文古迹。田雯当是受此影响。

由于乌江不是珠江流域水系，故田雯以乌江为牂牁江之说历史上不大被重视和接受。因此，其说也未被此后不久编纂的康熙《贵州通志》所采纳。该《贵州通志》为康熙三十六年（1697年）所刊行，志中收录有曾任贵州巡抚田雯的不少诗文，但并未收集其关于乌江为牂牁江的观点和文章。

三、清代中期以后主流文献提出并认同都江为牂牁江

但在雍正年间（1723—1735年），随着清政府对贵州千里苗疆的开发，以及改土归流深入至境域山川尽处，域内主要河流状况更加清晰呈现，蒙江为牂牁江之说开始动摇。

出版于乾隆初年的《贵州通志》主要提出以都江为牂牁江之说。

清乾隆《贵州通志·卷五山川》载："都江，在独山州城东南，即独山江之下流，一曰紫泉，一曰遁水，一曰牂牁，《山海经》所谓浪水。《水经注》所谓南至郁林，东至苍梧，又东至高要由番禺入海者也。汉武帝伐南越发夜郎精兵下牂牁江，同会番禺，疑即此。"②

乾隆《贵州通志》将都江称为遁水、牂牁，就是肯定了都江就是《史记》所载临夜郎国而通番禺的牂牁江。

都江发源于贵州省独山县南部，东南流经今三都县、榕江县、从江县，入广西壮族自治区三江侗族自治县后称融江（又称溶江），到柳城以下称柳江。全长310余千米。都江古称古州江，后与广西的柳江段并称为都柳江。

乾隆《贵州通志》是贵州建省以来所纂最系统全面的方志，由曾任云贵广西三省总督、时任内阁首辅的鄂尔泰及贵州总督张广泗任总裁，名士靖道谟、杜诠等具体纂修。在此之前，《贵州通志》已有数

① 明沈庠、弘治，《贵州图经新志·卷之四：思南府》，贵州省图书馆影印本，第16—17页。弘治《贵州图经新志》又称："今贵州宣慰司境内山有曰石门高连者，况思州之治自古至今迁徙不一。""而《方舆胜览》亦云思州即非古城。"

② 清·鄂尔泰等，《贵州通志·卷五：山川：都匀府：独山州》，乾隆六年（1741年）刻本，第23页。

次修纂，但都较粗糙，鄂尔泰、张广泗编纂的雍正版通志于乾隆六年（1741年）重修成书，共八十万字。此志是现今研究贵州地方史的主要资料，具有较高文献价值。

鄂尔泰、张广泗因曾主持云贵及广西地区的改土归流，故对此三省地理状况及水利系统有深入研究和调查。雍正及乾隆初年，在平定苗岭诸苗后，两位贵州最高长官还曾修浚了600千米的清水江和150多千米的都江，为苗疆开发建设做出了重要贡献。作为云贵总督的鄂尔泰也曾在蒙江及南北盘江流域实施改土归流，如果这些河流也能有水运之利，此时必也开发通航了。

正是因为对贵州水系河流的考察和勘校，鄂尔泰、张广泗、靖道谟、杜诠在乾隆《贵州通志》中做出了都江就是牂牁江的判断。这就从对贵州地理考证的方面确定了夜郎国中心就在都江流域这一带。

自此以后"都江说"成为主流。

曾任贵州巡抚、乾隆二十年（1755年）升任云贵总督的爱必达在其著作《黔南识略》中也力主都江为牂牁江之说。他称：

都江源出府西二十里之邦水司，又曰板河、邦水河，亦曰黑神河，在都匀者统曰都江，亦曰都匀河，至独山曰独山江，至古州曰古州江，入广西境为龙江，又名柳江，又名浔江，至粤东入海。按都江即古之豚水，又曰遁水，……谓之牂牁水，汉武帝时，唐蒙请发精兵下牂牁会番禺是也。今黔中诸水入粤者三，盘蒙二水虽入粤不通舟楫，惟都江自独山三脚屯浮舟直达粤东，盛水可两旬至，唐蒙所谓出越不意制越者，当由此。《黔书》以入楚之乌江为牂牁，郑昱又以不通舟楫之盘江为牂牁，迄无定论，后人又泥于且兰故地为今遵义湄潭，遂以牂牁江仍属乌江，不知黔中久沦荒徼，汉所称夜郎牂牁且兰等地皆辽阔方数千里，非可执今之一郡一县而论之。以今之水证汉书发兵下江同会番禺之说，则都江为古牂牁江，舍此则无可以会于番禺者矣①。

爱必达在此文中彻底否定了"乌江说""盘江说"和"蒙江说"，当时盘江和蒙江流域都已改土归流，设置州县，故境内山川地理及航运水利等情况更清，爱必达称"盘蒙二水虽入粤不通舟楫"，跟现在的

---

① 清·爱必达，《黔南识略·卷八：都匀府》（乾隆十四年修），道光二十七年罗氏刻本，第3—4页。

考察结果已经一致。当时，都江的航运已经较为发达，正是在目睹且比较此入粤三江的古今之势后，爱必达提出只有都江才是真正的古牂牁江的说法，并且认为舍此贵州就没有其他河流能浮舟至番禺者了。

清乾隆中期出任独山州学正的谢庭薰也曾作《牂牁江辩》，曰：

汉武帝元鼎六年置牂牁郡，盖因江以名之，而江之名，昉于楚顷襄王命将庄蹻从沅水灭夜郎，军至且兰，有椓船牂牁处，乃改名牂牁。《汉书》云：牂牁江足以行船，汉武帝发夜郎精兵下牂牁，同会番禺。后世求牂牁之地而不得，有指思南之巴江言者，有指普安、安南、永宁之盘江言者，有指定番之蒙江言者，有指独山之都江言者，有指黄平之重安江言者。田抚军雯云：且兰即今之遵义，夜郎即今之桐梓，牂牁城旧址在思南，则牂牁之江，当在思南，而其椓船之处，不在巴江，必在印江，盖印江与湄、瓮接壤，而湄、瓮则且兰旧地也。据此，则军至且兰椓船于岸之说诚合矣。《通志》云：巴江水入四川涪水，合岷江。据此，则巴江水不通粤，而以发夜郎精兵下牂牁会番禺之说求之，则又不合。罗念庵云：乌撒七星关水即牂牁江源，折流为盘江，经泗城州会番禺入海。崟山子云：盘江滩濑险恶，虚无人行，至打罕永宁始建州处，联泗城界，始可行舟。《普安州志》：盘江入石穴在永丰州坝台寨入洞，伏流三十里，至陇计寨乃出，昔人用竹片数百，书字其上，投于水，后，人从泗城拾得，故知盘江为牂牁上游。据此，盘江水通粤矣，而舟不能直达番禺。《通志》云：定番蒙江源出濛潭，流入破蚕，至泗城，通番禺。明郭青螺尝引《汉书》"郡有牂牁江通番禺城下，光武时，牂牁大姓自牂牁江入贡"之语以实之。田抚军雯云：定番城南之水，未闻有以舟楫行者，当时大姓，何以由此入贡？据此，则蒙江水亦通粤矣，而舟亦不能直达番禺。古法：树杙两岸，贯以索，凭索曳舟横渡，是为杙戢。《华阳国志》云：牂牁者，系船杙也。《一统志》云：贵筑、贵定、清平、瓮安、平越、黄平，皆且兰地。据此，则且兰不止遵义，今独黄平州之重安江犹有杙戢古制，诸书虽未以重安江为牂牁江，而父老之往往指牂牁江者，亦非无因，但《通志》云重安江水归楚，则舟又不能直达番禺，都江与盘江、蒙江，各去且兰数百里，今以军至且兰椓船于岸之说求之，殊不可解。然都江水之通粤者，同于盘江、蒙江而异于巴江、重安江，船之自三脚屯直达番禺者，概异于盘江、蒙江、巴江、重安江。《梧州志》云：城南大江，汉武使驰义侯发夜郎兵下牂牁江，即此。田抚军《牂牁江考》既指巴江为牂牁江，《紫池考》又旁引梧州江即牂牁江之语，则是两存其说。然而都江下流与梧州等江相会，汉武发兵如果下梧州江，未必不先下都江，此张制军所以志独山都江而曰汉武发夜郎精兵下牂牁江同会番禺，疑即此也。

谢庭熏的观点来自主持编纂乾隆《贵州通志》的贵州总督张广泗，故称“张制军所以志独山都江而曰汉武帝发夜郎精兵下牂牁江同会番禺者。”但其在文中也提及当时还流传有以重安江为牂牁江之说。

重安江是今沅江干流清水江的北源，古代一向以为是《水经注》所载“牂牁水”的源头。

谢庭熏是清贵州贵阳府人，字自南，一字兰谷，号韶庄，别号捧日生。清乾隆十八年（1753 年）举人。历任毕节教谕、独山学正、永宁训导、江苏娄县知县等职。曾纂修《独山州志》《永宁州志》。

乾隆《独山州志》中也收录有谢庭熏作《牂牁江考》，他提出以独山州三脚屯为“汉武帝伐南越发夜郎精兵下牂牁江处”，称“遁水在三脚屯江。”谢庭熏还针对有人以清雍正之际未开苗疆前都江不通航运之观点而否定都江为牂牁江说在文中予以批驳：“或曰三脚屯江（即都江）雍正七年开苗疆河道始有商船往来，不知向来特陷于蛮境商船不敢行耳，开河者以江原可行舟不过于头滩二滩等滩略划其乱石耳，试思三脚屯以上之水道及盘江、蒙江，昔人岂不欲开以行舟而究能开以行舟否。”

乾隆后期出任贵州学政的著名学者、江苏常州人洪亮吉在详细考察贵州全部水系后也提出以都江为牂牁江的说法。其作《豚水考》称：

《贵州通志》都江在独山州城东，其上源为独山江，又其上为都匀之邦水河，本名板河，发源于都匀府西二十里之邦水司是也（按邦水河为都江之上源，而旧志又云邦水河通麻哈江殊误）。《图经》水一名龙江，有二源，一出西南丰宁土司之北山，北流折而东北数十里至州南里蜡寨北，有西源羊角寨水自西山东流经州城西南折而南流十余里来会。今考都江自发源六十里至独山州属之三角屯，江流渐广，可容大舟，又百余里过都江通判城西，又南径来牛定旦诸寨至古州城东会溶江车江，南流入广西怀远雒容二县界。按《汉书地理志》牂牁郡夜郎县下班固注云：豚水东至广郁郁林郡广郁县，下又注云：郁水首受夜郎豚水至四会入海（《山海经》郁水出象郡）。《西南夷传》夜郎者临牂牁江，江广百余步，足以行船。《水经注》郁水即豚水也（按道元此注不及班氏明晰，盖豚水实别一水，亦为郁水，上源至广郁，下始统名为郁水耳，不可合二为一）。豚水东北流（按此水自三角屯以上皆东北流）径谈稿县东径牂牁郡且兰县谓之牂牁水，水广数里，县临江上，故且兰侯国也，一名头兰，牂牁郡治，元鼎五年武帝伐南越发夜郎精兵下牂牁同会番禺是也，《后汉书西南夷传》公孙述时夜郎大姓为汉保境后汉初从番禺江奉贡即此，今《水道提纲》名是江为龙江，反以为福禄江之支流，不知此江之源较福禄江远六七百里，余以甲寅二月自都匀按试黎平，由三角屯舟行至古州凡三日夜，及试黎平毕，将赴镇远，沿道验福禄江之广狭曾不及都江十分之六，且发源又近，而反以为经流，知《提纲》之舛矣。道元云豚水又径中溜县南与温水合，今广西象州来宾武宣皆汉中溜县地，南盘江都江二水至来宾县始合，流径武宣县西南，盖今南盘江即古温水也，今都江即古豚水也，益觉道元之言丝毫不爽，又龙江之名盖起于唐，唐初置龙水郡及龙水县皆以此水名，龙水县即今庆远府宜山县也，豚龙声相近，盖音之转耳，推此言之汉牂牁郡及且兰县治当在今清平都江之间，正临都江之上，武帝元鼎五年伐南越发夜郎兵下牂牁江其下江之处，亦当在今独山州三角屯左近也，惟道元言豚水东北流径谈稿县东径牂牁郡且兰县谓之牂牁水，考谈稿亦汉牂牁郡属县，则谈稿县亦当在今都匀府境左近独山州西南，可知盖豚水古名二，曰豚水，亦曰牂牁江，近名九，发源处曰板河，曰邦水河，亦曰黑神河，在都匀者曰都江，亦曰都匀河，在独山州者曰独山江，入广西境为龙江（《明史地理志》独山州南有独山江，即都匀河下流，南入广西天河县界为龙江），又名柳江，又名浔江，至田雯《黔书》以乌江为牂牁江，则一言以折之：曰今乌江不能通番禺，明郑旻又以北盘江为牂牁江，则又可即《汉书》《水经》折之，道元云豚水东径牂牁郡且兰县谓之牂牁水，水广数里，县临江上。按今北盘江在永宁安南之间，非汉牂牁郡及且兰县治所，其误一也；今北盘江广数十步，两岸皆高山峻岭无从展拓，与《水经注》水广数里及县临江上之说又相背谬，其误二也；北盘江今尚不通舟楫（《图经》至广西泗城界始略通船），而《汉书》武帝时伐南越发夜郎兵下牂牁江同会番禺必非此水，其误三也；至北盘江今尚有瘴气，而都江则无，亦与道元刘昭之说相合。然此或古今异宜，又不直据以折郑旻矣。我朝雍正八年云贵总督鄂尔泰奏上江河道，不特现通烂土司与粤之荔波县接壤，而烂土司地方有溪河一道，进至交然寨登陆五十里即系清水江，实天地自然之形势，但有三大滩及数小滩，应行修凿，已檄饬独山州知州孙绍武查勘五十里陆路，若可一并开成河道，则都江清水江呼应通而声援接云云，是沅水与豚水相隔又不过五十里，并有可通之势也①。

道光年间（1821—1850 年），随着人们对红水河地理情况的深入了解，以盘江及红水河为牂牁江的说法又不断兴盛起来。但北盘江岸边的永宁州（今关岭县）仍否认此说。如道光《永宁州志》中就不认同盘江、蒙江等红水河流域为牂牁江。文曰：

牂牁江，张澍《续黔书》以为乌江。吴振棫《黔语·牂牁江》则曰："牂牁江，今都江也。……至广东南海县入海。"今黔北巴、印等江汇入乌江，北流入长江，而盘江、都江、蒙江、重安等水，汇入北盘江，合云南流来之南盘江水入珠江。牂牁江当指吾黔南流水系，不必为盘为蒙也，盖汉时于西南夷未能悉数占有，道听途说，乃有《史》《汉》影响模糊之录，不可确信。

张澍是清凉州府武威县人，嘉庆四年（1799 年）进士，入翰林院庶吉士充实录馆纂修，未几引疾归。后起任贵州玉屏知县，代理遵义县知县，代理广顺州知州，四川省屏山县知县，曾署江西临江通判等职。张澍一生著述甚丰，已刊印的有《姓氏寻源》《西夏姓氏录》《续黔书》《蜀典》，等等。

张澍由于曾代理遵义县知县，故站在地方利益上而对田雯乌江为牂牁江之说较为赞同，因此在其所著《续黔书》仍提出以乌江为牂牁江之说。

但清道光年间（1821—1850 年）任贵州按察使，后署任云贵总督的吴振棫则是站在全省的角度，仍认为都江为牂牁江。并在所著《黔语·卷上·牂牁江》中云："牂牁江，今都江也。源出都匀府境，至独山径都江厅入古州，汇榕江、车江，西折而南，过下江厅界，至丙妹

---

① 洪亮吉.卷施阁文甲集·卷第六 [M].聚珍仿宋版印本.北京：中华书局
　　1912：4—5.

入广西境，为龙江，亦名柳江。经怀远、雒容诸县界，至广东南海县入海。"

从清代乾隆年起直至民国初，都江为牂牁江说乃主流学说。民国《贵州通志》中也存有以都江为牂牁江之说。而编纂于民国时期的《清史稿》也认同以都江为牂牁江。

《清史稿》载："独山州，（都匀）府西南百二十里。南有独山，州以此名。东：文汉山。南：镇灵。西：行郎山。南：独山江，即都江上源，古牂牁江也，出水岩梅花峒，东北流，经烂土司，马场河分流注之，折东入都江。"①

从清代雍正年间（1723—1735 年）起，独山江为都江源头开始为人所知。

如晏斯盛《黔中水道考》载：

古州江，亦曰都江，旧陷苗境，雍正七年总督鄂巡抚张奉命清厘，夷人归诚，黔粤舟行无阻，其上源有邦水河，出都匀府，东南合三道河流入独山州，至烂土汛右合马场水，左合烂土司西南溪水，东流为都江，其汛左有城门坡，右有水岩塘，西有独山司，东有巴开打锄等寨，明弘治五年副都御史邓廷瓒镇远侯顾溥讨烂土蛮盖斯处也，又东历三脚屯小打孟南历拉揽打略柳叠三汛，经来牛寨而至来牛营，营临江北岸，自营而下有风柳沟小溪北来注之，流沿杨翁杨邦牛羊场陇寨平宇平里赏耙俾背八匡而至高旧营南，其北有小溪注之，营临江北岸，历高矸高表而东过定旦汛，汛在南岸，沿寨比孟冬滚董妙有八圭革赧至俾开汛，历党略俾开滚左而至都江汛，经寨沈孟潘蜡子而东，至古州城西有溶江，水自清江台拱界南瓦山流出行数十里，经冷衣下合崩坡塘水经八架会于孖有过平昂稿科至古州，城西北有车江水自清江高亮山流出，经官州朗洞寨蒿寨侧，又有水自黎平府属之上洞流出，经育洞巴王会于山州过于列乐乡月寨口寨田寨麦寨头藏赂寨合于溶江，下至古州城，绕州城东南与都江会，州城旧为诸葛营，枕山面水，土田平衍，饶泽黔中一沃壤也，宋咸平元年古州刺史向通展入贡，明洪武五年江阴侯吴良三十年楚王湘王都督杨文皆用兵于此，虽称平定，

① 清史稿 [M]. 北京：中华书局，1976：2357.

亦属羁縻，今雍正七年总督鄂公巡抚张公宣畅朝廷德威，悉归诚乐附，因以其地建城，城北接黎平府界，有八匡冲登风坳利硐高硐东暨寨麻，左襟溶江，右带都江，左为高文高武高同高寨八铎俾陇佳两佳化谢能党刚九溪龙早鸡底鸡弄，右为喇候乌恩摆因怎冷领讲养赫归奴滚纵蜡岑，人烟绵络，阡陌绮连几既庶矣，自此而东南经独石蜡亮流至八及寨南，有水自苗古九得来注之，沿傅洞亭洞平杂犴温上下苏洞平江寨至下江营，又有小溪曰犴女江，自东郎官雄流出由犴温南来注之，而东南经蜡鹅扒沙郎洞巨洞至丙妹汛，北有冶里及黎平属之溶洞，古州之八犴永从之平舍丙妹等寨郎洞，下有小溪曰犴览江，自寨正寨平流出北行，又八犴之上有曹平江，自黎平府之曹滴司流出，南行并流注之，又东南过怀远县界，过相思石碑二寨经车寨梅寨沈口南下，而入于粤，达于海①。

　　古代长期以来，人们以独山江为广西龙江的上游，又认为邦水河及麻哈江（重安江）等为独山江的源头。后来逐渐考察，人们又认为重安江为沅江的源头，而邦水河为独山江（即都江）的源头。但实际上邦水河也是沅江的源头之一，麻哈江是沅江北源，邦水河是沅江南源支流。

　　虽然我们现知邦水河是沅江南源支流，但明清时期及以前，人们普遍认为邦水河是独山州的源头或上游。乾隆年间（1736—1796年）的贵州巡抚、后升任云贵总督的爱必达在其《黔南识略》中称："都江源出府西二十里之邦水司，又曰板河、邦水河，亦曰黑神河，在都匀者统曰都江。"②从此黑神河的命名中，我们可知该河与夜郎神崇拜有极大渊源。此黑神的原型当是夜郎王崇拜在此地的嬗变③。

①　乾隆《贵州通志·卷三十七：艺文》，第53—55页。
②　清·爱必达，乾隆《黔南识略·卷八》第3页。
③　黑神是清代贵州的主要土主神，其原型当是汉代牂牁郡地区的统治者夜郎王。从此河称为黑神河，也可知都匀及都江一带乃是汉代牂牁郡治及夜郎国的重要核心区。

第十一章　榕江古州为夜郎国古都的优势条件

以都江为牂牁江目前看来是毫无疑问的。但都江上游曾有两个直达广州的较大码头，一是今榕江县城古州，一为今三都县城三合。

客观上，古州和三合都有可能是夜郎国古都。但由于三都县城一带历史较短，地形狭窄，为典型的两山夹一溪峡谷地带，周边土地空间有限，没有平原支撑，码头也比古州小，因此，如与榕江古州相比，以榕江古州为夜郎国古都更加符合相关历史记载中的条件。

一、榕江古州为夜郎国都的历史及地名优势

古州虽为今贵州榕江县，但历史上却设置了州一级的政权。以其为古夜郎国都是较为合适和恰当的。

现当代以来，部分学者为构建贵州西部的夜郎国中心地位，千方百计否定都江流域的夜郎中心论，他们曾以榕江古州一带历史渊源不深厚而否定古州为夜郎国都及都江为《史记》所称之牂牁江。如侯绍庄《夜郎方位考略》云："考察都柳江，发源于贵州独山县西面，名叫邦水河，东北流，经三都县（原三合、都江），又东流至榕江县（原名古州），称古州江，今名都江，……这条江虽然可以通番禺，在贵州境内三都以下也可以行船，但地理位置处于古巴国南面，与上述蜀贾窃市、汉武帝发兵等史实涉及的方位都不合，而且古州一带，元代才开始设立行政建制，清初还被称为'生界'，也与史书记载秦、汉时期就在这一带置县设宫的历史不符。"[①]

但实际上榕江古州一带历史底蕴是十分深厚的。

我们知道，夜郎国在西汉末年被废，国除后其地为牂牁郡所属，牂牁郡治且兰县，大约位于沅江南源北源中间地势相对平坦的今麻江县及周边一带，而夜郎国都一带为牂牁郡夜郎县地，此夜郎县晋代尚存，《后汉书》载，此地有夜郎侯（王）及其子三郎祠（或称二侯祠）。南朝齐国以后，因皇族萧氏之乱，当地可能失去朝廷管治，沦陷于少

---

① 熊宗仁. 夜郎研究选粹：学人见证 [M]. 贵阳：贵州人民出版社，2010：63.

数民族酋长领地自治。隋朝又重新一统天下，隋末又大乱，至唐初，又大治。于是今榕江及周边一带又设置有古州，这是今贵州境内现知所置最早的州一级建制之一。

此《旧唐书》载："瀼州，下，贞观十二年，清平公李弘节遣钦州首领宁师京，寻刘方故道，行达交趾，开拓夷獠，置瀼州。……古州，土地与瀼州同年置。天宝元年，改为乐古郡。乾元元年，复为古州。"① 又《新唐书》亦载："古州乐兴郡，下，贞观十二年，李弘节开夷獠置。……县三：乐山，本乐预，宝应元年更名。古书，下。乐兴，下。"②

可知，唐初贞观十二年（638年）所置的古州又称乐兴（古）郡，辖乐预、古书、乐兴三县。《太平寰宇记》也载："古州，唐贞元中废乐古郡，今理乐古县土地，与瀼州同置，天宝元年改为乐古郡，乾元元年复为古州。原领县三乐古、古书、乐兴。""乐古县本乐预县，宝应元年改为乐古县，州治，古书、乐兴此二县与州同置。"③

暨南大学历史系教授郭声波在《唐朝岭南道桂管地区行政区划沿革》也提到古州，称："贞观十二年（638年）置瀼、笼、环、古四州，十三年（639年）桂州都督府督桂、昭、贺、富、梧、藤、容、前潘、白、廉、钦、瀼、笼、邕、横、绣、象、柳、环、融、古二十一州。"④

而同一时期贵州西部一带，则主要为彝族先祖昆明卢鹿部爨蛮诸部所统辖，唐代中期以后及至宋代，爨蛮在贵州中西部地区建立有罗殿国和罗氏鬼国两大势力集团。

针对侯绍庄称古州一带"元代才开始设立行政建制"。郭声波教授在《唐朝岭南道桂管地区行政区划沿革》一文中予以否定，他认为，唐初所置古州及所领三县大体为今贵州榕江县、从江县及广西三江县，

① 刘昫，等.简体标点本二十五史：旧唐书 [M].北京：线装书局，2007：361.
② 欧阳修.简体标点本二十五史：新唐书 [M].北京：线装书局，2007：248.
③ 乐史.太平寰宇记 [M].北京：中华书局，2007：3203.
④ 郭声波，等.唐朝岭南道桂管地区行政区划沿革 [M]//马明达.暨南史学·第七辑.广州：暨南大学出版社，2021：430.

并以今从江县下江及榕江县古州曾为当时的州治所在地①。

这说明榕江古州一带历史底蕴是极为深厚的。

唐古州在唐末大乱时又沦于少数民族自治，至北宋真宗咸平二年（999年）古州蛮酋长向通宬入贡，朝廷授古州刺史诏赐印羁縻之，该州为广南西路所辖。元至元二十年（1283年）置古州八万洞总管府②，隶四川行省顺元路思州宣慰司，后废。明洪武二十六年（1393年）在今古州镇置古州卫，寻废。明初又置古州蛮夷长官司，其地址则移至今黎平府西北侧（今罗里）一带，隶湖广行省思州宣慰司。永乐十二年（1414年）以古州蛮夷长官司属黎平府，隶贵州布政使司；永乐三十年（1434年），置古州卫，隶湖南都指挥使司。

清雍正七年（1729年）仍在今榕江古州一带设古州镇及古州厅，驻有总兵，为黔东南部重镇。清乾隆五年（1740年），置古州兵备道，道署驻古州。将原属贵东道的都匀、黎平二府改归古州兵备道辖；七年（1742年），裁撤分守贵东道，以其所属铜仁、镇远、思州、思南、平越府和松桃直隶厅改隶古州兵备道；十三年（1748年），广西罗城所辖贾廷等十四寨划归古州厅辖，古州厅辖地团洞、罗洞、寨麻、大荣划为罗城管辖。道光年间（1821—1850），古州兵备道加分巡贵东道衔，辖都匀、黎平、镇远、铜仁、思州、思南府及松桃直隶厅。古州成为贵州东部及东南部军政中心。

1911年后，古州厅改为榕江县。1949年，榕江县从都匀专区划归黔东南苗族侗族自治州。

此《黔南识略》也载："古州，在（黎平）府治西一百八十里，唐古州兴乐郡，贞观十二年开夷獠置，属岭南道，宋置古州刺史，元至元中设古州八万洞军民总管府。……雍正七年总督鄂尔泰、巡抚张广泗用兵讨平之，始设同知治其地，与清江、台拱、八寨、丹江、都江同时建置为新疆六厅。"③

---

① 郭声波，等.唐朝岭南道桂管地区行政区划沿革 [M]// 马明达.暨南史学·第七辑.广州：暨南大学出版社，2021：430.
② 万历《贵州通志·卷十五：黎平军民府沿革》第35页亦载："元至元中设古州八万军民总管府，寻废。"
③ 清·爱必达，《黔南识略·卷二十二：古州同知》（乾隆十四年修），道光二十七年罗氏刻本，第1页。

此外，从初唐时古州的命名，也可知其与古夜郎国都有一定关联，当时或尚存有若干古老的国都遗迹，故以古州命名。

又从古州江的别名王江可知，此地与夜郎国王都亦有极大关联。

古州江为都江的一段。而都江之名，始见于清乾隆《贵州通志·卷五：山川》，清雍正七年（1729 年）云贵总督鄂尔泰、贵州巡抚张广泗开苗疆置新疆六厅，其中之一就是都江厅。当时其他如清江厅、丹江厅等也都是以河流命名，故应当是先有都江河后有都江厅，而都江应是当地民众对柳江上游一带的俗称，得名当早于清雍正年①。

而在乾隆《贵州通志》关于都江定名之前，人们一向以为古州江的上游是黎平、靖州一带。

而古州江及下游一带，历史上则曾称为王江。

唐宋朝时期在融州北部，有"王江蛮"。此《宋史》有载：崇宁三年（1104 年），蔡京以开边为务，直龙图阁、知桂州王祖道"欲乘时微富贵，诱王江酋杨晟免等使纳士，夸大其词，言：'向慕者百二十峒、五千九百家、十余万口，其旁通江洞之众，尚未论也。王江在诸江合流之地，山川形势，据诸峒要会，幅员二千里。宜开建城邑，控制百蛮，以武臣为守，置溪峒司主之。'诏以为怀远军，且颁诸司使至殿侍军将告命，使第补其首领。"②

怀远军后改称平州，州治怀远县。即今广西三江县。

上文已提及，三江县为唐古州属地，亦为外古州之境。故此王江酋杨晟免当即古州蛮酋长。

《宋史·地理六》平州条亦云：崇宁四年（1105 年）三月，"王江古州蛮户纳土，于王口寨建军，以怀远为名，割融州融江、文村、浔江、临溪四堡寨并隶军。寻改怀远军为平州，仍置倚郭怀远县。"③

王口寨即以位于王江口而得名，从"王江在诸江合流之地，山川形势，据诸峒要会，幅员二千里"可知，此王江当是今古州江，王江口则是扼守古州江上下游之门户。

《宋史·王祖道传》中还提及，其以中古州地为格州，筑怀远军为

---

① 榕江古州镇亦有地名称都江，都江及都江厅之名或与该村有关。
② 脱脱. 宋史 [M]. 北京：中华书局，1977：11041.
③ 脱脱. 宋史 [M]. 北京：中华书局，1977：2246.

平州，格州为从州，南丹为观州，并以允、地、文、兰、那五州置黔南路。

今桂林伏波山有摩崖石刻群，其中临江的崖面上有一块大型石刻，碑高3.78米，宽3.95米，是伏波山最大的崖刻，为宋崇宁五年（1106年）张庄撰《崇宁新建平允从州城寨记》，记载了崇宁四年（1105年）广西经略安抚使王祖道在桂湘黔边开疆拓边置州县的史事。题刻中有"王江古州众十七万献夜郎群舸之地，诏裂其地为平允从州怀远安口乐古县"等内容。

这说明，在北宋时期，人们仍以为隶属广南西路的今榕江古州一带是古夜郎群舸之境地。

此王江得名不详，或因濒临古夜郎国王城而得名。

从古州江在古代先后被称为王江、都江等名，也可推知今榕江古州一带极可能是古夜郎国王都的所在地。

二、榕江古州为夜郎国都的地理及古迹优势

《史记》称夜郎国有耕田和邑聚，榕江古州在俗称"地无三尺平"的贵州境内是最符合此条件的区域。

今榕江县城古州镇一带地势平坦，城区濒都江等三江。城北为大片平原，当地俗称万亩大坝，因濒临车江，又称车江大坝，是俗称"地无三尺平"的贵州较罕见的平原地区，也是古代理想的建都之地。乾隆《贵州通志》中载，雍正贵州学政晏斯盛《黔中水道考》曰："（古）州城旧为诸葛营，枕山面水，土田平衍饶泽，黔中一沃壤也。"[1]

当地及邻县从江一带海拔较低，自古以来耕作水田，尤以稻鱼鸭农业生态系统而闻名，2011年被列入全球重要农业文化遗产。

今古州镇境内尚存古州厅城垣遗迹，城始建于清雍正七年（1729年），由同知滕文炯建土城于诸葛营（今古州街心花园一带）。乾隆十年（1745年）同知刘樵改筑石城。厅城高一丈二尺（4米），长九百四十四丈（3146.47米），炮台九个。原有南门、北门、西门、大

---

① 清·鄂尔泰等，《贵州通志·卷三十七：艺文》，乾隆六年（1741年）刻本，第54页。

东门和小东门，门上立有城楼。南门除正门外，另有外墙及外门，外门朝东，城下设有两处水门，俗称水洞卡，一在城西，一在城南。古州城垣东南北三面临水，西面靠山，东城外是车江河。城下有护城石堤，高一丈六尺（5.33米），总长二百零七丈（690米）。

诸葛营的地名应是明初古州一带建卫时由屯军官兵所命名，诸葛亮南征未至今贵州一带，贵州境内诸葛亮崇拜遗迹大多是明初建卫所后逐步传播开来的。古州诸葛营中又有诸葛台，即古庙宇，相传为千数百年之遗物。雍正七年（1729年），古州同知毛振翮曾撰《诸葛台记》曰："署之外罗旧城名曰诸葛城，署之旁耸方台曰诸葛台，乃备约耆老，咸曰高曾相传诸葛南征屯兵于此。迄今云昏雨暗，电走风号，横塞其间，吾苗民不敢撞入，入则心目迷眩，必稽首再叩始出，是非其神留后世，何以有此。"又清官员常安所作《诸葛台记》称："未闻其（即诸葛亮）至古州也。""是台也，没于岚瘴之乡者千数百年矣，其岿然如故者，不但无倾圮之患，且能使苗望而生威。"①

故此所谓千数百年遗物的诸葛城、诸葛台肯定不是诸葛亮所建，也不会是蜀汉时当地民众为纪念诸葛亮所建。而极有可能是古代夜郎国的王城及宫殿遗址。宫殿规模应该是较为庞大的，因此虽"没于岚瘴之乡者千数百年"，仍"岿然如故"。至明初古州一带建卫，屯军官兵为利用民间广泛流传"七擒孟获"的诸葛亮震慑当地少数民族居民，遂易古城（王城）而名诸葛城，城内旁耸方台（宫殿遗址）而称诸葛台。

及至明末清初，古州是反清起义的吴三桂军事集团的返经之道及战略要地，也是清雍正年间（1723—1735年），贵州巡抚张广泗开剿苗疆的指挥中心。

古州厅城垣遗址可能是在夜郎国王宫的基础上修建起来的。清雍正八年（1730年），当地驻军在修建军营时，还曾在诸葛城西南侧一带出土数百枚古代箭镞。

光绪《古州厅志·古迹》载："诸葛城，在城内，相传诸葛武侯征蛮故垒，方二里，八方苗相戒不敢入其内，今古州同知左营都司置即

---

① 光绪《古州厅志·卷之十下：艺文》，第910页。

其址，又传雍正八年冬古州建城，于东南角炮台内挖出箭镞数百。"①
这些箭镞极可能是古代夜郎国宫廷护卫的遗物。

榕江古州一带地处西南通达两广的门户，也是古代苗岭地区的政治、经济中心。光绪《古州厅志》称："岗峦四绕，三江萦环，襟带楚粤，生苗巢穴。为黔省东南锁钥，新疆第一要区"。

历史上的古州还有里古州和外古州之分，地域辽阔。

贵州布政使罗绕典《黔南职方纪略·卷六：黎平府》载："古州厅地方辽阔，形势险峻，苗种繁衍，历代以来皆弃诸化外。……盖古州有里外之分，今日之建城置镇乃里古州也，其地西接荔波，东联府属，南抵粤西，北距丹江，都江界于西北，下江接于东南，东南为清江苗地，西南则粤省咽喉。"②

说明今榕江县城古州为里古州，而里古州的外约千二三百里皆为外古州。

《清史稿》中对古州也有较详尽记载，曰：

古州者，有里有外。里古州距黎平府百八十里，即元置古州八万洞军民长官司所也。地周八十余里，户四五千，口二万余。都江、溶江界其左右，合为古州江。由此东西南北各二三百里为外古州，约周千二三百里，户数千，口十余万，可敌两三州县。环黔、粤万山间，而诸葛营踞其中，倚山面川，尤据形势③。

《清史稿》对里外古州的描述，有记载某国王都的意味。因此可判断，此里古州可能就是古代夜郎王都的核心遗存。诸葛营当是夜郎古王城遗址。

《宋史》中提到中古州，称："又于中古州置格州及乐古县。（崇宁）五年，改格州为从州。"④此中古州位于今贵州榕江县与广西三江县之间，可能为今从江县一带。

这说明在里古州与外古州之间，还存在中古州。

---

① 清·余泽春，《古州厅志·卷之一：地理志》，光绪十四年（1888年）刻本，第29页。
② 清·罗绕典，《黔南职方纪略·卷六：黎平府》，道光二十七年（1847年）刊本，第45页。
③ 赵尔巽，等.清史稿[M].北京：中华书局，1986：14272.
④ 脱脱.宋史[M].北京：中华书局，1977：2246.

《大清一统志》亦有载："从州故城，在永从县西，宋崇宁中于中古州置格州及乐古县，寻改为从州，政和初废州及县为乐古寨，元复置中古州乐墩洞长官司，明初废。《宋史徽宗纪》崇宁四年置格州，五年改格州为从州，政和元年废允从二州为寨。《元史地理志》思州军民安抚司中古州乐墩洞。《通志》：古州长官司东南有废古州，其地原隰平旷可为邑居，宋时古州治此，土人呼为里古州，或讹为里古舟，其北三十里又有古城屯。《黔记》：里古舟在黎平府西南。"①

从以上记载也可知，所谓的里古州，即宋代古州治，亦即今榕江县城古州镇之地，位于今黎平县城西南方向。而古州长官司则位于今古州镇东北方向，一般认为在今黎平县乐里村一带。皆与《大清一统志》所载吻合。

在地理条件方面，广西一带的学者一直以来也认同夜郎国中心在贵州东南部一带的都江流域。

如唐初融州（今广西融水县一带）已有临牂县，以临牂牁江而得名，县设于唐武德年间（618—626年），位于今都江下游沿岸。此《旧唐书》载："融州，下，隋始安郡之义熙县。武德四年平萧铣，置融州，复开皇旧名，领义熙、临牂、黄水、安修四县。六年，改义熙为融水。贞观十三年，省安修入临牂。天宝元年，改为融水郡。乾元元年，复为融州。"②宋代，著名地理学家、浙江永嘉人周去非曾任广西静江府（即今桂林市）通判，他也主张夜郎国中心在古州江之滨，其在所著《岭外代答》中称："融州之外，牂牁江是也，其源自西南夷中来，武帝发夜郎下牂牁，即出此也。"③明代，曾任湖广抚巡的福建人魏濬在《西事珥》中也云："牂牁江，既与龙、融二江会，过柳州。"④

清初及之前，人们普遍认为融州城外江水即融江，为古州江下游一段，上游即古州江。因为明代及之前人们还不知道古州江的上游为独山江或都江，故以上融水上游的牂牁江所指皆为古州江，故亦即指

---

① 嘉庆《大清一统志·卷五百八：黎平府（古迹）》，第7页。
② 刘昫. 简体标点本：二十五史 [M]. 北京：线装书局，2007：358.
③ 周去非. 岭外代答·卷一：地理门·广西水经·牂牁江 [M]. 刻本. 北京：商务印书馆，1936：6.
④ 任可澄等，民国《贵州通志·前事志二》，1948年，第34页。

古州为夜郎国都也。

三、榕江古州为夜郎国都的航运及行军优势

《史记》中关于夜郎国中心的核心标志是"国临牂牁江"，且水运直抵南越国都城番禺。

从目前的资料记载及实地考察来看，贵州境内只有都江符合水运直抵南越国都城番禺的条件。而从具体位置来看，只有榕江古州最符合条件。

榕江古州因位于都江（古州江）、榕江河①、车江河三江交汇处，向来是贵州东南要津和物资集散地，是都江主要水运大码头，昔日航道上百舸争流，乃黔桂两省水上交通之枢纽。

乾隆十四年（1749 年）前后出任贵州巡抚的爱必达在其所著《黔南识略》中就将古州江称为牂牁江。《黔南识略·卷二十二：古州同知》载："榕江在城西北，发源于清江台拱界南瓦山，经奔波潭至城北三里与车江会，车江在城西北，因绕车寨得名，发源于清江高亮山，经府属育洞南流与榕江会，径城东绕而南与都江会。古州江发源于都匀府城地，东流径都江厅城西南，谓之都江，又径厅城汇榕江、车江，西折而南，过下江及丙妹入广西怀远、雒容二县界，至广东南海县入海。《汉书》称牂牁江，广数里，出番禺城下者，唐蒙上书所谓夜郎精兵可得十万浮船牂牁江出不意制粤者，当此水也。"②

爱必达还提到，清雍正年间（1723—1735 年）云贵总督鄂尔泰奏开都江后，原以蛮地阻绝的"唐蒙故道闭塞数千载，至我朝凿江开道，从此古化外之域今为水陆通庄矣。"

光绪《古州厅志》中也有载"古州江为牂牁江"。载曰："古州三江水名不见于《山海经》，惟《汉书》称牂牁江广数里出番禺城下，唐蒙谓夜郎精兵可得十万浮船牂牁江出不意制粤者当即此水。"③ 该志也记载了鄂尔泰开发都江航运及当地古代水运繁华之迹。称："雍正年间

---

① 古称溶江河，乾隆《贵州通志》即称溶江。
② 清·爱必达，《黔南识略·卷二十二：古州同知》（乾隆十四年修），道光二十七年罗氏刻本，第 2 页。
③ 清·佘泽春，《古州厅志·卷之一：地理志》，光绪十四年（1888 年）刻本，第 9 页。

逆苗滋扰，总督鄂尔泰奏都江一水来自黔之都匀直达广西之柳庆，沿江山峒诸苗多未归附，非因粤兵协剿，难以开通，乃调广西官兵克之。平定后檄文武员弁通勘上下两江，上自三脚屯至三洞，下自诸葛洞至溶洞，浚浅滩辟险碛，伐巨林凿怪石，乞今舟楫邮号往来如织。"①

古州作为都江上游的水陆枢纽，也是明清时期木材的重要集散地，俗话说"生在苏州，住在杭州，食在广州，死在柳州。"柳州曾是当时全国规模最大的木材集散地，其上等木材大多源自贵州苗岭地区，从古州通过水运抵至柳江。

当然，除木材之外，当时西南地区的山货和其他特产，两广地区的洋货及其他百货，也都经古州江水运集散，史称"千帆百楫"。

光绪《黎平府志》载："榕江，以五榕得名，波澜壮阔，南下桂林，即都江、车江汇流处，故名三江口，又名双江口，千帆百楫，聚散往来，……为厅属第一大观。"②

吴振棫《黔语·卷上：开通都江之利》亦载："雍正间，鄂文端（即鄂尔泰）以都江三水自都匀达粤之柳庆，……陆行可舆，水行可舟，两省文符，迅疾如驶。于是粤盐得行于黔，设总埠于古州，而分子埠于黎平，诸郡县闾阎无食淡之患。商贾日众，南海百货，亦捆载而至，古州遂为一都会云。"③

旧时沿江开有大量商铺，晚清时建有粤西、广东、福建、湖广、江西、四川、贵州、五省会馆等八大会馆（见光绪《古州厅志》）④，市业繁荣。从粤西、广东等外省会馆可知古州与两广地区航运繁盛。

羊牁江的航运优势还被汉武帝利用为借夜郎国之道及精兵平定南越国的军事基础。

此《史记》载：

元鼎五年秋，卫尉路博德为伏波将军，出桂阳，下汇水；主爵都

---

① 清·余泽春，《古州厅志·卷一：地理志》，光绪十四年（1888 年）刻本，第 7 页。
② 光绪《黎平府志·卷二上：山川》，第 79 页。
③ 胡皓羽，《三合县志略·卷五：水道》，民国二十九年（1940 年）排印本，第 11 页。
④ 清·余泽春，《古州厅志·卷二：祠宇》，光绪十四年（1888 年）刻本，第 11 页。

尉杨仆为楼船将军，出豫章，下横浦；故归义越侯二人为戈船、下厉将军，出零陵，或下离水，或抵苍梧；使驰义侯因巴蜀罪人，发夜郎兵，下牂牁江：咸会番禺①。

可知汉伐越分四路部署，从东至西横列四路，一路从豫章郡（今江西省）南下，越梅岭一带而至浈水（即横浦，今南雄一带）；一路从湖南东南部的桂阳郡南下，抵达连江（古称湟水，汇水为湟水之误）；一路由戈船将军郑严及下厉将军田甲率领，从湖南西南部的零陵郡（今永州）南下，从湘江转入漓江；一路由驰义侯率领，即从夜郎国发兵，从牂牁江向东南而下。四路大军会抵南越国都番禺城下，前二路从北江流域南下，后二路从西江流域东出，夹攻南越国。

此《汉书·卷六·武帝纪第六》亦载："遣伏波将军路博德出桂阳，下湟水；楼船将军杨仆出豫章，下浈水；归义越侯严为戈船将军，出零陵，下离水；甲为下濑将军，下苍梧。皆将罪人，江淮以南楼船十万人。越驰义侯遗别将巴蜀罪人，发夜郎兵，下牂牁江，咸会番禺。"②

因此，汉武帝用"假道伐虢"之计，借夜郎国之道平定南越国，再灭夜郎。

当时汉武帝所部署的四路大军（实分为五路），皆为水陆两栖攻伐部队，其五路部队的安排在距离上都较为接近，有相互接应之势。

其东路军从今江西南昌一带出发，走赣江，跨越南岭，进入今广东韶关一带，下浈水（即今珠江支流北江东源）；中间分两路军，一支从今湖南东南部郴州一带，进入湟水（即今连江，为珠江支流北江的支流），一支从今湖南西南部永州一带，循湘江而入离水（即今漓江，为珠江干流西江支流桂江上游），这一路中又分两路，另一路可能是从永州循潇江，翻越南岭抵贺水，后与走离水一路会合至今广西梧州一带；而西路军则是走牂牁江的一支，即从巴蜀一带出发，斜穿今贵州境而至古州江，从榕江古州一带上船，从水路直抵南越国都城。

不过后来因为且兰国叛乱，牂牁江这一路大军回兵平叛，而其他几路大军已顺利解决了南越国，故汉武帝其实没有真正从夜郎国发兵

① 司马迁.史记 [M].兰州：甘肃民族出版社，1997：845.
② 班固.汉书 [M].北京：中华书局，1962：186—187.

抵南越国都番禺。

但针对汉武帝部署的这一路计划，后世也颇有讨论及研究。

如20世纪80年代广西方志界的学者们认为，汉武帝时以巴蜀罪兵及夜郎精兵下南越走的是今都柳江的路线，并提出其路线为：

今重庆—黎江—松坎—桐梓—绥阳—余庆—黄平—凯里—三都下融江（即都江）—榕江—广西老堡口—柳城—柳州—梧州—广州。即从巴郡出发走陆路至夜郎，发夜郎兵后，可能从三都乘船下融江，走水路下柳江、黔江、浔江、西江至广州，这是一条由川黔至桂的最短捷径，不必经过娄山关、遵义、贵阳一线，绕大圈延误时机。从军事行动要求看，五路军应比较靠拢以便彼此策应作战，如绕道走盘江、红水河一线则距巴郡太远，又距桂江一路更远，只有走融江、柳江，既接近巴郡，又靠拢桂江，比较符合军事行动的要求，比较近情理①。

广西方志界提出的巴蜀罪兵及夜郎精兵下南越的"最近路线"与唐宋及以后播州杨氏大土司所辖之内部辖区道路（桐梓—绥阳—余庆—黄平—凯里—三都一线）基本一致。

现有人以南北盘江为牂牁江，南北盘江不仅航运不通番禺，而且从南北盘江伐南越国也不是捷径，反而绕道了。古代作战兵贵神速，绕道慢行绝对是大忌。只有从都江出发才是最迅捷通道。

在许多人的思维中，从蜀郡僰道开筑至夜郎国都牂牁江畔的大道应是从北向南的，但其实这应该是一条横穿今贵州省境之斜路。

因为僰道乃是今四川宜宾的古称，所以今天许多人认为牂牁江应该在贵州西部就在很大程度上与此有关。但由于北盘江并不通航且瘴毒丛生，故汉帝国不会开凿一条毫无利用价值之路。

从蜀郡至夜郎国应该原有一条斜穿今贵州省域的商道，就像滇藏、川藏等茶马古道最早都是由商人走出来的一样。因为商人是最计较时间和运输成本的，他们不喜欢绕路而行，最会找捷径。故汉武帝所开筑的"僰道指牂牁江"大道当是在此基础上增拓而成的。

由于古今贵州境内浮船直下南越国都番禺只有都江一条水道，因此从僰道（今四川省宜宾市叙州区）至南越国都番禺（广东广州）最

---

① 高言弘．牂牁江考证[EB/OL].[2017-01-04].http://www.gxdfz.org.cn/fangzhiluntai/dqxxyj/201701/t20170104_36076.html.

便捷的枸酱等货物转运通道就是通过陆路斜穿今贵州省域而抵都江流域码头中转。商人为追求利益最大化，其所经营的物流通道肯定是费用最低且时间最短的。都江流域一带，古今皆是蜀郡至南越国的孔道。如从今四川宜宾到广东广州画一条直线，其中点即在今贵州东南部的榕江县城古州一带，这里建有高铁站及高速公路，至今仍是连通川穗两地的最便捷节点。

乾隆年间（1736—1796 年）出任贵州学政的洪亮吉通过对比《史记》《汉书》《水经注》等记载也提出都江为牂牁江之论断："盖今南盘江即古温水也，今都江即古遁水也，……汉牂牁郡及且兰县治当在今清平都江之间，正临都江之上，武帝元鼎五年伐南越发夜郎兵下牂牁江，其下江之处亦当在今独山州三角屯左近也。"[1]

由于历史上一直没有以都江厅（今三都县都江镇）及独山州三角屯（今三都县城）以上段为古州江源头的记载，说明清代雍正以前独山州三角屯（今三都县城）并不通航，该地通航乃在时任云贵总督鄂尔泰和贵州抚巡张广泗开凿都江险滩之后。而北宋时文献就已记载王江及古州江为诸合流之地，唐初起又已设古州，故榕江古州一带的航运当是自古皆存。故广西方志界及贵州学政洪亮吉以独山州三角屯（今三都县城）为汉武帝伐南越发夜郎兵下牂牁江处应该有误，而其发夜郎兵下牂牁江处当在今榕江古州一带。

此外，在《史记》的记载中没有夜郎国与滇国的互动，但是明确记载了南越与夜郎之间的密切关系，除上文中已提及的"南越以财物役属夜郎"及从夜郎出兵伐南越是近道等，《史记》还称："夜郎侯始倚南越，南越已灭，会还诛反者，夜郎遂入朝。"[2]可知南越与夜郎之间不仅货物贸易交往频繁，还是政治上的准盟友关系。南越是夜郎的主要依靠国，也说明夜郎国的国都应该是临近于南越国政治和经济中心方向的，因此，设在贵州东南部古州一带的概率最大。而古州一带在唐宋时期也两次为岭南道及广南西路所辖。

---

① 任可澄等，民国《贵州通志·前事志二》，1948 年版，第 35 页。
② 司马迁 . 史记 [M]. 兰州：甘肃民族出版社，1997：845.

第十二章 翁指邪务叛战牂牁太守陈立的遗迹考察

一、《汉书》中记载了翁指邪务与陈立相战事略

《汉书》记载汉成帝河平年间（公元前28—公元前25年），因夜郎王兴与句町王禹、漏卧侯俞更举兵相攻，牂牁太守请发兵诛夜郎王的故事。

牂牁太守请求讨伐夜郎王兴的请示呈报朝廷后，大臣们进行了讨论，总体意见是夜郎国地偏路遥，又是"温暑毒草之地"，又"因其罪恶未成，未疑汉家加诛"，故以"选任职太守往，以秋凉时入，诛其王侯尤不轨者"。

于是汉成帝先派遣太中大夫张匡持节至夜郎国予以宣威怀柔。但是夜郎王兴不仅不听从朝廷官吏的告示，还将汉使的模样雕刻成木像，竖在路边任意射击，公开污辱蔑视朝廷，由此彻底得罪汉廷。于是执政的大将军王凤推荐金城郡司马陈立为新任牂牁郡太守，进一步解决夜郎国问题。

陈立是蜀地临邛人，曾任益州郡连然县长、不韦县令，当地蛮夷之众大多畏惧他。陈立到达牂牁郡后，皇帝给陈立下了圣旨，授予他如夜郎王不从王命即可诛杀的特权。于是陈立没给夜郎王通报，就召夜郎王在且同亭相见。夜郎王兴带领几千人前去，到达且同亭后，兴与所辖邑君几十人进去见陈立。陈立谴责、数落他们轻视朝廷之罪，并趁机杀掉了夜郎王兴。随从的夜郎王邑君们表示臣服，并称："将军诛杀了不守朝廷制度的无礼君王，为民除害，希望把夜郎王兴的头拿出去示众。"夜郎国的大部分部属见到夜郎王兴已被诛，也都放下武器投降。

此东汉班固著《汉书》载：

大将军凤于是荐金城司马陈立为牂牁太守。立者，临邛人，前为连然长，不韦令，蛮夷畏之。及至牂牁，谕告夜郎王兴，兴不从命，立请诛之。未报，乃从吏数十人出行县至兴国且同亭，召兴。兴将数千人往至亭，从邑君数十人入见立。立数责，因断头。邑君曰："将军

诛亡状，为民除害，愿出晓士众。"以兴头示之，皆释兵降。①

由此可知，夜郎国都与牂牁郡治不在同地。两处应当相距不远，且夜郎国内有且同亭。

新任牂牁郡太守陈立诛夜郎王兴后，返回牂牁郡治。不久，夜郎王兴的岳父翁指和兴的儿子邪务收拾夜郎国的残余兵士，打算为夜郎王报仇，并胁迫附近二十二邑反叛。陈立也做好了应战准备，收集部分汉军及其他支持力量。到冬天，陈立在诸夷首领、都尉及长史等支持下进行反攻，分兵攻打翁指等夜郎兵。翁指凭借险峻的地形建立堡垒，陈立用奇兵截断翁指运输粮饷的道路，使出反间者诱惑翁指的部众。两军相持不下，汉军都尉万年称："如不决战，补给就要跟不上了。"于是单独率军进攻。遭遇失败，陈立愤怒，在主将大旗之下训斥万年。都尉万年请求返回再战，陈立率军援助。这时天大旱，陈立断绝了夜郎叛兵的水道。于是蛮夷内讧，一起斩杀了翁指，拿着他的头出来投降。陈立彻底地平定了夜郎国。陈立也因功升为巴郡太守。

此《汉书》也载："立还归郡，兴妻父翁指与兴子邪务收余兵，迫胁旁二十二邑反。至冬，立奏募诸夷与都尉长史分将攻翁指等。翁指据厄为垒，立使奇兵绝其饷道，纵反间以诱其众。都尉万年曰：兵久不决，费不可共。引兵独进，败走，趋立营。立怒，叱戏下令格之。都尉复还战，立引兵救之。时天大旱，立攻绝其水道。蛮夷共斩翁指，持首出降。立已平定西夷，征诣京师。会巴郡有盗贼，复以立为巴郡太守，秩中二千石居，赐爵左庶长。"②

二、地方志所载陈立与翁指邪务相战史迹

关于陈立与夜郎王岳父翁指及王子邪务大战的位置，地方史志称，发生在思南府境内。

此事略最早见载于贵州建省所纂修的第一部省志：弘治《贵州图经新志》，其《卷四》载："昭化庙，在思南府城北安峰山上，宋建，不知其人为谁，或云神即夜郎王也，故老云：汉陈立为牂牁太守，阻兵保据思邛水，汉将夜郎王将兵数万破之，百姓感之，故立庙祀焉，

---

① 班固. 汉书 [M]. 北京：中华书局，1964：3845.
② 班固. 汉书 [M]. 北京：中华书局，1964：3845.

至今土人有祈祷多应。"①

思南府的前身是明洪武五年（1372年）分思州宣慰司地所置的思南宣慰司，为田氏土司酋长所领。明永乐十一年（1413年）废思州宣慰司和思南宣慰司，建贵州省（即贵州布政司），以思南宣慰司地置思南府、镇远府、铜仁府、乌罗府，思南府治所在水德江长官司［即今贵州思南县，万历三十三年（1605年）改置安化县］。管辖今贵州思南、德江、印江、沿河、务川等县地。1914年废。

由于思南府为明代所设，故后人考证此宋代所建的昭化庙在宋代思州府治务川县一带。故稍后编纂的嘉靖《贵州通志》就称该庙建于务川县境内。

明嘉靖《贵州通志》载："昭化庙，在务川县安峰山上，宋时建，或云神即夜郎王，汉陈立为牂牁太守，阻兵据思邛水，王破之，百姓感之，立庙以祀焉。"②

由于历史上的陈立相战夜郎兵与夜郎王兴的岳父翁指等有关，因此清代乾隆《贵州通志》就已结合此段史料明确称作战对象为翁指等。乾隆《贵州通志》载："昭化祠，在务川县，祀汉牂牁太守陈立，以其破夜郎王兴及翁指等保固思邛，建祠祀之。"③

从明清时期的贵州通志史料编纂过程可知，乾隆《贵州通志》更加注重细节。

由此可知，在明代之前，昭化庙祀神为古夜郎国及牂牁郡一带的主神夜郎王，而至清代，随着贵州建省后朝廷势力及汉文化逐渐占据主导地位，昭化庙祀神也由反朝廷的叛王移换为忠君爱国、平叛有功的朝廷官员。

《大清一统志》亦载："昭化祠，在婺川县境，祀汉陈立。《府志》汉牂牁太守陈立保固思邛，破夜郎王，祠祀至今，祈祷辄应。"④

追溯明弘治《贵州图经新志》有关史料的源头应是唐代中期编纂的《元和郡县志》。

---

① 弘治《贵州图经新志·卷四：思南府》，第16页。
② 明嘉靖《贵州通志·卷七：祠庙》，第55页。
③ 乾隆《贵州通志·卷十：坛庙》，第8页。
④ 嘉庆《大清一统志·卷五百四：思南府：山川》，第8页。

《元和郡县志》为唐宪宗时宰相李吉甫所撰，又称《元和郡县图志》，按唐太宗贞观十三年（639 年）规划的十道为纲，以当时的四十七镇为据，每镇一图一志，分镇记载府、州与属县的等级，户、乡的数目。每府、州下附载"府境""州境"，记述该府州东西南北若干里的界域，并各府、州至上都长安、东都洛阳及邻接诸州的里距，称为"八到"。在每府、州下创有"贡赋"一项，记述开元、元和的贡赋。《元和郡县志》成书于唐宪宗元和八年（813 年）。北宋时，因图佚失，故称《元和郡县志》。原书四十二卷，今传本只有三十四卷。

《元和郡县志》中并无昭化庙，只提到了《汉书》所载的牂牁太守陈立诛杀夜郎王或平叛夜郎王部属的故事。

此唐《元和郡县志》载："思州思王县，武德三年置，相传云汉时陈立为牂牁太守，阻丘保据思邛水，汉将夜郎王数万破丘于此，安抚百姓，时人思慕，遂为县名。"①

这说明《元和郡县志》认为陈立诛杀夜郎王或平叛夜郎王部属是在思王县境内的思邛水边。

唐代思州辖务川、思王、思邛三县。府治在务川县。

唐代的思州思王县一说位于今铜仁市印江县一带，印江河据传即思邛水，印江相传为邛水之笔误。

此明嘉靖《思南府志·山川》有载："思印江，去县十里，源出朗溪，北流入德江，即古思邛水。俗讹邛为印。"②

嘉靖《思南府志·沿革》又载："印江县，为思邛县地，宋废。元改思邛作思印江长官司，隶思州军民宣抚司，本朝因之，隶思南宣慰司。永乐间，改隶思南府。弘治八年，长官张鹤龄有罪，废其职，改印江县，今属。"③

又《大清一统志》亦载："思印江，在印江南县十里，一名思邛水，源出朗溪司北山，经府城东北入川江。《元和志》思州以思邛水为名。《寰宇记》思州南三百里有思邛水，源出思邛山，又本出锦州洛浦县界，流经思邛县南四十步至思王县界入内江。《黔记》源出朗溪司北

---

① 李吉甫. 元和郡县图志 [M]. 北京：中华书局，1983：741.

② 明嘉靖《思南府志·卷一：山川》，第 18 页。

③ 明嘉靖《思南府志·卷一：沿革》，第 4 页。

山中，西流经县南，又西出安家洞口至府城东北入大江。《府志》思印江即思邛水，后讹邛为印因以名县。"①

因思印江发源于梵净山，故梵净山亦被称为思邛山。《大清一统志》载："梵净山，在府城东朗溪司东，即思邛山。《寰宇记》思邛县东南有思邛山。《黔记》一名月镜，北接乌罗司界，自铜仁西二百余里，群山环列，中耸一峰，如刀劈斧裂，思印江出此。"②

如此，梵净山成为夜郎王岳父翁指与王子邪务率夜郎兵与牂牁郡太守陈立交战之地。

但当时的牂牁郡治在沅江上游及源头一带，大约位于今麻江县及周边一带，如战场在今梵净山一带，不仅相距太远，而且该山太大，不易围困，与《汉书》所载不符。

因此，历代地方志也都没有将梵净山记载为陈立保阻夜郎王部属或诛杀夜郎王之地。

贵州最早所修的地方志——弘治《贵州图经新志》就称陈立所保之地在思南府城西。弘治《贵州图经新志·古迹》载："古牂牁郡城，《大明一统志》云：在思南府城西，即汉末伏时所保。《唐史》云牂牁国，武德中改为牂州，寻改牁州。境内有石门高连二山。"③

其实弘治《贵州图经新志》后文已将此否定，载："今贵州宣慰司境内山有曰石门高连者，况思州之治自古至今迁徙不一。""而《方舆胜览》亦云思州即非古城。"④

关于上述"古牂牁郡城"的前段文字，稍后编辑的思南第一部官修地方志——嘉靖《思南府志》则尽收其中，此后当地方志均如获至宝，至今又演化出"夜郎国都在思南"等研究观点。

此古牂牁郡城，可能指的是移治万寿县时期的牂牁郡。早期的牂牁郡城在且兰县，治今麻江县或周边一带，西晋置万寿县，牂牁郡治从且兰县移至万寿县。

但弘治《贵州图经新志》及嘉靖《思南府志》虽称古牂牁郡城在

---

① 嘉庆《大清一统志·卷五百四：思南府：山川》，第8页。
② 嘉庆《大清一统志·卷五百四：思南府：山川》，第4页。
③ 弘治《贵州图经新志·卷四：思南府》，第16页。
④ 弘治《贵州图经新志·卷四：思南府》，第17页。

思南府城西，却未提及古牂牁为古万寿县境地，当是附会所致。但万寿县治则极有可能在明代思南府相近一带。

晋代牂牁郡治及万寿县可能在明代思南府南侧的石阡府境内。

石阡府本思州宣慰司地，明永乐十一年（1413 年）二月置，属贵州布政司。领县一：龙泉县；长官司三：石阡长官司、苗民长官司、葛彰葛商长官司。康熙中，省葛彰、苗民长官司。治所在石阡长官司（今贵州石阡县）。辖境相当于今贵州石阡、凤冈二县地。1913 年废府，降为石阡县。

石阡府向为古牂牁郡、晋夜郎郡及唐夜郎县地。

《大清一统志：石阡府建置沿革》载："汉为牂牁郡地，晋分置夜郎郡，《晋书地理志》永嘉二年分牂牁立平夷夜郎二郡。""隋属明阳郡，唐为思夷二州地。"①

又《石阡府古迹》载："夜郎废县，在府城西南废葛彰司西六十里，晋置县，属牂牁郡，永嘉中置夜郎郡后入于李特，唐初复置县，属夷州，贞观初废。《晋书地理志》永嘉二年立夜郎郡，其地再为李特所有，咸康四年李寿分牂牁夜郎等四郡置安州。《旧唐书地理志》武德四年夷州领夜郎县，贞观元年废州省夜郎。"②

咸丰《安顺府志》也称故夜郎城在石阡府西葛彰司，载曰：

《太平寰宇记》曰：唐播州、夷州、费州、庄州，即秦且兰、夜郎之西北隅。又曰：牂州建安县有古夜郎城。据乐氏此言，是秦有且兰、夜郎二县，所谓诸此国颇置吏焉者也。《唐书》：夷州宁夷县，武德四年析置夜郎县，贞观元年省。今石阡府西葛彰司西六十里，有故夜郎城，即其址，亦即乐氏所云建安有古夜郎城者，盖秦旧县也③。

石阡府境内的夜郎县不是汉代夜郎县（注：秦时未有夜郎县），乃唐初所设之唐夜郎县。

古代地名大多以山川命名，而晋代所置万寿县当亦以山川命名，《大清一统志：山川》中排名第一的即是万寿山。

《大清一统志·卷三百九十七：石阡府》载："万寿山，在府城西

---

① 嘉庆《大清一统志·卷五百五：石阡府：建置沿革》，第 1 页。
② 嘉庆《大清一统志·卷五百五：石阡府：古迹》，第 7 页。
③ 清·白常恩，咸丰《安顺府志：卷三：沿革》，第 5 页。

南，《通志》地名乐桥，山下有洞，俗传有神羊化石。"①

这说明万寿山是当地一座有名的神山。

石阡府境内与夜郎有关的古迹还有镌字崖。《大清一统志：石阡府：山川》载："镌字崖，崖有二，一在龙泉县南十里，上刻夜郎古甸四字，相传李白谪夜郎经此，后人纪之；一在龙泉县北三里，上刻天河洗甲四字，明万历中刘綎平播凯还经此勒石。"②

"夜郎古甸"摩崖石刻今尚存，在距凤冈县城西南面10千米左右的长安桥附近。石刻离地近10米高，阴刻有180厘米×170厘米的双直线边框，框内阴刻"夜郎古甸"四个大字，每字55厘米×45厘米，呈正四方形排列。右侧题头书："万历丁亥岁秋九月"（即明万历十五年，公元1587年），左侧落款署："见田李将军过此书"。题头和落款，每字15厘米×12厘米。整个石刻笔力遒劲、技艺娴熟。

石阡府城内原还建有李白庙，亦与夜郎文化有关。

此《大清一统志：石阡府祠庙》载："李太白祠，在府治，祀唐李白。《唐书》本传永王璘辟白为府僚佐，璘败，长流夜郎，遇赦还浔阳。《通志》唐天宝中李白谪夜郎经此，因建祠祀之。明末以祠为理刑署。本朝康熙六年复改为祠。按白流夜郎实未至其地，其诗云：五色云间鹊，飞鸣天上来。传闻赦书至，却放夜郎回。"③

唐代夷州境内所置的夜郎县，一般认为在石阡府城西南废葛彰司（今乌江南岸和余庆县北部）一带。

而在石阡府废葛彰司一带又有聚兵墩，《大清一统志》也载："聚兵墩，在府城西南废葛彰司南，与麒麟山相接，峰岩峻险可屯兵。"④

由此可知，明代所置的石阡府为唐宋思州所辖之地，明代思州宣慰司和思南宣慰司被废，思南宣慰司继承了唐宋思州所治等地，并移治至今思南县一带，而思州宣慰司衙门在元代已逐步迁至今镇远县治和岑巩县治，所以与唐宋思州故治无关。明永乐年间（1403—1424年）废思州宣慰司和思南宣慰司设贵州省，思南府成为思南宣慰司的

---

① 嘉庆《大清一统志·卷五百五：石阡府：山川》，第3页。
② 嘉庆《大清一统志·卷五百五：石阡府：山川》，第4页。
③ 嘉庆《大清一统志·卷五百五：石阡府：祠庙》，第9页。
④ 嘉庆《大清一统志·卷五百五：石阡府：山川》，第4页。

主要继承者，唐宋时期的思州故治务川县也成为其属县。而石阡府则从思州宣慰司所析出，无法在思南宣慰司中参与竞争。因此，遂形成思南府与石阡府各自抢占境内牂牁郡及夜郎县遗产的情况。但由于历史断代形成了资源配置方面的稍许移位。如石阡府本为晋牂牁郡治，却被配置为夜郎县地。

故可知明清石阡府境内的夜郎文化遗存与其曾为晋牂牁郡治及万寿县有关。

但实际上晋牂牁郡治及万寿县与汉牂牁郡太守陈立及夜郎王岳父翁指、王子邪务并无关系，其所继承的乃是汉牂牁郡的文化遗产。

三、翁指邪务与陈立相战的实际地点探析

我们从东汉班固所著的《汉书》可知，汉牂牁郡太守陈立斩夜郎王是在夜郎国都且同亭一带，后返回牂牁郡治且兰县，然后夜郎王兴的岳父翁指和兴的儿子邪务收拾夜郎国的兵将并胁迫附近二十二邑反叛。此反叛应该是攻打牂牁郡治、杀太守陈立而给夜郎王报仇，可知双方大战的地方是在且兰县治或其附近一带。

那么，汉时的且兰县治到底在哪里呢？

根据《水经注》的记载，沅水发源于牂牁郡治且兰县。由于明代起人们认为沅水发源于平越府平越县，因此，后人遂逐渐将位于沅水源头的平越府平越县（今贵州省福泉市）作为汉牂牁郡治且兰县的所在地。

此乾隆《御批通鉴辑览》有载，《御批通鉴辑览》在《卷十六·汉世宗孝武皇帝》中写到《平西南夷置五郡》等故事，并提到"越驰义侯发南夷兵且兰"，在且兰下注曰："今平越府平越县（今福泉），故且兰侯邑。"又提到"平南夷置牂牁郡"，并下注曰："治故且兰即侯邑。"①

又一说汉牂牁郡治且兰县在黄平旧州一带。

此乾隆年间（1736—1796年）出任贵州学政的洪亮吉在其著作《卷施阁文甲集》中有载，该书卷四《贵州水道考》称："则故且兰县

---

① 乾隆《御批通鉴辑览·卷十六：汉世宗孝武皇帝》。

即在黄平州以西、都匀府以北左近界中无疑。"又载:"乐史引《荆州记》曰牂牁在潕水之阴,今黄平清平等州县均在水南,又可知汉时牂牁郡即在黄平左近矣。或云今黄平旧州城即汉牂牁郡治,虽亦约略之词,然相去当亦不远。"①

又一说汉牂牁郡治且兰县在今福泉、黄平、麻江等地一带。

此嘉庆三年(1798年)进士、独山州人、曾任翰林院庶吉士、四川盐源县知县、遵义府学教授的莫与俦在其作《汉且兰县故地考》一文中称:"自平越州及所属之余庆、瓮安两县,镇远府属之黄平州、施秉县,都匀府属之麻哈州、都匀、清平两县,丹江通判以及石阡府自治在乌江以南境皆为其县地。"②

又一说汉牂牁郡治且兰县在今凯里市西北方向的重安江南岸码头都兰村。

此咸丰《安顺府志·卷三》载:

《华阳国志》曰:庄蹻溯沅水出且兰以伐夜郎,植牂牁系船。于是且兰既灭,夜郎又降,而秦夺楚黔中地,无路得返,遂留王滇池。以系船故,因名且兰为牂牁国,分侯支党。《贵阳志》云:牂牁之为国名,见于《管子》,不因庄蹻而起,故近人多疑常氏此言之谬,然实不谬也。盖牂牁者,本系船之两种杙,牂似羊头,牁如斧柄,故《异物志》曰:"牂牁,系船杙也。"……又曰:汉武帝伐南越,发夜郎精兵下牂牁江,同会番禺,即其江矣。国处江上,因以江名名国,则《管子·小匡篇》所称是矣。自管子之后至于庄蹻之前,其国盖改名且兰,故《史记》《汉书》《华阳国志》皆云庄蹻出且兰以伐夜郎也。至庄蹻王滇,以故且兰国境内有己系船椓牂牁处,欲旌其伐,复改为牂牁,故《水经注》曰楚将庄蹻名且兰为牂牁也。由是而言,则常道将之言,可资考证而不谬。庄蹻溯沅水、椓牂牁、舍舟步战处,盖在今清平之都兰渡。都兰即"且兰"之转语;且兰之且有"苴""沮"二音,皆近"都"也。

民国《贵州通志》也从其说,载汉牂牁郡治且兰县在清平(即今凯里市)之都兰渡一带。

---

① 洪亮吉,《卷施阁文甲集·卷四》,第4页、第14页。
② 道光《贵阳府志·余编·卷五》,第16页。

又一说隋唐牂柯郡治在今瓮安县东北草塘一带。

此为民国《麻江县志》转引《瓮安县志》称："瓮安县东一百里之旧州草塘废司为隋唐牂柯郡治之牂柯县治。"①

又一说汉牂柯郡治且兰县在今都匀一带。

此当代云南著名史学家、原云南大学历史系主任方国瑜教授在《汉牂柯郡地理考释》中称："从地理言，且兰在今贵阳至黄平地适为相当，至于且兰城，疑在都匀，以其南之毋敛，始终与且兰同属一郡，关系至密也。"②

由此大体可知，汉牂柯郡治且兰县大约在今麻江县及周边都匀、福泉、凯里、黄平一带。

《汉书》记载，翁指曾率夜郎兵占据险要的地方为堡垒与牂柯太守陈立对峙，文曰："至冬，（陈）立奏募诸夷与都尉长史分将攻翁指等。翁指据厄为垒，（陈）立使奇兵绝其饷道，纵反间以诱其众。……时天大旱，（陈）立攻绝其水道。蛮夷共斩翁指，持首出降。"③

今麻江、都匀、福泉、凯里、黄平一带曾有一些著名的囤垒，如都匀的凯口囤，麻江、福泉、凯里、黄平交界处一带的香炉山等。

此《大清一统志》亦有载：

凯阳山，在府城西平浪废司西南六十里。《明统志》山甚险峻，有寨在其上。曹学佺《名胜志》即凯口囤也，周围十余里，高四十丈，四壁陡绝，一径仅尺许盘旋而登，上有天池，虽旱不竭。《府志》明嘉靖十五年部苗据此为乱，抚臣陈光宅檄水西安万铨讨平之，后其党复据囤叛，官军购旁寨顺民攻复之，改口囤，为灭苗镇。

香炉山，在清平县东南四十里。《通志》四面陡绝，三叠而上，有田有井有潭，明正统末苗蛮据此，总督王骥平之，天顺中复叛，巡抚邹文盛平之，因城香炉为官戍，建贮粮仓于上，今废④。

凯口囤即凯阳山，位于都匀市西南48千米凯口镇，该山高仅100余米，虽四壁陡绝，独一径尺许盘旋而登，但险厄不够，又山上有天

---

① 民国《麻江县志·卷二：疆域沿革》，第13页。
② 方国瑜. 汉牂柯郡地理考释 [M]// 熊宗仁. 夜郎研究选粹：学人见证. 贵阳：贵州人民出版社，2010：44.
③ 班固. 汉书 [M]. 北京：中华书局，1962：3845.
④ 清嘉庆《大清一统志·卷五百二：都匀府：山川》，第5—6页。

池，虽旱不竭。此与《汉书》所载"绝其水道"，蛮夷"持首出降"的史料不相吻合。

香炉山则位于麻江、福泉、黄平、凯里四县市之中心位置，北至黄平县城、西至福泉市区、西南至麻江县城，相距约 35—40 千米，离凯里市区最近，约在凯里市城西北 15 千米处。

香炉山是当地名山，顶峰海拔 1233.8 米，山脚最低海拔 629 米，方圆 13 千米，巍然屹立，云雾缭绕，如擎天大柱。民国时，清平县改名炉山县，因境内的香炉山而得名，明万历《贵州通志》称之为"炉山一望雄千仞，此吴西南第一峰"。贵州巡抚爱必达《黔南识略》也曰："壁立千仞，延袤三十余里，众山环列，若戈铤相向。"

《明史》中有载，当地苗夷多次占据香炉山为起义指挥中心。官军围攻不下，最后通过智取才剿灭。可知早在明代之前，香炉山当已是当地圣山，从明代起周边少数民族屡次起事据为中心，特别是地处湘桂黔边黎从等寨的少数民族，据此以为号召，"群苗啸聚"。可知香炉山之神圣地位。今山上尚有多处城堡、垒台及其他战争遗址。

香炉山在汉夜郎国且兰县境，又临近牂牁郡治，因此本人判断夜郎王兴被汉牂牁太守陈立处死后，夜郎王兴岳父翁指及兴子邪务率周边二十二邑叛反时，或亦以香炉山为主要据点，使香炉山成为祭祀名山。香炉亦指代为祭祀，故贵州一带，以香炉山命名的山有很多，大多当与夜郎王崇拜有关。

又香炉山极有可能是唐初设思王县而所依据的思王山。故思王县旧址当也在香炉山周边一带。

唐李吉甫撰《元和郡县志》有载思王县：

思王县，中下，北至州水路三百里。武德三年置，相传云汉时陈丘为牂牁太守阻丘保据思邛水，汉将夜郎王数万破丘于此，安抚百姓，时人思慕，遂为县名①。

思王县为唐代思州所辖，思州为隋务川郡改名而来，置务川县。

由此可知，思王县在务川县南 150 千米处。以此可考，该思王县当在今余庆县至黄平县一带。古代认为，黄平县水路也通乌江。

---

① 李吉甫. 元和郡县志 [M]. 北京：中华书局，1983：741.

故唐代思王县极可能在今黄平县境内。思王山当是香炉山。

此《大清一统志》亦载："思王山，在（思南）府城西南。《明统志》在府城西南三百七十里，旧名龙门山。"[1]

思南府西南三百七十里（180千米），可能正好是凯里香炉山一带。

在黄平县境内，古代曾建有黑神庙。乾隆《贵州通志》载："黑神庙，在旧黄平州西门外，祀唐南霁云。"[2]

黄平旧州地势平坦，又有多条河流交汇，是古代理想的行政中心设置地。乾隆《贵州通志》中记载的黑神庙仅五座。四座在贵阳府及其属县，一座在黔西州。黄平旧州与唐南霁云素无渊源，此黑神庙祀神之原型极可能是汉夜郎王或翁指、邪务等。

因此，我们大体可推测，《汉书》中关于翁指、邪务与陈立相战的地方当是在今黄平、凯里一带。翁指被夜郎降兵所杀，但王子邪务未被提及，说明他没有遇害或被擒。故可能在此后，王子邪务又收拾残部复国了。《后汉书》中就提到夜郎王被诛后，夜郎故吏及夷僚诸酋又推举夜郎王三子为侯，后世称为竹王三郎，其原型当是邪务。

---

[1] 嘉庆《大清一统志·五百四：思南府：山川》，第4页。
[2] 乾隆《贵州通志·卷十：坛庙》，第5页。

第十三章 以里外古州为中心的夜郎竹王崇拜遗痕

一、夜郎竹王崇拜发源于东汉及两晋南朝之际

夜郎国神秘之处，就在于其史料记载极为稀缺。《后汉书》中提到遁水浣女、夜郎竹王及其子三郎等故事，说明早在东汉时期夜郎国故地就已流传遁水浣女及夜郎竹王父子等土主保护神崇拜。因此，夜郎国中心地研究还应符合与此史料相关的地理及文化特征。

《后汉书》载：

夜郎者，初有女子浣于遁水，有三节大竹流入足间，闻其中有号声，剖竹视之，得一男儿，归而养之。及长，有才武，自立为夜郎侯，以竹为姓。武帝元鼎六年，平南夷，为牂柯郡，夜郎侯迎降，天子赐其王印绶。后遂杀之。夷獠咸以竹王非血气所生，甚重之，求为立后。牂柯太守吴霸以闻，天子乃封其三子为侯。死，配食其父。今夜郎县有竹王三郎神是也①。

可知，夜郎国是兴于遁水（即牂柯江）之滨以竹为姓的部落国家，其国王又称竹王。而竹王三郎则是夜郎王的主要指代神。

《后汉书》记载的关于夜郎竹王及其子三郎等传闻出自东晋常璩所著《华阳国志》，其文称：

有竹王者，兴于遁水。有一女子浣于水滨，有三节大竹流入女子足间，推之不肯去。闻有儿声，取持归破之，得一男儿。长养，有才武，遂雄夷濮。氏以竹为姓。捐所破竹于野，成竹林，今竹王祠竹林是也。王与从人尝止大石上，命作羹。从者曰："无水。"王以剑击石，水出，今竹王水是也，破石存焉。后渐骄恣。……武帝转拜唐蒙为都尉，开牂柯，以重币喻告诸种侯王，侯王服从。因斩竹王，置牂柯郡，以吴霸为太守；及置越嶲、朱提、益州，四郡。后夷濮阻城，咸怨诉竹王非血气所生，求立后嗣。霸表封其三子列侯；死，配食父祠，今竹王三郎神是也②。

《华阳国志》也记载了牂柯太守陈立斩夜郎王兴事。并称反叛的是

---

① 范晔. 后汉书 [M]. 北京：中华书局，1965：2844.
② 常璩. 华阳国志 [M]. 济南：齐鲁书社，2010：44—45.

夜郎王兴的岳父翁指与兴子耶。此处兴子耶与《汉书》所载兴子为邪务有所不同。当从正史《汉书》之说。

又晚于《后汉书》作者范晔数十年而出的郦道元 [1] 在其著作《水经注》中也提到遁水浣女及竹王三郎等轶闻。

此《水经注·卷三十六》载：

郁水即夜郎豚水也。汉武帝时，有竹王兴于遁水，有一女子，浣于水滨，有三节大竹，流入女子足间，推之不去。闻有声，持归破之，得一男儿。遂雄夷濮，氏竹为姓。所捐破竹，于野成林，今竹王祠竹林是也。王尝从人止大石上，命作羹。从者曰无水。王以剑击石出水，今竹王水是也。后唐蒙开牂牁，斩竹王首，夷獠咸怨，以竹王非血气所生，求为立祠。帝封三子为侯，及死，配父庙，今竹王三郎祠，其神也。豚水东北流，径谈稿县，东径牂牁郡且兰县，谓之牂牁水。水广数里，县临江上，故且兰侯国也。一名头兰，牂牁郡治也。楚将庄蹻溯沅伐夜郎，椓牂牁系船，因名且兰为牂牁矣。汉武帝元鼎六年开。王莽更名同亭。有柱浦关。牂牁亦江中两山名也。左思《吴都赋》云吐浪牂牁者也。元鼎五年，武帝伐南越，发夜郎精兵，下牂牁江，同会番禺是也。牂牁水又东南径毋敛县西，毋敛水出焉。又东，壅水出焉，又径郁林广郁县为郁水 [2]。

从此记载可知，夜郎遁水即牂牁水之上游，大体位于谈稿县西南及且兰县、毋敛县周边一带。故夜郎国基本上位于以牂牁水为原型的今都江沿岸一带。

二、都江流域一带富集的夜郎竹王三郎崇拜遗存

都江发源于贵州独山县，流经贵州三都县、榕江县、从江县、黎平县，广西三江县，广西融县段称为融江。

在都江下游广西三江县一带，还存有大量夜郎竹王三郎崇拜遗迹。

---

[1] 常璩（约291—约361），字道将，蜀郡江原（今四川成都崇州）人，东晋史学家；范晔（398—445），字蔚宗，顺阳郡顺阳县（今河南省淅川县）人，南朝宋时期著名史学家、文学家；郦道元（约466—527），字善长，范阳涿州（今河北涿州市）人，北魏时期地理学家。

[2] 郦道元．水经注全译 [M]．陈桥驿等，译注．贵阳：贵州人民出版社，2008：888.

据广西《三江侗族自治县民族志·第三章·侗族》载："(侗族地区有)三王庙，祀汉代夜郎王之三子。"①

又三江县地方调查资料称：

从民间信仰、故事传说及民风民俗现象看，县境溶江流域普遍信仰三王、竹王。目前三江县境民间信仰及供奉的神祇基本上分为三大片区，县城所在地及附近的浔江流域六甲人片区基本信仰并供奉二圣侯王，多建有二圣侯王庙；林溪、武洛江及苗江上游片区基本信仰并供奉飞山公，多建有飞山宫；而溶江河(都江在三江县境内的俗称)流域片区普遍信仰古夜郎国侯王竹多同父子，称竹王爷、三王爷，并当作民族英雄建宫立庙供奉。同时还普遍流传有各种不同版本的竹王、三王故事传说，流行着各种与夜郎文化有关的民风民俗。经调查，目前县境内确证有三王宫、三王庙、竹王宫等夜郎文化庙宇及其遗址遗迹的共有33处(含原属三江县现属融水县的大浪三王庙)，另外，相关资料和老人家反映有而查无遗迹的还有三团三王宫和丹洲三王庙两处。这些庙宇或遗迹除冠小三王宫处林溪流域、三团三王宫处武洛江流域属飞山公信仰区，马坪三王庙处浔江六甲人片区属二圣侯王信仰区外，其余都处于溶江河流域(其中丹洲三王庙、大浪三王庙处溶江下游的融江流域)古夜郎国侯王竹王爷、三王爷信仰区。而冠小三王宫系从老堡接去，三团三王宫系从和里接去，马坪三王庙也与和里三王宫有渊源关系。可以说，县境夜郎文化、庙宇皆出自溶江河流域②。

三江县现存最有名的三王宫是全国重点文物保护单位——和里三王宫。

三王宫位于三江侗族自治县良口乡和里、南寨两村之间的双溪汇合处。三王宫依山而建，傍水而居，坐南朝北，青鹅岭巍峨，雄踞宫前。门前人和桥雕梁画栋，金碧辉煌。庙因桥而居地利，桥因庙而占人和。三王宫始建于明嘉靖年间(1522—1566年)，初为三王庙，原建在浔榕两江交汇处老堡对门的石门边，明朝隆庆六年(1572年)，

---

① 三江县民委. 三江侗族自治县民族志 [M]. 南宁：广西人民出版社，1989：83.

② 柳州市档案信息网. 广西三江侗族自治县境内"夜郎文化"的初探 [EB/OL]. [2017-12-05]. http://www.lzdaj.yun.liuzhou.gov.cn/gczl/lzjx/201808/t20180809_1144126.html.

怀远各族人民抗暴斗争杀死知县马希武，明王朝派兵镇压杀害大批起义者，于是这一带群众为了逃难而人走家迁，三王庙也随之迁到今和里村。三王宫和神宫为古代汉族宫廷建筑，但戏台、偏舍等又采用侗族穿斗构造干栏式，是一座典型的具有汉侗建筑艺术风格相互融合的建筑物①。

三王宫于 2001 年被列入县级文物保护单位，2009 年被列为自治区级文物保护单位。自治区文物部门投入 57 万元资金，对三王宫进行全面修缮。三王宫于 2013 年被列入全国重点文物保护单位。三王宫附属建筑人和桥，是一座具有侗族特色的攒尖歇山式风雨桥，三亭十二廊，全长 48.9 米，宽 4.35 米，高 7.2 米，该桥始建于清光绪二十四年（1898 年），1917 年维修过一次。据三王宫内碑刻记载，人和桥乃为方便善男信女进宫朝拜而建。三王宫在 1982 年和 1986 年进行了两次维修，并于 2001 年被列入县级文物保护单位。

雍正《广西通志》也有载老堡对门三王庙。称："大容江口，在老堡对面，两山对峙，有三王庙神最灵。"②

又清康熙年间（1662—1722 年）陈梦雷《古今图书集成》也载："三王庙，即夜郎王祠。一在县北门外，一在老堡对岸，土人祷之，其应如响。"③

可知早在清初及之前，当地就有极为兴盛的夜郎竹王三郎崇拜信仰。

而当时的建置沿革考及疆域考也有怀远县（即今三江县）乃"本牂牁夜郎之境""夜郎边境，西粤要地"等记载。

当地还有其他夜郎崇拜遗迹，清雍正《广西通志·卷十六：山川：怀远县》载："太白岩，在下石门右，相传太白谪夜郎时登眺放咏，筑室于上。"④ 此文出自康熙《广西通志·卷六：山川二：柳州府：怀远县》："太白岩，在下石门右，李白谪夜郎筑石放咏。"⑤

① 三江县旅游局．全国文物保护单位——和里三王宫 [EB/OL].[2019-08-26]. http://www.sjx.gov.cn/zjsj/sjifq/202102/t20210207_250304.shtml.
② 雍正《广西通志·卷十六：山川：怀远县》，第 14 页。
③ 陈梦雷《古今图书集成·职方典：第一千四百十卷：柳州府部》，第 171 册第 58 页。
④ 清雍正《广西通志·卷十六：山川：怀远县》，第 13 页。
⑤ 康熙《广西通志·卷六：山川二》，第 29 页。

广西三江县一带的夜郎竹王三郎崇拜相传是从都江上游传播过来的。

据《广西三江侗族自治县境内"夜郎文化"的初探》载："在各种不同版本的三王、竹王故事传说及三王宫、三王庙、竹王庙的渊源关系传说中，除县境内传说故事大多互有渊源关系外，溯及起源，基本都源出贵州内地（在日常交往中，县境溶江河一带一般也称黔东南州的贯洞、龙图等地为内地）。""以上这些信仰、遗址遗迹、故事传说及民风民俗说明了县境溶江河流域具有非常深厚的夜郎文化底蕴，而这些夜郎文化又与都柳江上游黔东南从江、榕江一带的夜郎文化有一定的渊源关系，都处于夜郎文化区的范围之内。"①

三江县一带竹王三郎崇拜至今仍比较兴盛，其渊源都追溯至以今榕江古州为核心的古夜郎国中心一带。这也说明广西三江县三王庙（宫）信仰等应是以古州为中心的汉夜郎县竹王三郎神崇拜演变而来。

夜郎国灭亡后，其核心地一带的后人遂以夜郎王及竹王三郎为主要土主神，进行崇拜祭祀。故在以古牂牁水为原型的今都江流域一带，上下游都传播有崇拜遗迹。

如其源头独山县有多处三王庙，其中城南一座三王庙位于都江发源地尧梭乡一带，当亦与竹王三郎崇拜有关。

又都江上游三都县境内有竹王三郎故居等古迹。此民国《三合县志》载："烂土河，与打剑河既会，统名大河（即都江），而大河街市亦因此获名，东南流五里至阁脚与马场河会，遂名合江""合江左纳巴郁河，承东南流势，斜曲如羊角状，名羊家滩，折东南八里径三郎山麓，故老宣传此即竹三郎之故居也。"②

三合即今三都县城，后与都江县合并称三都县，其境内竹王三郎崇拜亦有多处，1911 年后当地县城主要水运码头称为三郎渡口。

都江下游黎平县境内亦有竹王三郎崇拜遗迹。

如黎平县地坪乡归公村宜列屯有三王庙，归公屯有竹王宫。

在古代古州境内，亦有竹王三郎崇拜痕迹等。明嘉靖三十六年

---

① 柳州市档案信息网. 广西三江侗族自治县境内"夜郎文化"的初探 [EB/OL]. [2017-12-05]. http://www.lzdaj.yun.liuzhou.gov.cn/gczl/lzjx/201808/t20180809_1144126.html.

② 胡皓羽，《三合县志略·卷五：水道》，1940 年排印本，第 5—6 页。

（1557年），曾以古州长官司地分设三郎司，又以曹滴洞长官司地分设三郎司土舍等。

《大清一统志》载："分管三郎废司，在府城南三十里，或云即曹滴司也，宋有容江巴黄，元置曹滴，明以容江巴黄并入共为一司，本朝康熙二十三年改土归流。"①

光绪《黎平府志》载："嘉靖三十六年置三郎司土舍。"② 又载："银赖山，在旧三郎司。《方舆纪要》明初俞通海讨古州诸蛮洞，首克银赖洞是也。"③

田玉隆著《贵州土司史》录民国《贵州通志》也载："三郎长官司，《黎平府志》注：嘉靖三十六年杨台、杨勇争袭，讦告不休。黎平府张廷将地方钱粮分为二。令各料理地方钱粮土务。于是杨勇承袭古州司，……杨正承袭三郎。古州遂分为二司。"④

《清史稿》亦载："分管三郎司，在（黎平）府南三十里。杨世勋袭。清康熙二十三年，改土归流。"⑤

说明当地曾有三郎长官司、三郎司土舍、分管三郎司等竹王三郎崇拜遗痕。

榕江县境内亦有三王庙，位于杨家湾腊岑，在红岩电站一带的江边，有上下两庙，下面称三王庙，上面为飞山庙，原规模较大，后在建红岩电站时被毁⑥。

三、以古州为中心的夜郎竹王崇拜不断向外围拓展传播

古州夜郎竹王二侯及竹王三郎神崇拜的祖庙可能是位于今榕江县城古州诸葛台（祀诸葛亮）及其旁的济火庙（祀济火）遗迹。

① 嘉庆《大清一统志·卷五百八：黎平府：古迹》，第8页。
② 清·俞渭修，《黎平府志·卷二：地理志上：建草》，清光绪十八年（1892年）刻本，第22页。
③ 清·俞渭修，《黎平府志·卷二：地理志上：山水》，清光绪十八年（1892年）刻本，第65页。
④ 田玉隆.贵州土司史：上册：榕江县[M].贵阳：贵州人民出版社，2006：111.
⑤ 赵尔巽.清史稿[M].北京：中华书局，1986：14292.
⑥《五溪之神》编委会.五溪之神：杨再思历史文化研究[M].海口：海南出版社，2011：209.

济火在三国时期文献中无载，贵州建省后始载其迹，明万历年间（1573—1620年）郭子章撰《黔记》载："蜀汉时，有济火者从丞相亮破孟获有功，封罗甸国王，即今宣慰使安氏远祖也。"诸葛亮与济火均与古州一带无关，当是明代以后当地军队或政府移原神祇而改祀之，光绪《古州厅志》载胡朝云撰《济火庙记》称："若济火者，乃牂牁蛮长，姓韦名牁里黑，……雍正六年制宪张公清理苗疆土部，刘云章领示招抚苗寨，慕神威勇，望空祷叩，默祈阴佑，后从总镇韩公查探夷情，引导攻剿无不响应……后司马修建武侯神祠，章亦竭诚鼎建济火是神。……今黔属土人之姓韦者皆其苗裔也。"① 可知此济火为古州地方神，因助朝廷开苗疆有功而被祭祀，当地一带姓韦者皆为其后裔②。济火为彝族的先祖，未闻是古州一带侗壮等少数民族的祖先，故其神原型当是夜郎竹王，而韦姓乃其后裔之一。韦姓今在广西极为常见，或与古州一带夜郎王后裔传播有关。

古州一带旧有二王庙，所祀的可能是夜郎侯及其子竹王三郎。

光绪《黎平府志》载："中右城北有二王庙，神像二，相传一为吴姓，失名，其一即英惠侯，邓子龙有碑记，郡人以六月初六日为侯生辰，十月二十六日为忌辰祀之。"明万历年间（1573—1620年）邓钟作《二王庙碑记》称："万历庚子春，值郡苗猖獗，戕我官军，夺我囤房，毁我庙宇，盖神人共愤久矣。余自惠州三橄征播，事后复有征苗之役，值中右告急，乃以偏师三道进发，一日遂破草坪，平黄菖蒲上下洪州诸寨，中右易危为安，尽是岁之阳月念四日也，时值大兵未集，驻营郊外，飞山庙址在焉，因忆兴师之夜，梦三神自云中夹山而飞，其一赤面，其二面白，呼曰吾来助战。余觉而心异之，其赤面吾知其为关汉寿亭侯也，其白面不可知，然知其缴神之惠也，比谒飞山二神，恍如梦中所见，遂捐金属材官胡朝文新其庙貌。"③

此二王庙位于五开卫（黎平府，今贵州省黎平县）中右所城北，旧属外古州之境。二王庙所祀神祇在历史演进过程中也嬗变为蜀汉关

---

① 清·余泽春，《古州厅志·卷之六：典礼志》，光绪十四年（1888年）刻本，第25—26页。

② 榕江县一带今尚有韦姓者，又相邻从江县亦有。

③ 清·俞渭修，《黎平府志·卷二：地理志下：坛庙》，清光绪十八年（1892年）刻本，第35页。

羽及湖南靖州飞山神杨再思（即英惠侯）等人。

黎平一带又有二侯祠，乾隆《贵州通志》载："二侯祠，在（黎平）府城内赤龙山。"① 此二侯祠或亦与自封的夜郎侯及其子竹王三郎有关。

黎平城内旧有一座二郎庙，二郎神崇拜也可能从二王（二侯）崇拜演化而来。

光绪《黎平府志》亦有载："二郎庙，……一在城南隅，三义宫左，名小二郎庙。郡人以五月十八日神诞祀之（《遵义志》以六月二十四日祀），用职事鼓乐奉神像游于市。""按神乃蜀郡守李公讳冰，及子二郎也。……凡夜郎之民岁时蒸，尝千百年犹如一日。黎平在夜郎境内，立祠祀之，更以见英灵之所及者远矣。"②

该文最后两句点出了该二郎神庙与夜郎神崇拜的关系。即夜郎之民祀二王神已千百年犹如一日，又黎平在夜郎境内，故立祠祀之。

黎平是唐宋外古州的核心之地，其境内的二侯、二王神崇拜当是从里古州传播而来。今在湘黔桂边地区及都江流域尚存诸多二侯神崇拜遗迹③，应是从夜郎侯父子崇拜嬗化而来。

如广西三江县境内今尚存多座二侯庙或二王庙，祀神为二圣侯王。今在古宜、斗江、沙宜、黄排、光辉等地都有庙会，庙会日大多与三江境内的三王庙基本一致，都与农历三月初三有关。

《广西三江侗族自治县境内"夜郎文化"的初探》也载："目前三江县境民间信仰及供奉的神祇基本上分为三大片区，县城所在地及附近的浔江流域六甲人片区普遍信仰并供奉二圣侯王，多建有二圣侯王庙。"④

又三江县旧有梁吴二侯王庙，当亦是夜郎王父子崇拜嬗变而来。

---

① 清·鄂尔泰等，《贵州通志·卷十：坛庙：黎平府》，乾隆六年（1741年）刻本，第12页。
② 清·俞渭修，《黎平府志·卷二：地理志下：坛庙》，清光绪十八年（1892年）刻本，第31页。
③ 现广西三江侗族自治县一带仍有二侯神崇拜，但已嬗变为二圣侯王兰氏兄弟。
④ 柳州市档案信息网.广西三江侗族自治县境内"夜郎文化"的初探[EB/OL].[2017−12−05].http://www.lzdaj.yun.liuzhou.gov.cn/gczl/lzjx/201808/t20180809_1144126.html.

清初《古今图书集成》载："梁吴侯王庙，在（怀远县）南门外。"①

此梁吴侯王庙可能也与夜郎崇拜有关。梁、吴及杨姓都是当地的大姓，如广西师范大学杨丹妮在《广西和里三王宫和夜郎文化关系探析》中，就列出梁、吴、杨、覃等姓②。

又在一篇《探寻广西"夜郎文化"踪迹》的文章中提及，当时的和里村党支书杨会光回忆称，"根据村里老人们口口相传下来的'古仔'，侗族是夜郎的后裔，而和里村的杨姓及吴姓，据传就是夜郎国的正统后裔"③。

但如当时记者采访一位姓梁的村干部的话，则有可能梁姓也是夜郎国的正统后裔。因为梁、覃等姓也是和里三王宫庙会的组织者。

故此梁吴侯王庙亦当即二侯庙或二王庙演化而来，其原型当与夜郎王及其子二王崇拜有关。

湖南靖州境内亦有二王庙。康熙《靖州志》载："在州西古城乡，祀五溪郡主。"④

此五溪郡指的当是夜郎郡，历史上只有五溪蛮，并没有五溪郡。晋代及南朝时期所置的夜郎郡就位于五溪蛮所称的巫水（雄溪）、渠水（满溪）、酉水（酉溪）、潕水（潕溪）、辰水（辰溪）等部分地区，故此五溪郡主应代指夜郎郡主，即夜郎王及其后裔。

以里外古州一带为中心的夜郎竹王崇拜后不断向周边地区传播，传播范围为外古州 100—150 千米半径内。

如外古州西北侧外围麻江县附近有三郎铺，民国《麻江县志》中有载。其邻县福泉市杨老驿亦有竹王城和三郎祠，清光绪《平越直隶州志》载："废竹王城，在杨老驿东半里，古老相传为竹王所建。"⑤ 竹

---

① 陈梦雷《古今图书集成：职方典：第一千四百十卷：柳州府部》，第 171 册第 58 页。

② 杨丹妮. 广西和里三王宫和夜郎文化关系探析 [J]. 黔东南民族师范高等专科学校学报，2005（2）：70。

③ 玉颖，潘海宁. 探寻广西"夜郎文化"踪迹：桂西北或有夜郎后裔 [EB/OL].[2010-12-12].http://www.v.gxnews.com.cn/a/3469788.

④ 康熙《靖州志·卷三：坛庙》，第 17 页。

⑤ 清·瞿鸿锡修，《平越直隶州志·卷十：祠庙》，光绪三十三年（1907年）刻版，第 10 页。

王城位于杨老驿坡后山顶，苗疆古道穿其城门而过，今尚存东门遗迹。竹王城内旧有竹王祠，所祀为夜郎竹王三郎。民国《贵州名胜古迹概说》载："竹王祠，在平越杨老驿，三月间香火极盛，祠祀竹王。"清康熙田雯在《黔书》中称："予过杨老黄丝驿，见有竹二郎、竹三郎祠，土人祀之惟谨。诘其所来，则不知意，以为山魈木客、木客、夔蝄之伦。及阅郡志，而后知为竹王子也。"① 《大清一统志》亦载："竹三郎庙，在府城东十里。《黔记》夜郎侯以竹为姓，汉武帝元鼎六年平南夷侯迎降赐以爵，后杀之，诸蛮求为立后，乃封其三子为侯，立祠祀之。"② 乾隆《贵州通志·卷十坛庙》也载："三郎祠，在（平越府）府城东十里。按三郎竹王之子，唐蒙开牂牁斩竹王，土人思之求为立祠，帝许之，并封三子为侯，及死配食父庙，遂相沿祀之。"③

又外古州东北侧外围今湖南洪江市黔阳镇亦有三王庙，当是竹王三郎崇拜演化而来。此光绪《湖南通志·黔阳县》载："三王庙，旧为灵应祠，一在南门外，一在新街口，一在双溪铺，祀宋杨濑兄弟三人，道光十九年知县龙光甸以嘉庆二年曾奉旨封威宣助顺（长）靖远侯、（次）绥远侯、（三）镇远侯，遂重修易名三侯阁，咸丰四年粤贼犯沅州，见城上旌旗遍列，众皆骇退，旋即授首奏请封号得皆晋封王，爵告仍旧，自后苗匪暨铜仁教匪叠次攻城不失守，皆神之力，诏加灵应保安显佑护国封号。"④

在洪江市，当地双溪镇今尚存两座三王庙，祀杨五等杨氏三兄弟神⑤。

此三王或三侯信仰，源头即是以竹王三郎为标志的夜郎王崇拜，以古州为中心，向周边不断传播，后又通过沅江水神传至湘西。光绪《湖南通志·乾州厅》载："三王庙，在厅北五里鸦溪，旧为三侯庙，

① 清·田雯，《黔书·下卷》，嘉庆十三年（1808年）刻本，民国贵阳文通书局印本，第8页。

② 嘉庆《大清一统志·卷五百十二：平越直隶州》，第10页。

③ 清·鄂尔泰等，《贵州通志·卷十：坛庙：平越府》，乾隆六年（1741年）刻本，第5页。

④ 曾国荃.续修四库全书：湖南通志·卷七十七：祠庙四：沅州府：黔阳县[M].上海：上海古籍出版社，1995：254.

⑤ 《五溪之神》编委会.五溪之神：杨再思历史文化研究[M].海口：海南出版社，2011：179.

同治八年并择于厅城西别建行宫。"又载："竹王庙，在厅北五里鸦溪，祀夜郎侯。"① 此位于乾州厅北五里鸦溪的三侯庙与竹王庙应是同一座庙，祀神即为夜郎竹王三郎。又清道光《凤凰厅志》载："三侯杂识。"："乾州厅志曰：三侯庙，……按省志，汉时夜郎城在此，或即所谓竹王三郎神也。"②

外古州东侧外围湖南会同县亦有三郎祠，康熙《靖州志》载："印细三郎庙，……今县印家团是其后裔。"③

又湖南西南部的新宁县亦有竹王崇拜，是宋代从今榕江古州一带传播过去的。据湖南民俗学者林河先生称，他在湖南新宁县八峒瑶山做田野考察时，发现当地保留着原始的"竹王祭"，这种祭祀活动十分盛大，方圆百里的瑶胞都会赶来参加，用时七天七夜，内容丰富多彩，祭祀的就是夜郎王。据当地兰、雷二姓手抄族谱中记载，他们的先祖是宋朝绍兴年间（1131—1162 年）从贵州黔东南的古州、黎平，循着大苗山、八十里南山，游猎到广西古宜（今广西壮族自治区三江侗族自治县）、莳竹溪峒（今湖南省绥宁县）、城步苗族自治县，最后才定居于新宁八峒瑶山的④。

又外古州东南侧外围今广西阳朔一带亦有竹王三郎祠，此清嘉庆《广西通志》有载："竹皇祠，在阳朔县。《郡国志》：竹皇者，女子浣衣水次有三节竹入足间，推之不去，中有声，破之，得一男儿，养之，有材武，遂雄诸夷。今宁州始兴、三狼、乌浒即竹皇之裔，故有竹王三郎祠于此地。（《寰宇记》）"⑤

从阳朔竹皇祠可知，当地少数民族有一部分为夜郎王的后代，也说明了当地移民有从黔桂边的古州江流域从西北向东南往漓江流域迁徙的趋势。

---

① 曾国荃. 续修四库全书：湖南通志·卷七十七：祠庙四：沅州府：乾州厅 [M]. 上海：上海古籍出版社，1995：256.
② 黄应培. 凤凰厅志·卷五·典礼：三侯杂识 [M]. 长沙：岳麓书社，2011.
③ 康熙《靖州志·卷三：坛庙》，第 18 页。
④ 王鸿儒. 夜郎文化门外谈 [M] // 熊宗仁. 夜郎研究选粹：学人见证. 贵阳：贵州人民出版社，2010：320.
⑤ 谢启昆. 广西通志·卷一百四十二：建置略：十七坛庙二：桂林府二 [M]. 南宁：广西人民出版社，1988：4083.

第十四章　以榕江为中心的遁水夜郎王母崇拜痕迹

在《后汉书》记载中，除夜郎竹王三郎之外还提到遁水浣女，即夜郎王母。在榕江县及其周边一带亦有其崇拜痕迹，并且以榕江古州为传播中心。

一、北侗圣婆的原型是遁水夜郎王母

在榕江县东北侧的湘黔边中部地区有一座名山，名为圣德山。

此山《大清一统志》有载："圣德山，在（思州）府城南九十里。《通志》为万山之尊，土人多祈祷其上。"[1]

可知《大清一统志》所载资料出自乾隆《贵州通志》。

圣德山主峰海拔1176米，位于今贵州三穗县境内，山体跨湖南省新晃侗族自治县和贵州省天柱县，是湘黔边中部最高峰。圣德山以祭祀圣婆而得名及闻名。

《黔东南苗族侗族自治州志·名胜志》有载："相传明洪武三年（1370年），天柱金凤山道乾和尚来开辟此（圣德）山，修建寺庙供奉圣婆，……定每年阴历七月十五为朝山日。"[2]

此圣德山在明代的文献中尚无考，当地民众称其为岑坝山，又称峨山。《黔东南苗族侗族自治州志·名胜志》载："圣德山山势巍峨，直插云表，矗立群峰之上，有鹤立鸡群之雄姿，故又名峨山。"[3]

据当地《岑坝陆氏家谱》载，圣德山系洪武三年（1370年）所开。天柱金凤（山）道乾和尚来此山，修建寺庙，叫乾元寺，供奉驱散云雾的圣人，还定每年七月十五日为朝山日。因圣人有德于万民，便将峨山更名为圣德山。

峨山与唐代曾在这一带所设的峨山县（原夜郎县）有渊源，由此

---

[1] 嘉庆《大清一统志·卷五百六：思州府：山川》，第3页。

[2] 黔东南苗族侗族自治州地方志编纂委员会.黔东南苗族侗族自治州志·名胜志文物志[M].贵阳：贵州人民出版社，1992：20.

[3] 黔东南苗族侗族自治州地方志编纂委员会.黔东南苗族侗族自治州志·名胜志文物志[M].贵阳：贵州人民出版社，1992：20.

较引人关注。

明天顺年间（1457—1464 年）所撰的《大明一统志》有载《思南府山川》称："峨山，在府治南，崒崒难登。"①

故弘治《贵州图经新志·卷四：思州府》也转载，云："峨山，在府治南，崒崒难登。"②

弘治《贵州图经新志》所载《思州府山川》中，对其他诸山几乎都提到了具体的里数，或称在府城东一里（平轩山）、或称在府城南里许（点灯山），等等。但对此峨山没有写明具体的里程数，且思州府城南地势相对平坦，并无一座巍峨之山。

嘉靖《贵州通志》仍载同弘治《贵州图经新志》，仅改一字，称："峨山，在府城南，崒崒难登。"③

万历《贵州通志》中已将峨山定位在府城南三里（1500 米）。不过城南三里处并无此座巍峨难登的高山。1993 年版的《岑巩县志》在《名胜名山》中介绍有峨山称，峨山位于思州古城西南，但又把东起玉屏县、西至镇远县的岑巩县城南诸山（长近百里的数百山峦）统称为峨山山脉，还称："峨山主峰今名尖坡，海拔 485 米，山顶树林茂密。"④

岑巩县境内主峰高 485 米的尖坡山肯定不可能是历史上鼎鼎有名的峨山，这与思南府城西的牂柯郡古城一样，即以新设政治中心抢占区域原有历史文化名胜资源的惯有操作模式和手段。思南府和思州府都是明永乐年间（1403—1424 年）贵州建省时所设，两府设立后实行流官制度，汉人官员开府治理，为构建区域政治、经济、文化中心，这些官员往往会引经据典，将区域内或与区域有关联的相关名人、名胜等附会至区域政治中心，如思南府（今思南县）城西的牂柯郡古城，是从其府治西南部一百多千米处的唐夷州夜郎县故治移植演化而来，而岑巩县（原思州府治）城南的峨山，当然也是移植其府城南约 50 千米的峨山（今圣德山，且为湘黔边中部最高峰）。故而，在今思南县城

---

① 《大明一统志·卷八十八：贵州布政司：思南府：山川》，第 6 页。
② 弘治《贵州图经新志·卷四：思州府》，第 3 页。
③ 嘉靖《贵州通志·卷二上：山川：形胜》，第 22 页。
④ 岑巩县志编纂委员会. 岑巩县志 [M]. 贵阳：贵州人民出版社，1993：845.

西和岑巩县城南都不可能找到牂牁郡古城和巍峨难登的峨山。

因此，康熙《贵州通志》在《卷六·思州府山川》中已无载峨山。

贵州《三穗县志·名胜风景》中亦有载圣德山，称："在县城东40千米坦洞乡境内，海拔1176米，一峰独竖，直插云表，高矗群山之上，如鹤立鸡群。山上古木参天，百鸟翔集，出产松、杉、枫、银杏等木材和天雷、地雷、白及等药草。当地族谱载：为了纪念圣婆驱散黑云毒雾迎来大地光明的功绩，'开佛堂，立神庙'，供奉圣婆和菩萨，……改名圣德山。道乾和尚为开山长老，定每年阴历七月十五为朝山日，后经演变，形成歌场。每年这天，侗族和其他各族人民从镇远、天柱、锦屏、玉屏及湖南新晃等地云集这里，开展盛大的朝山和赛歌活动，这种习俗历年不衰。圣德山开辟于明洪武三年（1370年），建寺庙，安佛堂。清康熙《思州府志》载：'圣德山，府南九十里，地名岑坝，土人祈祷于上。'"又载："从山脚至山顶铺有4条花阶路，蜿蜒曲折而上，路宽1米，总长约15千米，为民国十六年（1927年）修建。明清时所建寺庙几经焚毁，光绪三十年（1904年）进行大规模修复，取名乾元寺，由门楼、正殿、后殿、左右厢房、天井、前厅组成，殿宇高大宽敞，雕梁画栋，工艺精湛。天井地面用鹅卵石镶嵌成各种图案。殿门摆设四季花卉，旁立石碑四块，镌刻修复寺庙经营人、工匠和募捐钱物人姓名。乾元寺至山顶约1千米，顶建宝鼎，又名玉皇阁，民国二十七年（1938年）重修，至今尚存。宝鼎为砖石结构，正方形，四门按东西南北方向建造，阁高6.6米，占地90平方米，石灰粉墙，洁白无瑕，闪闪生光。阁内有玉皇大帝、四大天王、雷公等百多尊菩萨和一座玉炉。今玉炉已失，庙宇多毁坏，惟自然风景不减当年。站立山顶，如登天际，群山拜倒脚下，朵朵白云浮于山腰，宛如素带，称'玉带云'。昔人有诗云：'闲登万仞最高峰，眺望东南百二重。佛境客来无雾锁，仙界僧去有云封。一溪河水添苍艳，四面春山积翠浓。圣德山名驰远近，他乡传颂冠华中。'乾元寺下300米处，有清福泉，又名圣泉，泉水清洌可口。"①

圣德山山体巍峨，巍峨难登，故后人修建了四条从山脚到山顶的

① 三穗县志编纂委员会.三穗县志[M].北京：民族出版社，1994：562—563.

古道，降低攀登难度。并在山上及周边一带修建了诸多庙宇，以朝拜圣婆为主要朝山祭祀圣日。

由于圣德山一峰独矗直达云霄，众峰皆在脚下，有一览众峰小之气概。山顶部呈金字塔形，顶上建有玉皇阁，又名宝鼎。现仍残留山顶。玉皇阁为白色外墙，"洁白无瑕，闪闪生光"，故民间称为银顶。在贵州东部地区，只有圣德山与梵净山山顶建有宝鼎，梵净山上的宝鼎呈金黄色，称为金顶，圣德山上的宝鼎呈银白色，称为银顶，两山宝鼎"金银互补，交相辉映"，为湘黔边地区的两大名胜。

虽古书记载，明代洪武年间云游高僧道乾和尚"开佛堂，立神庙"尊奉圣婆和菩萨，但圣德山作为当地少数民族的民间信仰崇拜中心，可能还远在明代之前。

圣婆在明代贵州第一部通志中就有记载。

弘治《贵州图经新志》载："圣婆井，在邛水司东南八里岑楼山上，土人曰昔有下妇领五男来略地，行至岑楼渴甚，以柱杖棹地，祝云：我得地水当应杖而出，果得水，又以竹枝植地，祝云：我得地，竹当成林。后果成林。……"①

稍后的嘉靖《贵州通志·山川》中也有载圣婆井，曰："圣婆井，在（邛水）司治东南八里岑娄山上，俗云：昔有一妇领五男来争地方，行至岑楼，渴甚，从手柱竹杖棹地，祝云：我得地，水当随杖而出。果得水。又以竹植地，祝云：我得地，竹当成林。果成林。乃后至因挥涕（于）竹，今有液如涕。又土人拾得一裙，呼为圣婆裙，一十二幅，长五尺二寸，每与苗战，即揭以为帜，苗见帜，辄败去，盖苗畏鬼，故败"。②

万历《贵州通志》亦有载邛水司圣婆井，内容与嘉靖《贵州通志》所载相同③。

万历年间（1573—1620年）贵州巡抚郭子章的《黔记》中也有载圣婆井，称："圣婆不知何许人，领五男行至镇远邛水司岑楼山，渴甚，以手挂杖棹地，祝云：'我得地，水当随杖出！'果得水；又以

①　弘治《贵州图经新志·卷五：镇远府》，第24页。
②　嘉靖《贵州通志·卷二上：山川》，第27页。
③　万历《贵州通志·卷十五：镇远府：山川》，第8页。

竹植地，祝云：'我得地，竹当成林！果成林……今岑楼山圣婆井犹存。'[1] 清乾隆《镇远府志》和《大清一统志》中也有类似的记载。又据《圣婆碑》载："圣婆井，上涌寒泉，清冽无比，里人患时疫、瘿瘤、猪瘟，吸水多愈者，即神当年以拄杖掘之。"[2]

由此可知，圣婆不仅可以驱赶乌云毒雾，而且有用竹杖捅地出水的本领。当地人们不仅祈望得到她的护佑赐福，还崇奉圣婆井水的治病消瘟作用。

我们从圣婆以竹植地，要水得水、要地得地、要竹得生的崇拜故事中大概可以看出其与遁水夜郎王母相似的地方，即与《后汉书》中所记载的夜郎王母及竹崇拜、竹王得地自立为夜郎侯等有关，亦与《华阳国志》所载夜郎王母捐所破竹于野而成竹林、竹王用剑击水而得水等有关。

由此可知，此圣婆及所领男儿的原型即是遁水夜郎王母及其子夜郎竹王。

圣婆崇拜乃是汉代两晋以来的遁水夜郎王母及其子夜郎竹王崇拜的嬗变。

圣德山及周边地区的圣婆崇拜主体民族是今侗族。

此《三穗县志》在《侗族崇拜信仰》中专载有圣婆崇拜，称：

圣婆，侗话叫垒婆左，或打爵。侗家认为圣婆可以驱散乌云毒雾，迎来大地光明，五谷丰登，又有用竹竿捅地涌水的本领，其出水处叫圣婆井。……圣婆甚灵异，明末张鬼钱败兵甚跋扈，土人多遭屠戮，惟里人所得圣婆遗裙为帜，御之，获免毁。即把圣婆遗物当成圣物看待。每逢举行万人缘盛会时，敬奉的鬼神很多，其中安排圣婆科。专门祭祀圣婆。据清光绪岑坝《陆氏宗谱》载：他们的祖先早在明洪武年间从天柱迁坦洞时，就开始信奉圣婆，拿冷神。以后各村寨于正月二十六日、二月二日、六月六日、七月十五日轮流祭祀圣婆，其中以绞强、坦洞、等溪几寨最为突出，各寨有圣婆田 7 至 8 挑，每年设坛于主持者（即耕种圣婆田）家。坦洞从正月二十七日开始供奉圣婆，

① 明·郭子章，《黔记·卷五十三：淑媛列传》，万历三十六年（1608 年）刻本，第 2 页。
② 三穗县志编纂委员会．三穗县志 [M]．北京：民族出版社，1994：658．

二月二日那天将祭坛移于河坝，并摆十二坨豆渣，猪身二十四褅、纸马、斋粑、豆腐、糯谷穗、香、烛等祭品，杀猪进行隆重祭祀。众人就地聚餐，喝酒吃肉，欢送圣婆出寨①。

由以上资料已可看出圣婆在侗族地区的独崇地位。

《三穗县志》还有载圣德山脚下桐林镇赶六月六娃娃场的习俗。称：相传六月六日那天，当地将原泸洞河章家寨寨迁至埂洞新场，称圣婆要派金童玉女参加踩场。各村寨听到这个消息都给自己的孩子梳妆打扮，去看金童玉女，以求圣婆保佑，长命富贵，易养成人。从此以后，每年六月六日这天，附近数百个侗寨，父母领着孩子，从四面八方来赶场，成为一年一度的六月六娃娃场②。

弘治《贵州图经新志》所载的圣婆井，并不在圣德山上。此井在岑楼山。

历史上记载岑楼山在"邛水司东南八里"，此邛水司故址在今三穗县长吉乡司前村，而岑楼山则位于司前村东南约14千米处的桐林镇境内。

《三穗县志·文物古迹》有载圣婆碑：

圣婆碑又名冷神碑，位于贵州省三穗县城东20千米瓦寨镇岑楼山脚圣婆墓前。碑为圆头，两块并列，高2米，宽0.85米，厚0.15米，明面阴刻竖行楷书，计736字，碑文为清乾隆十四年（1749年）镇远知府朱桂祯撰。文中记述古代圣婆姓杨出吴氏，携二子由伏耳山来。在岑楼山腰以柱杖掘地，得涌寒泉，清澈无比，人患时疫、瘰瘤，汲水可消灾。山上有竹，为神插地所生。山脚平阳处有坟岿然，不崩不坯，为圣婆坟。圣婆为节妇，"以冷得名，冰霜志也"，故名冷神。又记载明末张鬼钱作乱，大肆屠戮，里人得圣婆遗裙护之得免。圣婆护佑黎民，扶正祛邪，为土人世代信奉。1982年12月被县人民政府定为县级文物保护单位③。

由此可知，从明代开始，贵州地方政府不仅已把圣婆立传于各类

① 三穗县志编纂委员会. 三穗县志 [M]. 北京：民族出版社，1994：110—111.

② 三穗县志编纂委员会. 三穗县志 [M]. 北京：民族出版社，1994：107.

③ 三穗县志编纂委员会. 三穗县志 [M]. 北京：民族出版社，1994：558.

主流文献之中①，还为她修墓立碑。清乾隆年间（1736—1796年），在圣婆文化影响鼎盛之际，镇远知府朱桂桢根据历史上对圣婆和记载和遗物传说，于乾隆十四年（1749）重修圣婆墓，并在墓旁亲撰《圣婆遗迹——瓦寨冷神碑记》，今墓、碑均尚存。《黔东南苗族侗族自治州志·文物志》中也有记载："瓦寨冷神碑在三穗县瓦寨乡斗街背后岑楼山脚下的大坝上，立于圣婆墓前，碑圆头，高1.6米，宽1.2米，碑文阳刻竖行宋体，正文694字，记载冷神圣婆的事迹和传说，墓因水土流失，仅余此碑，现收存于三穗县文化馆。"②

由于圣婆的原始原型为遁水浣女，她是未育而养。因此，夜郎后人们还将其遗裙拜为圣物，称其遗裙有护佑及胜敌之神力。

此朱桂桢《瓦寨冷神碑记》原文载："瓦寨汛有冷神者，甚灵异。明末，张鬼钱败兵甚跋扈，世人多遭屠戮，惟里人得其所遗裙，为帜御之，获免毁，里舍灾出，裙秉作麾，靡不胜处！"③又郭子章《黔记》也载："土人拾得一裙，呼为圣婆裙，一十一幅，长五尺三寸，每与苗战，即揭以为帜，苗见帜而败去。盖苗畏鬼，故败。"④

在侗族北部大部分地区，每逢举行宗教盛会时，还行专门请道教、佛教大师为"掌坛主师"，敬奉的鬼神科目很多，其中特别有《圣婆科》，其念词云："神威赫赫，古代敕封为圣婆，圣德昭昭，千载清白为神祇，统领神兵，常常拥护，部领将帅，处处扶持，施拨云展雾之功，显护国安民之力，壮气腾腾，威风凛凛，名留千古，德播四方，奇峰立草原上下，神勇显现平洋。二月二日行于乡村，天日明光世界；六月六日转回殿阁，地月朗照乾坤……"⑤读毕念词，又烧《圣婆表》一道。这反映了侗族人民把圣婆看作是一位本民族的主要保护神灵。

明清时期，北侗地区的圣婆崇拜影响很大，几乎整个北侗地区都

---

① 《黔记》还把圣婆列入《淑媛列传》中，在列代淑媛中，"圣婆"排名在先秦时期楚国女始祖"女玄渍"、汉代竹王"夜郎遁水女子"之后，列为第三，后接宋代女神"宜娘"。

② 黔东南苗族侗族自治州地方志编纂委员会. 黔东南苗族侗族自治州志·名胜志文物志 [M]. 贵阳：贵州人民出版社，1992：123.

③ 三穗县志编纂委员会. 三穗县志 [M]. 北京：民族出版社，1994：658.

④ 三穗县志编纂委员会. 三穗县志 [M]. 北京：民族出版社，1994：658.

⑤ 方煜东. 笔山风采文丛：三穗调研笔记 [M]. 北京：现代出版社，2014：30.

信仰圣婆，1911 年以后，在现代文化的冲击下，圣婆崇拜影响逐渐有所减弱，但北侗若干核心县及其周边地区仍信仰圣婆。据吴展明在 20 世纪 80 年代调查并撰写的《侗族信奉圣婆习俗初探》一文："在三穗县圣德山周围的坦洞、绞强、岑坝、等溪、龙脚、捧相、香炉、木良、顺洞和瓦寨部分地区，以及相毗邻的剑河县南明乡的敏寨、缥寨、司头、岑戈寨和平珍、小广、大洋、磻溪等一带，天柱、玉屏、镇远和湖南新晃、会同、靖县等侗族地区，中华人民共和国成立前大约有 10 万人直接或间接地信奉圣婆。"①

二、南侗萨岁是北侗圣婆的原始形象

侗族现主要分为南、北两大方言区，大体以锦屏县清水江为界，江北属于北部方言区，直至湘渝黔鄂边地区；江南属于南部方言区，直至湘桂黔边地区，分别俗称"北侗""南侗"。

侗族南部方言区以贵州黎平、从江、榕江等县为核心区，还包括广西壮族自治区三江侗族自治县、湖南省通道侗族自治县、靖州苗族侗族自治县等。这些地区因地处少数民族聚居区，相对仍保持有原生态的民族习俗。而侗族北部方言区因靠近汉文化聚居区，当地人的生活习惯基本上已经被汉化或处于正在汉化的过程中。

圣婆文化从其名称而知，已是汉化后的称呼。许多侗族专家认为，在侗族北部方言区盛行的圣婆信仰与侗族南部方言区的萨岁崇拜有关。

贵州大学人文学院教授曹端波博士在《侗族萨岁崇拜浅析》一文中曾称："在汉文化影响较大的北部侗族地区，仍有类似于萨岁的女性神崇拜，……如贵州天柱一带的圣婆崇拜。"原三穗县方志办主任、侗族专家吴展明在《侗族信奉圣婆习俗初探》一文中也指出："圣婆习俗，也叫信奉大圣祖母。这种信奉圣婆的习俗，在南部侗族叫'萨岁'或'萨玛'，在北部方言区叫'垒婆佬'或'打爵'，汉话叫信奉圣婆，也叫'拿（敬）冷神'。"②

而在吸收汉文化的三都县，也已将萨岁称为圣母。据《三都县水族自治县志》载："侗族信仰多神，但以信奉'圣母'为最，各寨都建

---

① 吴展明. 侗族信奉圣婆习俗初探 [J]. 贵州文史丛刊，1988（2）.
② 吴展明. 侗族信奉圣婆习俗初探 [J]. 贵州文史丛刊，1988（2）.

有神坛供奉。神坛露天无顶，以石块砌垒，上插纸伞一把，植黄杨树一株，作为象征性的神。外砌围墙，非祭祀不许入内。"①

萨岁是原始宗教的巫文化，而圣婆（圣母）则是在吸收了汉儒文化之后的神文化。

在侗族的宗教信仰中，最高层次的是创始女神崇拜。侗族从母系氏族社会发展而来，普遍崇拜本民族的创始女神，即类似于汉族地区对于女娲的崇拜。南部方言区普遍崇拜的创始女神为萨岁（也称萨玛），意为"始祖母"或"大祖母"。她是侗族南部方言区至高无上的、最大的保护神，人们都认为她神通广大，能主宰人间一切，能影响风雨雷电，能镇境安民，能镇宅驱鬼。侗族南部地区民间普遍流传"天上雷公最大，地上萨岁最大"的谚语。因此对萨岁的祭祀极为重视，在南侗各村，几乎寨寨都有萨坛，萨坛一般都是露天坛，一个半圆形的土堆，四周砌石块。人们初一、初十烧香敬茶，歌颂萨岁的功德，冀求萨岁的保佑。

但受汉文化的影响，南侗地区的萨岁崇拜也有从自然神向人格化转变的趋势。因此，虽然目前各寨萨坛仍以露天的土堆崇拜为主，但有小部分地区也已经建有萨岁祠了。

曹端波在《侗族萨岁崇拜浅析》一文中载："侗族萨坛为土堆，这一形态为当今许多侗族村寨保留，但在部分（南部）侗族地区，由于受汉文化影响，已将土堆崇拜转化为偶像崇拜，用泥土或木刻成区域崇拜的英雄形象进行崇拜，如黎平县的纪堂寨，从民国时期就有萨岁殿及神座。"②

位于榕江县古州镇三宝侗寨中，也建有一座已经汉化的萨玛祠，祠前的碑文还记载："萨玛祠原以露天土堆为祭坛，后'以石为盖'，至明末清初，始建祠供奉。萨玛祠在侗族地区占有重要地位，她是反映侗族保持母系氏族社会遗风的物证，是侗族'萨'文化传承的载体。"③

---

① 三都水族自治县志编纂委员会．三都水族自治县志 [M]．贵阳：贵州人民出版社，1992：202．
② 曹端波．侗族萨岁崇拜浅析 [J]．西南民族大学学报，2008（10）．
③ 三宝侗寨萨玛祠碑．

三宝侗寨是著名的侗族旅游景区,位于车江万亩大坝,侗寨由大小不一的寨子连成,分上、中、下宝寨,合称"三宝侗寨"。侗寨濒清澈见底、透明如镜的车江。一入景区,迎面而来的是侗族的标志性景观鼓楼,当地称为"三宝鼓楼"。该楼始建于清道光年间(1821—1850年),咸丰年间(1851—1861年)被毁,光绪十七年(1891年)重建,近年来又重修,主楼坐北朝南,为三重檐四角攒尖木质结构,不用一根钉子,建筑面积225平方米,21层,总高35.18米。在鼓楼内和附属建筑物上,绘画和雕刻有侗族从母系氏族社会以来的历史沿革,以及中国侗族多支系的古风遗韵、传统服饰、民间习俗等,集中国侗族历史文化之大成。2001年10月20日,三宝侗寨已被吉尼斯总部评审,以"最高、最大、楼层最多"的特点入编《世界吉尼斯纪录大全》。

穿过鼓楼是占地一万余平方米的广场,当地每年都在此举办盛大的祭萨节。

广场的北面就是圣母祠,侗家人称为萨玛祠,萨玛祠坐北朝南,祠内有院落,屋中央用石头垒成石堆,中间插一把半开的纸伞,周围有12或14个小木桩或小石堆。纸伞和木桩上披挂剪纸。这些木桩、石堆表示萨玛之位。萨玛祠有专人管理,每月初一、十五烧香上茶祭祀,每年正月、二月间要隆重祭祀,祈求萨玛保佑村寨子人丁安宁,六畜兴旺,风调雨顺,五谷丰登。萨玛节期间,全族妇女盛装打扮参加祭祀活动,踩路、多耶,盛况空前。

在南侗的萨玛祠中,还没有形成偶像崇拜,因此,萨玛祠中还没有出现人格化的塑像,而仅以纸伞、石堆等代指圣像。

南侗的伞、石崇拜及萨岁崇拜,北侗的竹、水崇拜及圣婆崇拜等皆与遁水夜郎王母有着渊源关系。

从吉首大学历史与文化学院特聘教授吴秋林所撰《社会记忆下的侗族"萨岁"崇拜》一文中可见端倪:"在今侗族南部方言区各侗寨,几乎寨寨都建有萨坛,萨坛盖在寨子中间比较清静的地方,一般都是露天坛,一个半圆形的土堆,四周垒有石块。萨坛往往有专人看守。守坛者或世袭,或由卜测产生。萨岁是寨子的最大保护神,建寨子时就要考虑萨的存在,建立萨坛是寨子的一件大事,称为安殿。萨坛建成后,要举行安殿仪式。全寨男女身穿盛装,在萨坛前踩歌堂,吟唱《萨之歌》,歌颂萨岁的功德,祈求萨的保佑。"

　　吴秋林在实地调查后还提到建萨坛需要一系列的仪式，有接萨、买伞、取土取水、垒坛、做偶像、接萨入坛、安坛、招萨、游寨、祭萨等步骤。

　　他在《社会记忆下的侗族"萨岁"崇拜》中又称："接萨：选定良辰吉日，由撑伞人和寨老共同商议，按照父母齐全的标准选定三名男青年作为接萨的人选。去萨岁的坟墓（住所）取一把土和一提水，象征萨岁的灵魂。接回后，芦笙齐吹三遍《祖先曲》。""买伞：伞为木（竹）质的纸伞，共三把，一把黑色，两把红色，黑伞为萨专用，形制与民间使用的一样，但伞脚竹节要正好与伞柄第一个竹节对称，这就是它的特殊之处，所以事先要去定做，制作时伞匠要先向神龛烧香化纸才能进行。""取衙门土和两河交汇处的水：现在没有衙门了，就到县政府大院里送一些土带回来。取两河交汇处的水，取一玻璃杯盛满带回寨子。""垒坛：早上安排部分男青年到旧坛挖土，在中间立一根柱子，用土围柱子垒成圆形并夯紧。然后拔出柱子，以备建坛时用。"①等等。

　　古代的伞基本上都是竹子做的，制伞时，一般选几节竹竿为伞撑，再把其余竹子劈成细条，在细条上蒙上油布，样子很像亭子，而且收张自如，所谓"收拢如棒，张开如盖"。

　　由此可知，南侗萨岁崇拜中的伞崇拜则是与遁水夜郎王母崇拜的竹崇拜有关。而早期的鼓楼有独木鼓楼等形式，较接近伞形，当也是从遁水夜郎王母及竹王崇拜的竹崇拜中演化而来。

　　故北侗圣婆故事中的竹崇拜、水崇拜应该也源有南侗的萨岁崇拜。

　　圣婆的神物是竹杖，可得地得水，使竹成林。其竹杖当是萨岁的神物竹伞演化而来，得地（土）得水又与建萨坛所取的萨土、萨水有关。圣婆棹地的方式也与建萨坛时插柱子与拔柱子的动作有关。

　　又古代文献中记载的圣婆遗迹也提示其原型为萨坛遗址。

　　乾隆时期镇远知府朱桂祯所撰《圣婆遗迹·瓦寨冷神碑记》有载："爰叩所遗，则曰：村东南隅，遗旷地土，不耕不畬，莽址昕然，即先年建庙栖神处也。""每祭日，在东南隅各立草舍，设裳衣，具祭物，

① 吴秋林.社会记忆下的侗族"萨岁"崇拜[J].宗教学研究，2015（3）：166.

虔奉祀神祇，祭毕而撤，体神恩也。"①

可知，此村中以地土（石）所垒之葬址即与南侗地区今存之萨坛基本一致，亦即"栖神处也"。而祭祀时"立草舍，设裳衣，具祭物"当是古代之祭萨习俗，至今或已有所改变。

追溯萨岁崇拜的源头，可知萨岁的原型即是夜郎王及其养母遁水王母。竹及竹林是夜郎崇拜的标志，后人以竹插地得水及剑击石得水（即是建萨坛时用柱插地情节原型）的竹与石等代指夜郎王神物，或代指夜郎国。

至此，我们清晰地了解到建萨坛时所需三把竹伞及其他有关的涉"三"标志，无疑与遁水夜郎王母及夜郎竹王三郎有关，而为萨专用的黑伞所指代的当是夜郎王盖（伞），黑与夜相关。又今侗族地名多有与凉、伞有关的地名，应该也是与遁水夜郎王母及夜郎竹王崇拜有关。因为凉与夜亦有关联，由此进一步推断，则圣婆称之为冷神，也与夜郎崇拜有关，因为冷与夜亦有关联。

接着，我们需要论证建萨坛时为什么要"取衙门土和两河交汇处的水"。此衙门当指的是故夜郎王国的遗址，而"两河交汇处的水"指的可能是古州江的水，古州地处二水交汇处，古称王江，此水当指的是王水。因为这里就是遁水夜郎王母的故里和家园。而此水也即夜郎王之出生地。

《社会记忆下的侗族"萨岁"崇拜》一文中还提到接回萨岁的人向迎萨岁的人的答话称："我们从邓概来，我们从堂概来，我们从滩头奔奔来，我们从流水漂漂来。"②

从这些问答中，也可知邓概、堂概可能指的是两条江名，而滩头奔奔指的是遁水夜郎王母浣洗的地方，而流水漂漂则指夜郎竹王从大竹漂流而来。

从萨岁作为南侗地区的保护神的角度来看，其与圣婆作为北侗民众的保护神的功能是一致的，其渊源都可追溯至《后汉书》所载的遁水夜郎王母。

榕江古州俗称苗侗祖地，也是侗族萨岁崇拜的核心地，由此也可

---

① 三穗县志编纂委员会. 三穗县志 [M]. 北京：民族出版社，1994：658.
② 吴秋林. 社会记忆下的侗族"萨岁"崇拜 [J]. 宗教学研究，2015（3）：166.

佐证古夜郎国的中心就在这一带，而夜郎国的王族当是今侗族。

三、以榕江为中心的遁水夜郎王母和夜郎王崇拜及其演化

以遁水夜郎王母为原型的圣婆崇拜在历史发展过程中也有不断演变和嬗化的趋势。最显著的特点就是逐渐人格化。

此乾隆年间（1736—1796 年）镇远知府朱桂桢在《瓦寨冷神碑记》中称："圣婆姓杨出吴氏，携二子由伏耳山来。"①

联想到广西三江县三王宫所在地居民口口相传的"侗族是夜郎的后裔，而和里村的杨姓及吴姓，据传就是夜郎国的正统后裔。"② 与圣婆姓杨出吴氏携二子的古代官方记载出奇一致。这说明侗族地区的杨姓和吴姓，可能与夜郎国王族存在一定关联。

如南侗萨岁的人格化形象，在民间的传说中也姓吴。

吴秋林《社会记忆下的侗族"萨岁"崇拜》中载：

据侗歌载，萨岁本姓吴，是现从江县庆云乡人氏，其名杏妮，为人善良且长得美艳动人，附近十里八乡的罗汉无不想娶其为妻，在后唐（南唐）李氏掌管天下时，杏妮所在的村寨在一次挖田中掘得一把九链宝刀，搁在鼓楼之上做镇寨之宝。当地的李姓大户听说此事后欲占为己有，但无奈宝刀落定鼓楼后，唯有杏妮一人可随意提携，其他人一旦触碰便会雷电漫天。当时，李大地主膝下有两个儿子，他们在一次行歌坐月中无意听到寨上人说，用一种藤子将宝刀捆住后便可随意触摸，于是二人回家与其父合计后，便将鼓楼中的九链宝刀偷了去。村寨人知道此事后，欲向李姓讨回，李姓不但不还，还借助与后唐李姓皇帝的亲属关系派兵镇压，顺便强侵四方土地。于是，杏妮愤起而率领侗民反抗，双方展开了激烈的战争。战争中萨岁设法将九链宝刀夺回，一刀在手便有如神助，势不可挡，双方战势僵持难分胜负，结果此战打了九年九个月之久，最终杏妮的军队因寡不敌众而战败弄堂楷，她不愿投降，连人带刀一并沉入潭中。杏妮牺牲后，侗族人民认为她是为了保护侗族村寨，为村寨人而死，敬重她，因此将其奉为女

---

① 三穗县志编纂委员会. 三穗县志 [M]. 北京：民族出版社，1994：658.

② 玉颖，潘海宁. 探寻广西"夜郎文化"踪迹：桂西北或有夜郎后裔 [EB/OL].[2010-12-12].http://www.v.gxnews.com.cn/a/3469788.

英雄加以供奉①。

　　上述的传说故事，在真实的历史中肯定是不存在的。但一定蕴含有特定的价值和意义。

　　比如，侗族和吴姓代表夜郎国及夜郎王族，九链宝刀代表的是夜郎国的王位和权力，后唐及李氏皇帝在此直指汉朝及汉武帝，李大地主及其二子当指汉牂牁太守陈立及协助陈立的钩町、漏卧两国。汉朝处心积虑地想消灭夜郎国，因此，遁水夜郎王母要率领国人保护家园，但最终因实力悬殊，寡不敌众，最后夜郎王被杀，夜郎国被灭，遁水夜郎王母也就在弄堂楷潭中带刀自沉。此弄堂楷指的可能是她最初在遁水边浣纱的地方，也当是夜郎国的发迹处及王都所在地。

　　此圣婆与萨岁都姓吴，说明侗族中的吴氏可能是夜郎王族中极重要的一支后裔。

　　又从朱桂祯《圣婆碑》中称圣婆"姓杨出吴氏"。即称其所嫁为杨氏。

　　此在今圣德山腰岑坝村所藏清光绪《陆氏族谱》（手抄本）有载："洪武四年（1371年）小河各处定地名。我祖景佑公带妻张氏父子等迁徙，初到（思州）小河坦洞落脚，居住三年，云雾沉沉，昼夜不分，四季不清，五谷不升，无法消退云雾。于是，得太白金星下凡指点：'若要云雾开，要等杨家来！'后我祖志高、宗泰前往天波府，接得杨天应（天保）兄弟二人来此，起佛堂，安神庙，（果然）云开雾散，才分昼夜和春夏秋冬，耕种阳春，五谷丰登，年年安好。自开辟以来，人民安逸，以奉冷神杨老令婆，古根留下至今。"②

　　这里的杨天应、杨天保应是与北宋杨家将有关的神祇。但后来被当地人认为杨氏先祖。如湖南新晃伞寨杨氏就以杨天应为始祖。当地地名文化资料载"伞寨"称：这个名字，说来还有一个神秘传奇的故事，六百年前，新晃姚氏始祖姚君赞、吴氏始祖吴世万、杨氏始祖杨天应，"三公"结为异姓兄弟，并统一字辈。有一次，他们沿溪水而上磨雷（即现在的新寨磨寨）考察时，把伞丢在现在伞寨这个地方，把酒壶丢到现在叫扶罗的这个地方，回来后，壶找不到了，但伞还

---

① 吴秋林. 社会记忆下的侗族"萨岁"崇拜 [J]. 宗教学研究，2015（3）：165.
② 清光绪年间（1875—1908），坦洞乡岑坝村《陆氏族谱》（手抄本）。

在，因此，就有了扶罗、伞寨这个名字，一直延续至今。又新晃扶罗伞寨有杨天应碑载曰："盖闻木本水源人亦如焉，天应公字继明，乃康公之长子，生于明洪武二十三年（1390 年）五月，死于成化十三年（1477 年），享年 87 岁。"《杨氏族谱》亦载："是时两溪云雾未开不见天日，庄稼不生，惊动天界玉皇大帝，闻奏'要使云雾开，须等杨姓来'。应公到来，天人感应，威从显验，天地开朗，风调雨顺，庄稼复生，命里世代安居好合，此乃天应公天星地宿之人也。"还有与新晃相邻的玉屏南宁堡在清光绪十九年（1893 年）《杨氏族谱·续修谱序》中也记载："杨天应、杨天保兄弟乃去罗蒙，而适地新、地林、柳村等地处，协吴世万、姚君赞、谢天飞卜宅至（天柱）九衙轮寨，云蒙雨漠，夜梦神灵，云：'若要云雾开，罗蒙杨姓来！'同伏地叩祝，云开雾散。"新晃中寨《杨氏族谱》也有类似记载，并称："天应公：讳杨继明，原籍江西吉安太和县，后移居靖州，是唐末五代靖州飞山蛮酋长杨再思十二世孙。"①

《新晃杨吴姚诸姓侗族溯源探析》也记载有杨天应等史料。称："杨姓，县内开基始祖杨天应，于明永乐十四年（1416 年）由靖州飞山寨迁入中寨出云洞。新晃侗族自治县的杨姓均系天应后裔。相传杨天应是五代诚州刺史杨再思十二世孙。"又载："姚君赞素与吴世万相契，二人虑及将来有人稠地窄之患，因偕同沿溪而上，共寻荒野开辟，忽值杨癫子来前，亦欲卜居，于是三人同行，跋涉渴极，绝无井泉，癫子将竹插地，清泉顿涌，喜出望外，姚、吴私语曰：'今日云雾开泉涌，莫非天应期人？'乃与结盟兄弟，姚曰君赞，吴曰世万，杨曰天应，异姓视若同胞，不结婚姻。直至伞寨过河，有鱼跃起，公曰：'善哉！鱼者余也，子孙有余，富贵有余，字异音同，诚佳兆也'。三人鼓掌大笑，于是卜宅于兹，三人同行，以再、正、通、光、昌、胜、秀七字为派。"②

思州府境内还有天应山，弘治《贵州图经新志》载："天应山，在

① 《关于北侗"圣婆"文化的起源》，《2016 中国侗族三穗圣婆文化旅游节》资料集。
② 《关于北侗"圣婆"文化的起源》，《2016 中国侗族三穗圣婆文化旅游节》资料集。

府城西一百里，相传昔人祷雨于此，呼雷而雷声应，故名。"①

该天应山今尚存，在镇远县境内。由此也可知，早在明代中期之前，今湘黔边中部的侗族地区就普遍信奉杨天应，而将圣婆称之为杨老令婆，即杨氏老太婆，杨天应则为其后裔，并以杨再思为杨老令公。

杨再思历史文化研究课题组在三穗县调查称，据贵州省民研所黄才贵在《女神与冷神：侗族"萨玛"文化研究》中以圣婆为杨令公之妻的说法，杨令公即杨再思。《女神与冷神：侗族"萨玛"文化研究》中也提到三穗岑坝陆氏家谱所载"要得云雾开，要请杨姓来"及陆氏家族请来杨天应兄弟，圣德山地区才云开雾散，五谷丰登，而杨天应兄弟便是圣婆之子②。

故杨天应的原型当是夜郎王子孙，即竹王三郎。

当地人将圣婆称之为杨老令婆，称杨老令公为杨业，将杨再思误为杨业。

此光绪《铜仁府志》载："飞山庙，一在东山下，一在北门城外，已毁，康熙年间副将贺国贤重建。按：神为杨再思，多人多误为杨业。"由于当地误以飞山庙神为北宋名将杨令公杨业，故又演化出杨令婆庙。该志又载杨令婆庙，称："祀杨业妻佘氏，在府治东十里黄蜡关。"③

杨再思是明初起已形成的今湘黔边中南部地区侗族人民所奉祀的主要土主神。

现知最早的杨再思崇拜在明代前期。

此《大明一统志》提到贵州布政司黎平府祠庙时称："飞山庙，在府治东，五代梁时靖州杨再思剌诚州，死而有灵，土人祀之，宋封英惠公庙，旧在靖州飞山，洪武十九年建于此。"④

明弘治《贵州图经新志》有载思州府及黎平府两处关于杨再思史料。其一在《卷四：思州府祠庙》，载曰："飞山庙，在府城南一里，其神即唐诚州杨再思也，前代封英惠侯，血食此郡，夷人有灾，祷之

---

① 弘治《贵州图经新志·卷四：思州府：山川》，第3页。
② 《五溪之神》编委会. 五溪之神 [M]. 海口：海南出版社，2011：162.
③ 民国点校本：铜仁府志 [M]. 贵阳：贵州民族出版社，1992：42.
④ 《大明一统志·卷八十八：贵州布政司：黎平府祠庙》，第16页。

屡应。"① 又一在《卷七：黎平府名宦》，载曰："五代梁杨再思，以左仆射为诚州刺史，有遗安，及卒，民庙祀之。"②

杨再思后人奉祀为五代时期飞山蛮的首领。据《侗族简史》等史料载，唐末中原农民大起义，李氏王朝摇摇欲坠，湘西南一带州郡，为当地大姓首领握有……其族人杨再思，踞州南部的潭阳、朗溪（今芷江以南与会同、靖县、绥宁一带），自称诚州牧。后梁开平元年（907 年）楚王马殷遣将吕师周围攻飞山洞（今靖县城西 5 千米），杨承磊战死，杨再思以其地附楚。

杨再思在正史中无传。飞山蛮是唐末及五代时期以今湖南靖州城郊飞山为核心所聚集的当地少数民族。其首领有潘金盛、杨承磊、杨再兴等。此中国社会科学院少数民族文学研究所研究员邓敏文引司马光《资治通鉴》称："后梁开平三年（909 年）……叙州蛮酋播全盛恃其所居深险，数扰楚边。……楚王马殷遣邵州刺史吕师周将衡山兵五千讨之。乾化元年（911 年）正月，吕师周扳藤缘崖入飞山洞，袭全盛师，周得平地数处，趣军入，布立栅，一日而毕。全盛大骇曰'此兵从天而降也。'命杨承磊率兵千人出战，师周为散星炮破其军，缚降者为乡导，直至洞前，杀承磊……擒全盛，送武冈斩之，并斩三千人，尽毁其巢穴，承磊族人杨再兴以其地附于楚。"③

但司马光《资治通鉴》（中华书局版）中并未提及"承磊族人杨再兴以其地附于楚"，《宋史》中也未有杨再思见载，只有杨承磊、杨再兴、杨晟台在《宋史》中提及。可知杨再兴实有其人，而杨再思未知。

故谢国先在《试论杨再思其人及其信仰的形成》称："在湘、黔、桂、渝、鄂相连地带侗族、苗族、土家族等少数民族的部分群体中，杨再思被当作杨姓祖先加以崇奉，称为飞山圣公。本文考查和对比有关资料，论证以十峒首领和诚州刺史形象出现的杨再思，史无其人，他只是宋代以来飞山地区杨氏在家族传说中首先创造出来的精神领袖和宗教形象，这个形象后来又被历代地方官员加以利用并不断粉饰，

① 弘治《贵州图经新志·卷四：思州府》，第 6 页。
② 弘治《贵州图经新志·卷七：黎平府》，第 63 页。
③ 邓敏文. 从杨再思的族属看湘黔桂边界的民族关系 [J]. 怀化师专学报，1994（1）.

最终演化成我们今天知道的飞山圣公。"

杨再思作为当地杨姓祖先从明代已经开始，明万历年间（1573—1620年）贵州巡抚郭子章在《黔记》中提到："黎平府曹滴、古州、中林、湖耳、龙里、欧阳、赤溪七个长官司皆杨姓，再思裔孙也，朱梁时，再思据有徽诚州称刺史，……杨氏之盛自此始。"①

光绪《黎平府志》亦称："杨承磊据十洞，内有五开洞，楚王剿灭之。其族人杨再思据潭阳、郎溪自称诚州牧，附于楚王马殷，历后唐、晋、汉，皆楚马氏地，再思子孙相继焉。"②

明代前期，湖南靖州已建有杨再思庙。此嘉靖《湖广图经志书》有载："威远侯庙，在靖州西，侯名再思，诚州刺史，杨氏之祖，宋绍兴间封威远侯，立庙祀之，淳熙闻加号英济，后庙毁，本朝正统十一年重建，正德中参将黄焘重修。"③

但这一时期，贵州境内见载的杨再思庙数量要远远超过湖南境内。

嘉靖《贵州通志》有载：

飞山庙，在（黎平府）府治东，五代梁时靖州杨再思刺诚州，死而有灵，土人祀之，宋封英惠侯，旧在靖州飞山，洪武十年迁建于此。

飞山庙，在（镇远府）平冒寨。

飞山庙，在（思州府）府治南一里，其神即唐诚州刺史杨再思也，前代封英惠侯，血食此郡，夷人祷之常应④。

对比同时期所出的《湖广图经志书》及《贵州通志》，我们可以发现，《湖广图经志书》称杨再思为威远侯，而《贵州通志》则称英惠侯，封号不统一，因此，此爵位可能是各自民间或地方政府自己所封，而非朝廷颁定。

而在明嘉靖《湖广图经志书》中，亦有载多座飞山庙，但祀神却非杨再思。

嘉靖《湖广图经志书》在所载"靖州通道县飞山行祠、绥宁飞山庙"条注云："其神即靖之飞山寨人，兄弟勇敢，累破苗贼，殁而为

---

① 明·郭子章，万历《黔记·卷五十八》，第17页。
② 光绪《黎平府志·卷二上》，第16页。
③ 明嘉靖《湖广图经志书·卷十九：靖州祠庙》，第17页。
④ 明嘉靖《贵州通志·卷七：祠祀》，第39—42页。

神，元时每著阴助，国初封威远侯，血食此上。"①

由此可知，飞山神乃兄弟二人，乃靖州一带的土主神。而贵州境内却将此威远侯庙神杨再思及飞山寨兄弟二人合为杨再思一人。

故明代从湖南划归贵州建县的天柱县在清初县志中称：飞山庙祀神，各里崇祀不一。康熙《天柱县志》载："飞山庙，在县治西门外，设自有明初，后遇回禄，顺治十八年更立，各里崇祀者不一。"②

嘉靖《湖广图经志书》所载飞山行祠（飞山庙）祀神靖州飞山寨兄弟的原型，应当是夜郎侯（王）父子，即所谓的二侯庙或二王庙祀神。

光绪《黎平府志》有载："杨英惠侯祠，即飞山祠，在城东北玉皇阁右，年久圮，光绪七年官绅捐资重修。又王寨、洪州所均有飞山庙。中右城北有二王庙，神像二，相传一为吴姓，失名，其一即英惠侯，邓子龙有碑记，郡人以六月初六日为侯生辰，十月二十六日为忌辰祀之。"③

可知黎平府中右二王庙祀神为杨、吴二姓神，邓子龙碑记写于明万历年间（1573—1620年），故说明早在明代万历年间，当地就已有杨吴二姓神的传播。由此也可知此杨吴二姓与夜郎王崇拜有一定渊源。

而嘉靖《湖广图经志书》所载的威远侯杨再思又与湖南当地的三王庙崇拜有关。

据光绪《湖南通志》《黔阳县祠庙》载："三王庙，旧为灵应祠，一在南门外，一在新街口，一在双溪铺，祀宋杨濲兄弟三人，道光十九年知县龙光甸以嘉庆二年曾奉旨封威宣助顺（长）靖远侯、（次）绥远侯、（三）镇远侯，遂重修易名三侯阁。咸丰四年粤贼犯沅州，见城上旌旗遍列，众皆骇退，旋即授首奏请封号得皆晋封王，爵告仍旧，自后苗匪暨铜仁教匪叠次攻城不失守，皆神之力，诏加灵应保安显佑护国封号。"④

这里，又可看出三王庙在嘉庆二年（1797年）曾奉旨封为威宣助

① 明嘉靖《湖广图经志书·卷十九：靖州祠庙》，第17页。
② 康熙《天柱县志·上卷：坛庙》，第27页。
③ 清·俞渭修，《黎平府志·卷二：地理志下：坛庙》，清光绪十八年（1892年）刻本，第35页。
④ 光绪《湖南通志·卷七十七祠：庙四：黔阳县》，第255页。

顺庙，其神为（长）靖远侯、（次）绥远侯、（三）镇远侯。

而道光（贵州）《松桃厅志》也载："飞山庙，在城南对岸，庙祀威远侯杨公之神。神系宋诚州刺史杨通宝之祖讳再思，嘉庆元年苗变神显灵应，奉旨颁额曰宣威助顺庙。"①

由此可知，贵州的飞山庙神杨再思与湖南三王庙神实为同一神祇，仅是在传播过程中神祇之名有所演变。

三王（三侯）信仰后随湘黔边的屯军体系及沅江水运不断向周边拓展，在湘黔边北部及沅江中游支流一带亦有崇拜，光绪《湖南通志》载：

三侯庙，在永绥厅（今花垣县）东门外，今称三王庙，祀宋杨濒兄弟三人，乾隆六十年逆苗围故厅以神力获解。

三侯庙，一在凤凰厅（今凤凰县）东门外，一在厅北三十里靖疆营。

三王庙，在乾州厅（今吉首市）北五里鸦溪，旧为三侯庙，同治八年并择于厅城西别建行宫。

三侯庙，在保靖县北门外②。

黔湘两地对飞山庙神与三王庙神崇拜泾渭分明，贵州一带祀飞山庙神，而湖南一带则祀三王庙神。

本人分析，此三王或三侯信仰，源头即是以竹王三郎为标志的夜郎王崇拜，以榕江古州—黎平一带为中心，向周边不断传播。

如乾州厅三王庙在厅北五里鸦溪，而据光绪《湖南通志》载，当地又有夜郎王庙："竹王庙，在厅北五里鸦溪，祀汉夜郎侯。"两庙都在厅北五里鸦溪，有可能是同一座庙。因为三王庙后迁厅城西别建行宫，故在鸦溪原地的当是旧竹王庙。

又乾隆《辰州府志》也有载永绥厅竹王庙，称"一名显灵庙"。

竹王三郎信仰在湘西及湘黔桂边地区流传甚广，清代诗人王渔洋有《题竹王庙》诗曰："竹山溪口水茫茫，溪上人家赛竹王。铜鼓蛮歌争上日，竹林深处拜三郎。"③

---

① 道光《松桃厅志·卷九：坛庙》，第2页。
② 光绪《湖南通志·卷七十七：祠庙四》，第251—261页。
③ 道光《晃州厅志·卷四十二：艺文》，第37页。

清道光《凤凰厅志》有载《三侯杂识》亦云："乾州厅志曰：三侯庙，俗称白帝天王者也，兄弟三人，塑像一白面，一赤面，一黑面。相传三十六人杀九千，今人畏之。……又云杨姓，杨业八世孙，名为应龙、应虎、应豹。又沅陵志称为骧兜，俱无可考。按省志，汉时夜郎城在此，或即所谓竹王三郎神也。"①

从上文可知三侯庙所祀即夜郎竹王三郎，但此信仰在传播过程中不断被切割及进行本地化改造和嬗变：或与土家族的土主神白帝天王相融合；或与屯军于此的汉人信仰杨家将杨令公杨业相融合；或与贵州北部的播州杨氏大土司杨应龙相融合；等等。

由此联想到杨再思之名的由来。

此杨再思崇拜当为夜郎王崇拜演化而来，而杨再思之名即有杨姓再次思念先祖夜郎王之含义。

贵州东部及东南部一带从南朝起就已有思王山、思王水、思邛山、思邛水等关于追思夜郎王及竹王三郎的山水名称，唐宋时期又曾设置思州及思王县、思邛县等地方政权，亦与追思夜郎王及竹王三郎有关。故元明时期所形成的杨再思崇拜，当亦与追思夜郎王及竹王三郎有关。

我们知道，历代朝廷及政权最为警惕的是各地民众利用祖先神或本民族、本区域英雄神为号令发动叛乱，危及朝廷安全和地方稳定等，故长期对各地的民间信仰进行严管，有些庙宇常常被认定为淫祠予以严厉打击。因此，很多祖先神、英雄神就只能在民间口口相传中进行传播，或者是依附于朝廷认可的正祀祠庙内，如上述《乾州厅志》中所称的三侯庙，明面上以北宋爱国将领杨业为幌子，而暗地里祭祀的是播州大土司杨应龙。

再回到五代时期的飞山蛮集团，其酋长为杨承磊，但被马楚政权诛灭，因此作为反叛者不可能列入正祀中，而其族人杨再兴则是归顺了马楚政权，又宋代历史上有一位岳飞的部属抗金名将也叫杨再兴，故其人当是杨再思的历史原型，因为名字较为接近或相混淆，容易得到朝廷认可。但后人不以杨再兴而以杨再思为名进行崇拜，其中必有内在的考量。

---

① 道光《凤凰厅志·卷四：坛庙》，第3页。

故杨再思在此指代为夜郎王及竹王三郎。而圣婆（萨岁）则称杨老令婆，当然指向遁水夜郎王母。

杨氏和吴氏是湘黔边中南部地区的主要姓氏及望族，族群以侗族为主，从目前的资料来看，此两家族必定与夜郎王族后裔有关。

再回到《瓦寨冷神碑记》称："圣婆姓杨出吴氏，携二子由伏耳山来。"此伏耳山当是湖耳山之误。湖耳山在黎平府湖耳长官司一带，此地为古代外古州之地，可知杨、吴二姓的发祥地或在此地及周边一带。

古夜郎国的王族后裔在两汉至隋唐时期或是谢姓，其从夜字演变而来。宋代又讹传为向姓，当从谢氏嬗变而来。及至元明时期及以后，又演变为以杨、吴等姓为主。杨氏有"青木杨氏"之称，则指杨字形为青木二字组成，而青木即指向为竹，即为竹王后裔。又吴氏以口天二字组成，则指向为该姓为曾口称天子的夜郎国王后裔[1]。

由此可知，夜郎国主体民族为今之侗族，王族后裔以今之侗族杨、吴二姓等为主体。

---

[1] 在黎平县水口一带还流传有"飞山口述天子"的祭词。《五溪之神》编委会.五溪之神[M].海口：海南出版社，2011：197.

第十五章 结论

一、关于夜郎国及夜郎联盟国的地域考察

通过以上考察、论证和分析，我们大体了解到夜郎国有大小之分，大夜郎国其实是以小夜郎国为盟主的联盟国，类似东周时期以周天子为盟主的国家形式。而小夜郎国则是夜郎国的主体国，其地域大体位于今都江流域及周边一带，主要包括都江源头及上游的今贵州独山县、都匀市南部、丹寨县南部、荔波县北部、三都水族自治县，都江中游的榕江县、从江县以及都江支流榕江河源头的雷山县南部，都江下游的黎平县、广西三江侗族自治县、融安县北部等，还包括历史上认为是潭水上游的今湖南省通道侗族自治县、靖州苗族侗族自治县等区域。

夜郎国的中心或者说夜郎国都位于今榕江县城古州镇一带，这里不仅地域平坦，土地广阔，还濒江靠山，资源丰富，地势险要，是理想的建都之地，而且航运发达，舟楫可顺流而下直达南越国首都番禺。完全符合《史记》关于"皆魋结，耕田，有邑聚""夜郎者，临牂牁江，江广百余步，足以行船。南越以财物役属夜郎""窃闻夜郎所有精兵，可得十余万，浮船牂牁江，出其不意，此制越一奇也"等记载，也符合东晋南朝时期从汉代牂牁郡夜郎县而升格的夜郎郡在辰州境内的地理记载。其地时为辰州南部境地。

当然，以榕江古州为中心的夜郎国还符合《后汉书》《水经注》及《华阳国志》所载，夜郎县境内有夜郎王及其子竹王三郎等土主神崇拜的特征。

夜郎国的成功，当是在强经济实力基础而发展的强政治实力、军事实力。在战国及秦汉时期，夜郎国以邻近楚国、越国（南越国）等地理优势及水运优势，获得信息优势和发展优势，迅速成长成为西南夷地区经济最为发达的国家，从而不断向北、向西、向西南拓展，成为周边诸国推选之盟主，即历史上所称之大夜郎国。

夜郎联盟国的境域，大体北至鳖邑（国）与汉巴郡相邻，西北临古僰国南境与蜀郡、邛都国相邻，西至漏卧国与靡莫国、滇国相邻，西南至句町国与滇国、南越国相邻，南至毋敛国与南越国相邻，东南即夜郎本国境与南越国相邻，东亦即夜郎本国境与汉武陵郡相邻，东

北有一部分是且兰国与汉武陵郡相邻。大体包括今贵州大部（贵州西部及西北部一带或为滇国及靡莫国、劳浸国地；贵州东北部一带或为汉武陵郡地）及广西中北部、西北部，湖南西南部等区域。

郦道元《水经注》中所称，犍为武阳县为大夜郎国，见载于江水（即长江）中。曰：江水"又东南过犍为武阳县，青衣水、沫水从西南来，合而注之。县故大夜郎国，汉武帝建元六年，开置郡县"。

这里的江水指的是岷江，古代以岷江为长江干流。

此处郦道元把西汉所置的犍为郡切换到了东汉以后的犍为郡治处。此犍为武阳县当指今四川乐山市一带。西汉孝武年建元六年（公元前139年）置犍为郡时，郡治设在鳖县，大约在今贵州金沙县及周边一带。

鳖县曾是犍为郡最早的郡治，这一带原是夜郎国地，汉武帝遣唐蒙从巴符关入夜郎，说明鳖县北部一带已是巴郡属地，故犍为郡治鳖县为夜郎国边缘地带，而非核心区。

但至郦道元注《水经》时，犍为郡治已北迁至武阳县一带，即今四川乐山市区及眉山市彭山区一带，这里濒临古蜀国及蜀郡核心区，不可能是古夜郎国及"故大夜郎国"地。这是郦道元把犍为郡设置时从巴蜀及广汉郡辖置过来的大部分县都划归给了夜郎国，故称"故大夜郎国"。实际上这个"故大夜郎国"是不存在的。

由于郦道元《水经注》的记载，使后世认为曾存在过疆域一度拓展至蜀国或蜀郡腹地的大夜郎国。郦道元此载颇误。今四川南部及云南东部、贵州西部所认为是夜郎国地由此而来。

贵州西部一带不可能是古夜郎国中心，因为不仅历史上航运不通南越国都番禺，并且也没有绝对的经济实力及政治、军事优势。贵州西部一带与《史记》中所载的靡莫、劳浸、漏卧等国有关，是地处滇国与夜郎国之间的过渡地带。其中兴仁一带还出土有汉巴郡守丞印，说明这一区域还曾被巴郡统辖。

二、从侗族的渊源关系考察夜郎主体民族背景

从上文可知，夜郎国的主体民族与今侗族有关，但夜郎国时期尚无侗族。关于侗族的历史，一般认为，侗族是从古代百越的一支发展而来的，但具体源于百越中的哪一支，尚无定论。秦汉时期，在今广

东、广西一带聚居着许多部族，统称为骆越。多数学者认为侗族是起源于骆越，也有相当一部分学者认为侗族起源于于越。魏晋以后，这些部族又被泛称为僚。明代邝露所著的《赤雅》中说，侗族也是属于僚的一部分。现在侗族的分布和属于百越系统的壮、水、毛南等民族的住地相邻，语言同属壮侗语族，风俗习惯也有很多相似之处，故侗族最可能是由骆越的一支发展而成。

本人认为，秦汉时的夜郎国应与骆越有渊源关系。其证据为：夜与越、郎与骆音近，故郎夜（即夜郎）或是骆越的地域化转音。而今榕江古州一带的迁徙溯源也直指今西江流域的梧州一带。

正因为夜郎国与骆越的渊源关系，夜郎国与统治的主要民族为骆越的南越国之间的关系极为密切，不仅两国商贸频繁，且夜郎国视南越国为后盾和依靠。

骆越最早见载于《逸周书·王会》（《逸周书》亦称《周书》，为先秦古籍，其中所记商周之事），书中提到"路人大竹"①。朱右曾《逸周书·集训校释》云："路音近骆，疑即骆越。"在《吕氏春秋·本味》里，又提到"越骆之菌"，后代史书中也曾称骆越为雒越。

越骆的核心区，后世一般认为在今广西中部一带，包括今龙江河、红水河及左右江等流域。古越骆人称田为那，今在广西境内含那字的地名分布广泛，这些地方大多都可能是骆越故地。《旧唐书·地理志》中记载：贵州（今广西壮族自治区贵港市）郁平县，"古西瓯、骆越所居"②。又都江下游柳江沿岸曾置洛容县，为唐贞观中（一说永徽中）所置，治今广西壮族自治区柳城县东南，属柳州。清代曾改雒容县。1952 年并入鹿寨县。说明郁江及黔江流域亦是古骆越之地。

由此可知，夜郎国的主体民族可能是古骆越中的一支循都江、龙江向西北及北部发展，并不断整合当地少数民族，多年以后形成了新的少数民族，今侗族的前身。

从侗族的民族语言属汉藏语系壮侗语族侗水语支可知，当地周边一带以古骆越人为共同祖先的壮族、布依族、仡佬族、毛南族、仫佬

① 黄怀信. 逸周书汇校集注·卷七：王会解 [M]. 上海：上海古籍出版社，1995：952—953.

② 旧唐书 [M]. 北京：中华书局，1975：1738.

族、水族、黎族等或亦与夜郎国主体民族有关。明清时期，都匀府境内还曾建有黎王墓，可知黎族可能也与夜郎国有关。

而夜郎国的王族，当是今侗族。侗族喜欢住在水边的习俗[①]，与夜郎王从水中而生的神话相吻合。该族群在东晋南北朝及隋唐时期都被称为蛮或僚。至宋代已从僚中分化出来而称为伶。宋大儒朱熹在《记三苗》中称："顷在湖南时，见说溪峒蛮徭略有四种：曰僚、曰仡、曰伶，而其最捷者曰苗。"至南宋末，则称为仡伶。陆游《老学庵笔记·卷四》载："辰、沅、靖州蛮有仡伶，有仡僚，有仡览，有仡偻，有山徭，俗亦土著……诸蛮惟仡伶颇强，习战斗，他时或能为边患。"[②]《宋史·西南溪洞诸蛮传》亦有载："乾道十一年，沅州生界仡伶副峒官吴自由子三人，货丹砂麻阳县，巡检唐人杰诬为盗，执之送狱，自由率峒官杨友禄等谋为乱"。[③] 由此可知，至南宋初，仡伶见载于正史。当时仡伶中以杨氏、吴氏为主要姓氏。

《中国少数民族史大辞典》也称：仡伶，宋代西南溪峒少数民族之一，又称伶、伶僚、峒人。始见于宋代，分布在沅、靖及辰州（今湖南西部与贵州东南部）。与宋以前的骆越有渊源关系。《龙胜厅志》载："伶与侗同。"《融县志》也称："侗即伶。"语言大体与今侗语同。信仰原始宗教，从事狩猎、农耕和林业。其俗男未娶者，以金鸡羽插髻。喜欢吹芦笙、木叶、弹琵琶等，常以镖弩自随。其民以杨、吴二姓居多。以善建筑木质鼓楼、凉亭、风雨桥著称。住干栏式楼房。明清以后渐被"峒人""洞人"或"苗"的称谓所代替，是近代侗族的直接祖先[④]。

可知到了明代，才有峒人或洞蛮之称。清代则多称之为洞苗、洞民、洞家，或泛称为苗。历史上的这些不同称呼，是否同一族源，一时难以鉴别，但可认为：仡伶乃是侗族的自称；峒人或侗家则是汉族

---

① 在湘黔桂边一带，民间总结当地苗瑶侗三大少数民族的居住习俗：侗族喜欢住在水边，故所居地称洞；苗族喜欢住在山上，故所居地称峒；瑶族喜欢住在山中的平地上，故所居地称峒。

② 陆游. 老学庵笔记·卷四 [M]. 北京：中华书局，1979：44—45.

③ 宋史 [M]. 北京：中华书局，1985：14194.

④ 高文德. 中国少数民族史大辞典 [M]. 长春：吉林教育出版社，1995：571.

对侗族的称谓①。

今聚居于都江上中游一带的水族②当亦是夜郎国的重要主体民族，或出自夜郎国掌握神权的家族。水族自称睢，民间有"饮睢水，成睢人"之说。"睢"有仰视仰目的含义，故可知水族自认为是极高贵的民族，是让人仰视的民族。而睢水当是指今都江，水族认为这是一条让人仰视仰目的江。

又水族今还存有水书。在水族聚居地区，能看懂、读通和使用水书的水族人（全部为男性）被人们称作鬼师，他们在水族内部的地位很高，被人们所崇拜。水书在传说中是鬼师祖传的极为珍贵的宝物，只传男不传女，一般不会轻易传给外人。水书就是靠一代又一代的鬼师通过口传、手抄的形式流传至今的。水族鬼神崇拜的一切活动，不论是判定事情的吉凶，认定鬼魅作祟，还是驱鬼送鬼、禳灾祈福的巫术仪式，均由鬼师从水书中查找依据。水书是维系水族原始宗教信仰的纽带。水族古文字的结构大致有以下三种类型：一是象形字，有的字类似甲骨文、金文；二是仿汉字，即汉字的反写、倒写或改变汉字形体的写法；三是宗教文字，即表示水族原始宗教的各种密码符号。书写形式从右到左直行竖写，无标点符号。水族古文字的载体主要有：口传、纸张手抄、刺绣、刻、木刻、陶瓷锻造等。水书主要靠手抄、口传流传至今。由于其结构多为象形，主要以花、鸟、虫、鱼等自然界中的事物以及一些图腾物为模板进行撰写和描绘，仍保留着远古文明的信息，在水族地区仍被广泛使用，因而被专家、学者誉为世界象形文字的"活化石"。考古已发现两块刻于明代的水文字石画，还发现有明代弘治年间（1470—1505年）水书木刻本。2002年，水书被国家档案局、中央档案馆列入首批中国档案文献遗产名录，作为重点民族古籍进行收藏。2006年，水书被列为首批国家级非物质文化遗产名录。

熊宗仁在《贵州研究夜郎五十年述评》中也提到有夜郎的主体民族与侗族、水族等有关。称：

---

① 《侗族简史》修订编写组．侗族简史 [M]．北京：民族出版社，2008：13.
② 水族主要居在都柳江上游一带，贵州省黔南的三都水族自治县、荔波、独山、都匀等县市为主要居住区，黔东南的榕江、丹寨、雷山、从江、黎平等县为主要散居区，此外在广西北部的河池、南丹、环江、融水等县市也有水族村落分布。

关于夜郎与当代民族的关系，研究者中大体有两类主张：一是古今不变说，认为夜郎遗民即今贵州境内的仡佬族，或认为是今黔西北一带的彝族；二是古今分化演进说，认为夜郎故地上的居民后来逐渐演变为今之仡佬族和布依族；或认为现今的仡佬、布依、侗、水、壮、彝等族，与夜郎均有不同程度的关系。[①]

这是在当时夜郎主流学术研究方向在贵州西部的背景下提出的，文中能够提到侗族、水族等为夜郎遗民，也间接说明都江流域一带为夜郎中心的论断。

当然，今都江流域一带还聚居、散居着苗族、瑶族等其他少数民族，这些民族则有可能是夜郎国之王民的后裔。

三、以《宋史》瓢笙为原型的芦笙舞曲当与夜郎王祭祀有关

《史记》中记载有夜郎王的名字——多同，侗人、侗族的形成或与其名有关。又夜郎国奉行竹崇拜，而竹子多（同）洞就成为笛子及芦笙等。侗族地区就是以擅长制作及演艺箫笛和芦笙而闻名。可知当亦与夜郎王崇拜有关。

如贵州玉屏侗族自治县就善于制作箫笛，它以生长在玉屏县境内的一种特有的水竹为原料，经过取材、制坯、雕刻、成品等工艺流程，制作工序繁多复杂，且均采用手工制作。从伐竹到制成，箫制作有 24 道工序，调音笛有 38 道工序。玉屏箫笛人称平箫玉笛，曾与遵义茅台镇的茅台酒和大方县的漆器一道被列为"贵州三宝"。2006 年 5 月 20 日，玉屏箫笛制作技艺经国务院批准列入第一批国家级非物质文化遗产名录。

而芦笙则是侗族地区及周边其他苗、瑶、水、仡佬、壮、布依等民族比较流行及喜爱的一种竹制多管型簧管乐器。

侗族芦笙被列入第二批国家级非物质文化遗产名录。据传古代侗族先人中的能工巧匠利用竹、木和铜片等三种材料制造出各式各样的芦笙。竹子是制造芦笙的主要材料，如楠竹、紫竹、锦竹、水竹、绵竹、白竹、苦竹等，其中白竹是制作芦笙的最佳材料。制作芦笙一般

---

① '99 夜郎学术研讨会论文集编辑委员会. 夜郎研究 [C]. 贵阳：贵州民族出版社，2000：28.

都采用三年以上的老竹。侗族芦笙主要由带簧笙管、笙斗、吹管和共鸣筒组成。基本上都装有 2—3 个共鸣筒，起到扩大音量的作用。共鸣筒的音响频率必须与竹管的音响频率相同才能产生共鸣，否则是徒劳的。一般说，共鸣筒的长度为竹管长度的四分之一左右，侗族工匠能够制作出倍低音、低音、次中音、中音、高音和特高音的芦笙。倍低音芦笙最长者可达两三丈（6—10 米），特高音芦笙最短者只有两三寸（6—10 厘米），一般以三四尺（100—134 厘米）的中音为众。经过芦笙匠的改造，侗族芦笙共有伦正、伦尼、伦我、伦略等 17 种类型。大芦笙用来吹奏低音，吹奏时固定一地，高高耸立，庄重严肃。中小芦笙吹奏主旋律，小芦笙还可担任领奏，大中小芦笙齐奏时，高低音交相呼应，音域宽阔，音调多样，气势恢宏。芦笙具有独特的音高，可吹出八度、五度、六度、四度和音及三和弦效果。

从芦笙的制作材料及制成形态，也可以看出其与夜郎王崇拜有关。芦笙以竹为原材料，即是典型的竹崇拜。又芦笙一般以一段较大的竹竿为母管，又在母管上插入 3、5、6 支不等的子管，传统的芦笙子管一般是 3 管或 6 管，但经过现代音乐人改良后的芦笙，可被制作为 16 管甚至 26 管。又在子管上再套竹管成为扩音器，故其形态为子母型竹管乐器。这就与侗族地区所存在的以圣婆、萨岁及遁水夜郎王母等为原型的夜郎王母子崇拜有一定关联。

此外，当地少数民族称芦笙是一种有神性的竹管乐器，民间以吹芦笙为乐，逢年过节、红白喜事、丰收庆典，都少不了吹芦笙。在祭祀活动中，它是祭器。因此，侗族及其他少数民族的芦笙，可能发源于夜郎国遗民对夜郎王的崇拜和祭祀，其制作与表演，都有与夜郎王崇拜有关的内涵和含义。

侗族芦笙演奏常用一支能吹出最高音的芦笙作为领奏和指挥，配以高音芦笙两支、中音芦笙三支、次中音芦笙十支、低音芦笙两支、倍低音芦笙一支和地筒一支，组成芦笙乐队。根据具体情况，乐队也可有其他形式的乐器配合。传统侗族芦笙舞有自吹自舞、吹者自舞、舞者自吹等多种表演形式，乐手往往边吹边跳，做出大幅度左右摇摆动作，表演独舞和对奏时则需时而旋转，时而蹲跳。碎音颤奏和高难度的舞蹈动作是侗族芦笙表演最大的特点。侗族芦笙表演具有浓郁的地方特色，长期在民间承沿不绝。

历史上最早记载芦笙曲舞的可能是《宋史》。据《宋史·列传·蛮夷四》载："（宋太宗）至道元年，其王龙汉瑶遣其使龙光进率西南牂牁诸蛮来贡方物。……上因令作本国歌舞。一人吹瓢笙如蚊蚋声，良久，数十辈连联宛转而舞，以足顿地为节。询其曲，则名曰《水曲》。"①

此瓢笙即芦笙，可知芦笙表演者以倍低音入手，音调不断走高，又配以顿足舞等，呈现自由活泼的欢快节奏。《水曲》是今榕江古州一带及周边地区侗族和其他少数民族芦笙表演的传统节目，水曲当指为水滨表演的舞曲。这说明瓢笙②（芦笙）的发源或在水边，此与夜郎国发迹的背景一致。

陆游《老学庵笔记·卷四》亦载："辰、沅、靖州蛮有仡伶，……农闲时以一二百人为曹，手相握而歌，数人吹笙在前导之。"③

这说明侗族早在宋代之前就已流传有芦笙的制作及表演。而此一二百人的芦笙歌舞，可能为庆祝丰收，或是过节娱乐，但当地少数民族的各种节日，一般都有祭祖仪式，因此芦笙演奏，在此当与祭祀有关。

以竹为姓及为图腾的夜郎国，应该是芦笙文化的发源地。其他地区的芦笙文化，当是从古夜郎国地区拓展而及。

故吹芦笙和踩芦笙等习俗，应当亦与夜郎竹王崇拜有关，也是夜郎遗民纪念祖先神或英雄神夜郎王的一种表现方式。

---

① 宋史 [M]. 北京：中华书局，1985：14255.
② 瓢的本意是一种舀水器，而侗族地区一般把竹子破开做成舀水器。故此瓢笙即芦笙。传说夜郎王是竹破而生，故此瓢笙当然与夜郎王崇拜有关。
③ 陆游. 老学庵笔记·卷四 [M]. 北京：中华书局，1979：44—45.

参考资料

[1] 司马迁．史记 [M]．北京：中华书局，1975.

[2] 班固．汉书 [M]．北京：中华书局，1962.

[3] 范晔．后汉书 [M]．北京：中华书局，1965.

[4] 房玄龄．晋书 [M]．北京：中华书局，1974.

[5] 沈约．宋书 [M]．北京：中华书局，1974.

[6] 萧子显．南齐书 [M]．北京：中华书局，1972.

[7] 李延寿．北史 [M]．北京：中华书局，1974.

[8] 李延寿．南史 [M]．北京：中华书局，1975.

[9] 魏徵．隋书 [M]．北京：中华书局，1973.

[10] 刘昫．旧唐书 [M]．北京：中华书局，1975.

[11] 欧阳修．新唐书 [M]．北京：中华书局，1975.

[12] 欧阳修．新五代史 [M]．北京：中华书局，1974.

[13] 脱脱．宋史 [M]．北京：中华书局，1985.

[14] 宋濂．元史 [M]．北京：中华书局，1976.

[15] 张廷玉．明史 [M]．北京：中华书局，1977.

[16] 赵尔巽．清史稿 [M]．北京：中华书局，1986.

[17] 李贤．大明一统志 [M]．天顺五年（1461 年）御制序刊本．

[18] 穆彰阿．大清一统志 [M]．嘉庆十七年（1812 年）钦奉本．

[19] 陈梦雷．古今图书集成 [M]．影印本．北京：中华书局，1934.

[20] 傅恒．御批通鉴辑览 [M]．上海：上海通元书局，光绪二十九年（1903 年）．

[21] 黄怀信．逸周书汇校集注 [M]．上海：上海古籍出版社，1995.

[22] 应劭．风俗通义 [M]．北京：中华书局，1981.

[23] 常璩．华阳国志 [M]．济南：齐鲁书社，2010.

[24] 郦道元．水经注全译 [M]．陈桥驿等，译注．贵阳：贵州人民出版社，2008.

[25] 李吉甫．元和郡县志 [M]．北京：中华书局，1983.

[26] 段成式．酉阳杂俎 [M]．北京：中华书局，1981.

[27] 柳宗元．柳宗元全集 [M]．上海：上海古籍出版社，1997.

[28] 莫休符.桂林风土记 [M].桂林：广西师范大学出版社，2014.

[29] 周去非.岭外代答 [M].刻本.北京：商务图书馆，1936.

[30] 李昉.太平御览 [M].北京：中华书局（影印），1960.

[31] 王存.元丰九域志 [M].北京：中华书局，1984.

[32] 乐史.太平寰宇记 [M].北京：中华书局，2007.

[33] 祝穆.方舆胜览 [M].北京：中华书局，2003.

[34] 王象之.舆地纪胜 [M].北京：中华书局，1992.

[35] 陆游.老学庵笔记 [M].北京：中华书局，1979.

[36] 马端临.文献通考 [M].北京：中华书局，2018.

[37] 徐弘祖.徐霞客游记 [M].褚绍唐，整理.上海：上海古籍出版社，1980.

[38] 王士性.广志绎 [M].北京：中华书局，1981.

[39] 曹学佺.蜀中广记 [M].上海：上海古籍出版社，2020.

[40] 顾祖禹.读史方舆纪要 [M].北京：中华书局，2019.

[41] 洪亮吉.卷施阁文甲集 [M].聚珍仿宋版印本.北京：中华书局，1912.

[42] 段汝霖.楚南苗志湘西土司辑略 [M].长沙：岳麓书社，2008.

[43] 徐松.宋会要辑稿 [M].北京：中华书局，1987.

[44] 陈祥裔.蜀都碎事校注 [M].王斌，校注.成都：西南交通大学出版社，2017.

[45] 黄宗羲.今水经（黄氏续抄原本）[M].知不足斋藏丛书.

[46] 齐召南.水道提纲 [M].乾隆二十六年（1761 年）成书，光绪四年刻本.

[47] 沈庠.贵州图经新志 [M].贵州省图书馆影印本，明弘治十三年（1500 年）刻本.

[48] 薛刚.湖广图经志书 [M].嘉靖元年（1522 年）刊本，北京：书目文献社，1991.

[49] 明·谢东山.嘉靖《贵州通志》[M].明嘉靖三十四年（1555 年）刻本.

[50] 明·林富.嘉靖《广西通志》[M].明嘉靖十年（1531 年）刻本.

[51] 明·苏濬.万历《广西通志》[M].万历二十七年（1599 年）刻本.

[52] 明·王来贤. 万历《贵州通志》[M]. 万历二十五年（1597年）刊本. 北京：书目文献出版社，1990.

[53] 明·郭子章. 黔记[M]. 万历三十一年（1603年）原刻本.

[54] 明·万士英. 万历《铜仁府志》[M]. 北京：书目文献出版社，1992.

[55] 明·郭棐. 万历《宾州志》[M]. 明万历十五年刻本.

[56] 明·刘文征. 天启《滇志》[M]. 昆明：云南教育出版社，1991.

[57] 清·卫既齐. 康熙《贵州通志》[M]. 康熙三十六年（1697年）刻本.

[58] 清·王如辰. 康熙《广西通志》[M]. 清康熙二十二年刻本.

[59] 清·黄志璋. 康熙《麻阳县志》[M]. 康熙二十四年刻本.

[60] 清·王复宗. 康熙《天柱县志》[M]. 康熙二十二年刻本.

[61] 清·范承勋. 康熙《云南通志》[M]. 康熙二十九年刻本.

[62] 清·张抉翼. 康熙《黔阳县志》[M]. 康熙五年刻本.

[63] 清·祝钟贤. 康熙《靖州志》[M]. 康熙二十二年刻本.

[64] 清·田雯. 康熙《黔书》（嘉庆十三年刻本）[M]. 民国贵阳文通书局印本.

[65] 清·刘于义. 雍正《陕西通志》[M]. 雍正十三年（1735年）刻本.

[66] 清·黄廷桂. 雍正《四川通志》[M]. 雍正十一年（1733年）刻本.

[67] 清·迈柱. 雍正《湖广通志》[M]. 雍正十一年（1733年）刻本.

[68] 清·金鉷. 雍正《广西通志》[M]. 雍正十一年（1733年）刻本.

[69] 清·鄂尔泰. 乾隆《贵州通志》[M]. 乾隆六年（1741年）刻本.

[70] 清·席绍葆. 乾隆《辰州府志》[M]. 乾隆三十年（1765年）刻本.

[71] 清·李拔. 乾隆《长阳县志》（乾隆十九年修抄本）[M]. 海口：海南出版社，2001.

[72] 清·闵从隆. 乾隆《芷江县志》[M]. 乾隆二十五年刻本. 台北成文出版社，2014.

[73] 清·爱必达. 黔南识略（乾隆十四年修）[M]. 道光二十七年罗

氏刻本.

[74] 清·蔡宗建.乾隆《镇远府志》[M].乾隆五十三年（1791年）刻本.

[75] 清·赵文在.嘉庆《长沙县志》[M].嘉庆十五年（1810年）刻本.

[76] 清·龚传黻.嘉庆《乐山县志》[M].嘉庆十七年刻光绪十三年补刻本.

[77] 清·谢启昆.嘉庆《广西通志》[M].南宁：广西人民出版社，1988.

[78] 清·王孚镛.嘉庆《黄平州志》[M].嘉庆六年（1801年）刻本.

[79] 清·阮元.道光《云南通志》[M].道光十六年刊本.

[80] 清·王崧.道光《云南志钞》[M].云南省社会科学院文献研究所，1995.

[81] 清·俞克振.道光《晃州厅志》[M].道光五年（1825年）刻本.

[82] 清·徐会云.道光《辰溪县志》[M].道光元年（1821年）刻本.

[83] 清·徐铉.道光《松桃厅志》[M].道光十六年刻本.

[84] 清·黄应培.道光《凤凰厅志》[M].道光四年刻本.

[85] 清·郑珍，莫友芝.道光《遵义府志》[M].道光二十一年（1841年）刻本.

[86] 清·张锳修.咸丰《兴义府志》[M].咸丰三年（1853年）印行.民国三年（1914年）贵阳文通书局刻排本.

[87] 清·周作楫.咸丰《贵阳府志》[M].咸丰二年版本.贵阳：贵州人民出版社，2004.

[88] 清·罗绕典.黔南职方纪略[M].道光二十七年（1847年）刊本.

[89] 清·陈鸿作.同治《黔阳县志》[M].同治十三年（1874年）刻本.

[90] 清·张官五.同治《沅州府志》[M].同治十二年刻本.

[91] 清·刘采邦.同治《长沙县志》[M].同治九年（1870年）刊本.

[92] 清·曾国荃.光绪《湖南通志》[M].清光绪十一年（1885年）长沙府学宫尊经阁刻本.上海：上海古籍出版社，1995.

[93] 清·瞿鸿锡.光绪《平越直隶州志》[M].光绪三十三年（1907年）刻本.

[94] 清·吴起凤.光绪《靖州直隶州志》[M].光绪五年刻本.

[95] 清·孙炳煜.光绪《会同县志》[M].光绪二年（1876年）刻本.

[96] 清·黄河清.光绪《凤凰厅续志》[M].光绪十八年（1892年）刻本.

[97] 清·余泽春.光绪《古州厅志》[M].光绪十四年（1888年）刻本.

[98] 清·胡长松.光绪《铜仁府志》（民国校点本）[M].贵阳：贵州民族出版社，1992.

[99] 清·林佩纶.光绪《续修天柱县志》[M].光绪二十九年（1903年）木活字印本.

[100] 清·俞渭.光绪《黎平府志》[M].清光绪十八年（1892年）刻本.

[101] 清·姚炳奎.光绪《邵阳县乡土志》[M].光绪三十三年刊本.

[102] 清·陈如金.光绪《百色厅志》[M].清光绪十七年刊本.

[103] 任可澄.民国《贵州通志》[M].民国三十七年（1948年）贵阳书局铅印本.

[104] 覃卓吾.民国《三江县志》[M].民国三十五年铅印本.

[105] 熊继飞.民国《麻江县志》[M].民国二十七年（1938年）铅印本.

[106] 杨化育.民国《沿河县志》[M].民国三十二年铅印本.

[107] 王华裔.民国《独山县志》[M].民国三年稿本.

[108] 胡嵩.民国《三合县志略》[M].民国二十九年铅印本.

[109] 黄旭初.民国《迁江县志》[M].民国二十四年铅印本.

[110] 翟富文.民国《来宾县志》[M].民国二十五年排印本.

[111] 张俊颖.民国《兴仁县志》[M].民国二十三年稿本.

[112] 广西壮族自治区地方志编纂委员会.广西通志·岩溶志[M].南宁：广西人民出版社，2000.

[113] 广西壮族自治区地方志编纂委员会.广西通志·自然地理志[M].南宁：广西人民出版社，1994.

[114] 广西壮族自治区地方志编纂委员会.广西通志·航道志[M].南宁：广西人民出版社，1996.

[115] 广西天峨县志编纂委员会.天峨县志[M].南宁：广西人民出

版社，1994.

[116] 广西宾阳县志编纂委员会.宾阳县志 [M].南宁：广西人民出版社，1987.

[117] 都安县志办、政协文史组.都安文史（第一辑）[M].1986 年内部资料.

[118] 广西壮族自治区方志办古籍整理部.和里村志 [M].北京：线装书局，2019.

[119] 湖南省新晃侗族自治县民族事务委员会.新晃侗族自治县民族志 [M].贵阳：贵州民族出版社，1995.

[120] 湖南省怀化市编纂委员会.怀化市志 [M].北京：生活·读书·新知三联书店，1994.

[121] 湖南省凤凰县志编纂委员会.凤凰县志 [M].长沙：湖南人民出版社，1988.

[122] 湖南省常德市志编纂委员会.常德市志 [M].北京：中国科学技术出版社，1993.

[123] 湖南省桃源县志编纂委员会.桃源县志 [M].北京：人民交通出版社，1991.

[124] 湖北武汉地方志编纂委员会.武汉市志·社会志 [M].武汉：武汉大学出版社，1997.

[125] 贵州省石阡县地方志编纂委员会.石阡县志 [M].贵阳：贵州人民出版社，1992.

[126] 贵州省榕江县地方编纂委员会.榕江县志 [M].贵阳：贵州人民出版社，1999.

[127] 贵州省锦屏县志编纂委员会.锦屏县志 [M].贵阳：贵州人民出版社，1995.

[128] 贵州省黎平县民族事务委员会.黎平县民族志 [M].贵阳：贵州人民出版社，1988.

[129] 贵州省威宁县民族事务委员会.威宁彝族回族苗族自治县民族志 [M].贵阳：贵州民族出版社，1997.

[130] 贵州省三穗县志编纂委员会.三穗县志 [M].北京：民族出版社，1994.

[131] 贵州省三都水族自治县志编纂委员会.三都县水族自治县志

[M].贵阳：贵州人民出版社，1992.

[132] 贵州省黔东南苗族侗族自治州地方志编纂委员会.黔东南苗族侗族自治州志·名胜志文物志 [M].贵阳：贵州人民出版社，1992.

[133] 贵州省岑巩县志编纂委员会.岑巩县志 [M].贵阳：贵州人民出版社，1993.

[134] 三江侗族自治县民委.三江侗族自治县民族志 [M].南宁：广西人民出版社，1989.

[135] 黄透松.岑巩县民族志 [M].贵阳：贵州人民出版社，1991.

[136] 谭其骧.长水集 [M].北京：人民出版社，2011.

[137] 宗力，刘群.中国民间诸神 [M].石家庄：河北人民出版社，1987.

[138] 熊宗仁.夜郎研究：'99夜郎学术研讨会论文集 [C].贵阳：贵州民族出版社，2000.

[139] 四川大学图书馆.中国野史集成 [M].成都：巴蜀书社，2004.

[140] 田玉隆.贵州土司史 [M].贵阳：贵州人民出版社，2006.

[141] 熊宗仁.夜郎研究选粹：学人见证 [M].贵阳：贵州人民出版社，2010.

[142] 李东升，等.飞山文化探析 [M].济南：黄河出版社，2014.

[143] 高文德.中国少数民族史大辞典 [M].长春：吉林教育出版社，1995.

[144]《侗族简史》修订编写组.侗族简史 [M].北京：民族出版社，2008.

[145]《五溪之神》编委会.五溪之神 [M].海口：海南出版社·三环出版社，2011.

[146] 邓敏文.从杨再思的族属看湘黔桂边界的民族关系 [J].怀化师专学报，1994（1）.

[147] 吴秋林.社会记忆下的侗族"萨岁"崇拜 [J].宗教学研究，2015（3）.

[148] 玉颖，潘海宁.探寻广西夜郎文化踪迹：桂西北或有夜郎后裔 [EB/OL].[2010-12-12].http://www.gxnews.com.cn/staticpages/20101212/newgx4d0416d7-3469630.shtml.

[149] 三江县旅游局.全国文物保护单位——和里三王宫

[EB/OL].[2019-08-26].http://www.sjx.gov.cn/zjsj/sjfq/202102/t20210207_2520364.shtml.

[150] 李怀荪.沅水上游的土著神杨公探略 [J].怀化师专学报,1995（3）.

[151] 王燕玉.西汉牂牁郡十七县今地辨 [J].贵州民族研究,1980（1）.

[152] 高言弘.牂牁江考证 [J].广西地方志通讯,1986（5）.

[153] 覃雨甘,刘文光.都柳江流域的上古沿革 [J].贵州文史丛刊,1996（2）.

[154] 方东平.汉阳曾有三个杨泗庙 [J].武汉文史资料,2015（4）.

[155] 王宗勋.杨公文化的形成与社会价值 [J].原生态民族文化学刊,2013（4）.

[156] 谢国先.试论杨再思其人及其信仰的形成 [J].民族研究,2009（2）.

[157] 罗兆均.宗族的意识与行动：建构"英雄神祖"的地方性策略——基于湘黔界邻地区飞山神杨再思的研究 [J].原生态民族文化学刊,2018（1）.

[158] 李斯颖.古骆越国的文献梳理与疆域辨析 [J].百色学院学报,2018（2）.

[159] 熊志翔.明清以来贵州黑神庙分布变迁之成因探析 [J].重庆第二师范学院学报,2017（2）.

[160] 高应达.国家控制与民间信仰的冲突与调适——以明清时代贵州黑神信仰为例 [D].北京：北京师范大学,2003.

[161] 孟凡云.从史源学角度判断僤僙诸史的史料价值 [J].贵州文史丛刊,2011（2）.

[162] 罗兆均.多重叙事下的侗苗族群历史记忆与地方社会——基于湘黔桂界邻地区飞山神杨再思传说研究 [J].云南民族大学学报,2018（2）.

[163] 杨丹妮.广西和里三王宫和夜郎文化关系探析 [J].黔东南民族师范高等专科学校学报,2005（2）.

[164] 王德埙.近二十年夜郎研究之探讨 [J].贵州民族学院学报,2012（3）.

[165] 程学忠 . 天柱出水青铜器探源 [J]. 贵州文史丛刊，2006（3）.

[166] 何祖岳 . 民国《贵州通志·前事志》校后浅议 [J]. 贵州文史丛刊，1995（2）.

[167] 张新海，单志强，等 . 贵州榕江县某锑矿石选矿试验研究 [J]. 矿产综合利用，2016（2）.

[168] 曾超 . 乌江丹砂开发史考 [J]. 涪陵师范学院学报，2006（4）.

[169] 郭声波 . 唐朝岭南道桂管地区行政区划沿革 [J]. 暨南史学，2012（00）.

[170] 吴展明 . 侗族信奉圣婆习俗初探 [J]. 贵州文史丛刊，1988（2）.

[171] 湖南省新晃侗族自治县侗学研究会 . 大议朗 [J].2011（1）.